Hiram Kümper, Michaela Pastors

Mittelalter

FUNDUS QUELLEN FÜR DEN GESCHICHTSUNTERRICHT

Hiram Kümper, Michaela Pastors

Mittelalter

WOCHEN
SCHAU
GESCHICHTE

Bibliografische Information der Deutschen Nationalbibliothek
Die Deutsche Nationalbbliothek verzeichnet diese Publikation in der Deutschen Nationalbibliografie; detaillierte bibliografische Daten sind im Internet über http://dnb.d-nb.de abrufbar.

www.wochenschau-verlag.de

Die Reihe „Fundus – Quellen für den Geschichtsunterricht“
wird herausgegeben von
Michele Barricelli
Peter Gautschi
Vadim Oswalt
Hans-Jürgen Pandel
Bernd Schönemann
Die Reihe wurde gegründet von Klaus Bergmann, Ulrich Mayer, Hans-Jürgen Pandel und Gerhard Schneider

Umschlaggestaltung: Ohl Design, Wiesbaden
Umschlagbild: Kreuzritter auf dem Weg in den Kampf.
In: Statuts de l'ordre du Saint Esprit, Neapel 1352,
Louis d'Anjou
Gedruckt auf chlorfrei gebleichtem Papier
Gesamtherstellung: Wochenschau Verlag
ISBN 978-3-89974398-2

Inhaltsverzeichnis

Vorwort

Wo beginnt und wo endet die „Großepoche" Mittelalter? Über diese Frage lässt sich trefflich streiten – einige Diskussionsangebote sind im untenstehenden Kasten zusammengestellt. Wer dennoch am Konsens von „etwa 500 bis 1500" festhalten will, kann das nur, wenn er entweder auf ein Bündel solcher „epochalen" Umbrüche oder aber auf Strukturen von langer Dauer abhebt – etwa auf die tiefe religiöse Verwurzelung der Zeit[1] – die charakteristisch für diese Epoche sind.[2]

In der Geschichtsdidaktik hat das Mittelalter lange Zeit eine marginale Rolle gespielt; in mancher Hinsicht ist man über die Habilitationsschrift von Uwe Uffelmann aus dem Jahre 1976 noch nicht hinausgekommen.[3] Erst in jüngerer Zeit hat die Fachdidaktik das Mittelalter wieder für sich entdeckt, wozu nicht zuletzt auch Uffelmann, seine Schüler und Kollegen maßgeblich beigetragen haben.[4] Dennoch steht die Mediävistik, wie Joachim Rohlfes einmal gesagt hat, nach wie vor „mit dem Rücken zur Wand".[5] Denn trotz unbestreitbaren Mittelalterbooms im kollektiven Geschichtsbewusstsein und im breitenwirksamen „histotainment" spielt das Fach in den Lehrplänen der deutschen Bundesländer eine verschwindend geringe Rolle.[6] Zudem beschränkt sich der Mittelalterunterricht fast ausschließlich auf die unteren Klassen der Sekundarstufe I. Deshalb hat man sich schon länger vom Vollständigkeitsanspruch ebenso verabschiedet wie von der strengen Chronologie und stattdessen Schwerpunkte gebildet.[7]

Das Mittelalter – eine Epoche ohne Beginn und Ende?

Mancher lässt das Mittelalter beginnen mit ...

313	Toleranzedikt von Mailand
324	Gründung von Konstantinopel
375	Einfall der Hunnen
391	Christentum Staatsreligion (Ks. Theodosius)
410	Westgoten erobern Rom
476	Ende des weströmischen Kaiserreichs
~498	Taufe Chlodwigs
529	Schließung der platonischen Akademie
622	Mohammed trifft in Medina ein

... oder enden mit ...

1453	Eroberung von Byzanz durch die Osmanen
~1454	Erfindung des Letternbuchdrucks
1492	Entdeckung Amerikas durch Kolumbus
1495	Reichsreform auf dem Wormser Reichstag
1517	Luthers 95 Thesen in Wittenberg

... oder sogar:

1789	Französische Revolution

Hier setzt der vorliegende Quellenband an. Er ist nicht chronologisch, sondern entlang von sechs Themenschwerpunkten aufgebaut. Deshalb konnte die Vollständigkeit der Stoffdurchdringung kein Auswahlkriterium sein – ebenso wenig wie der Bezug zwischen den einzelnen Quellen ein Anordnungskriterium. Querverweise sollen es erleichtern, Quellen aufzufinden, die besonders gut aufeinander bezogen werden können. Ansonsten musste aber immer die Einzelquelle im Mittelpunkt unseres Interesses als Bearbeiter stehen – als eine Einheit, die für die konkrete Unterrichtssituation herauslösbar ist.

Anmerkungen

1 Dazu Wolfgang Hasberg: Das Mittelalter als christlich-kirchliche Zeit? Religion und Kirche in der Darstellung des Mittelalters, in: Martin Clauss, Manfred Seidenfuß (Hrsg.): Das Bild des Mittelalters in europäischen Schulbüchern, Berlin u.a. 2007 (= Geschichtsdidaktik in Vergangenheit und Gegenwart, Bd. 5), S. 193-224.

2 Grundsätzliches bei Josef Fleckenstein: Ortsbestimmung des Mittelalters: Das Problem der Periodisierung, in: Mittelalterforschung, Berlin 1981 (= Forschung und Information, Bd. 29), S. 9-21 und Günter Vogel: Periodisierung der Geschichte, in: Hans-Jürgen Görtz (Hrsg.): Geschichte. Ein Grundkurs, Reinbek 1998, S. 203-213. Ein instruktives Beispiel für prozessuale Periodisierungen bei Dieter Hägermann, Karl-Heinz Ludwig: Verdichtungen von Technik als Periodisierungsindikatoren des Mittelalters, in: Technikgeschichte 57 (1990), S. 315-328.

3 Uwe Uffelmann: Mittelalter im Historischen Unterricht, Düsseldorf 1978.

4 Vgl. nur die beiden wichtigen Sammelbände von Wolfgang Hasberg, Uwe Uffelmann (Hrsg.): Mittelalter und Geschichtsdidaktik. Zum Stand einer Didaktik des Mittelalters. Carl August Lückerath zum 65. Geburtstag, Neuried 2002 und Martin Clauss, Manfred Seidenfuß (Hrsg.): Das Bild des Mittelalters in europäischen Schulbüchern, Berlin u.a. 2007 (= Geschichtsdidaktik in Vergangenheit und Gegenwart, Bd. 5), S. 167-192, den Aufriss von Wolfgang Hasberg: Historisches Lernen am „nächsten Fremden“, in: Geschichte, Politik und ihre Didaktik 34 (2006), S. 218-231, und zuletzt: Thomas Martin Buck: Mittelalter und Moderne. Plädoyer für eine qualitative Erneuerung des Mittelalter-Unterrichts an der Schule, Schwalbach/Ts. 2008

5 Joachim Rohlfes: Literaturbericht: Geschichtsdidaktik – Geschichtsunterricht. Teil II, in: Geschichte in Wissenschaft und Unterricht 55 (2004), S. 341-365, hier S. 346f.

6 Hans-Werner Goetz: Moderne Mediävistik. Stand und Perspektiven der Mittelalterforschung, Darmstadt 1999, S. 7.

7 Rolf Ballof: Mittelalter im Unterricht – Verlust der Geschichte?, in: Geschichte in Wissenschaft und Unterricht 47 (1996) S. 574-578.

1. Das Mittelalter als Epoche. Bewertungen und Wahrnehmungen

1.1 Wie „mittelalterlich" war das Mittelalter?

Der Historiker Ernst Schubert zur „Grausamkeit" des Mittelalters (2002):

[...] Grausames Mittelalter? Zäh haftet das Etikett. Das Kriminalmuseum Rothenburg ist eines der bestbesuchten Museen in Deutschland. Selten werden Vorurteile so anschaulich bestätigt. Beschwörend vermerkt der Katalog, daß solche Zustände nie wiederkehren dürfen. Grausamkeiten aber, wie sie das vergangene Jahrhundert begangen hatte, wären im Mittelalter nicht nur vom Ausmaß, sondern auch von den Bedingungen her undenklich gewesen; denn eine staatlich legitimierte Grausamkeit wäre im Mittelalter auf direkten Widerspruch in der Bevölkerung gestoßen. Sie wäre mit Tyrannis und Blutrunst gleichgesetzt worden. Wahre und gerechte Herrschaft legitimierte sich, indem sie Gnade walten ließ, jene Gnade, die nach mittelalterlicher Überzeugung auch zum Strafrecht gehörte. [... Die mittelalterliche] war eine Welt, die zutiefst davon überzeugt war, daß beim Recht Barmherzigkeit und Gnade zu stehen hätten. Wenn der Rat einer Stadt den zum Tode verurteilten vor aller Augen vom Marktplatz zur Galgenstätte außerhalb der schützenden Mauern führen läßt, so dokumentiert er in aller Öffentlichkeit: Dieser Mensch hat seine Strafe verdient. [...] Wir wollen gar nicht in Abrede stellen, daß die Rache der spätmittelalterlichen Strafpraxis bekannt gewesen sei, aber sie bildete nicht das vorherrschende Motiv. In Abrede stellen wir dezidiert, daß die Grausamkeit eine spezifische Eigenart des Mittelalters gewesen sei. [...]

Schubert, Ernst: Alltag im Mittelalter. Darmstadt 2002, S. 272-281

1.2 „Paradiesgärtlein" oder „scheußliches Mittelalter"?

Der Philosphiehistoriker Kurt Flasch in einer Besprechung von Valentin Groebners Buch „Ungestalten. Die visuelle Kultur der Gewalt im Mittelalter" (2003):

[...] In Schweden wurden im Jahre 1990 von hunderttausend Menschen – statistisch gesehen – anderthalb Personen zum Opfer von Gewaltverbrechen. In einer Stadt des späten Mittelalters waren es durchschnittlich etwa vierzig von hunderttausend. Das Leben um 1450 war also gefährlicher als das im zwanzigsten Jahrhundert – behauptet der Schweizer Professor [Groebner], indem er der Statistik zuliebe von den staatlichen Vernichtungsaktionen der letzten hundert Jahre absieht. Schauerfilme zeigen ein grausames Bild des Mittelalters; sie handeln von Hexenjagd und Ketzerverbrennung; manche Kulturhistoriker beschreiben „das Mittelalter" als Zeit unbekümmert-urtümlicher Gewaltanwendung. [...] Gebildete stellen sich „das Mittelalter" gern ruhig und agrarisch, fromm und harmonisch vor. Sie denken an stille Kreuzgänge und poetisch-bunte

Buchmalereien. Manche Mittelalterforscher halten sich heute noch an die Poesie von Reliquienkästchen und die Idyllik von Paradiesgärtlein. Sie bedienen ihr Publikum, indem sie „das Mittelalter" als Gegenbild heutiger Hektik und moderner Konflikte zeichnen. Aber ihre harmonistische Darstellung ist unhistorisch, und der Tag war abzusehen, an dem ein Forscher das schreckliche, das scheußliche Mittelalter präsentiert. [...]

Flasch, Kurt, in: Frankfurter Allgemeine Zeitung vom 2. Dezember 2003

1.3 Über die Vielfalt des Mittelalters

Der Mittelalterforscher Horst Fuhrmann überlegt in seiner „Einladung ins Mittelalter", was das Mittelalter als Epoche für die deutsche und die europäische Geschichte bedeutet (1987):

Heute über das Mittelalter zu sprechen, hat seine eigenen Schwierigkeiten. Gerade den Deutschen ist der Blick für den sich vom Mittelalter herleitenden Wirkungszusammenhang vielfach verstellt. Während zum Beispiel die Präambel der Weimarer Verfassung noch selbstsicher verkünden konnte: „Das deutsche Volk, einig in seinen Stämmen" – eine Formulierung, die auch ein mittelalterlicher Autor hätte gebrauchen können –, heißt es im Vorspruch zum Grundgesetz für die Bundesrepublik Deutschland umständlich, die „Deutschen in den Ländern Baden-Württemberg, Bayern, Berlin, Brandenburg, Bremen" und so weiter „haben" (so nach dem Einigungsvertrag von 1990) „in freier Selbstbestimmung die Einheit und Freiheit Deutschlands vollendet." Das Wort von dem in seinen Stämmen einigen deutschen Volk ist aufgegeben, obgleich die föderalistische Struktur der Bundesrepublik sich durchaus an eine im Mittelalter ausgebildete stammesmäßige Gliederung anlehnt. [...] Das europäische Mittelalter wird traditionsgemäß meist von ca. 300/500 bis ca. 1500 angesetzt, wobei Anfang und Ende, auch manche Unterteilung, von Land zu Land und selbst von Historiker zu Historiker nicht unbedingt einheitlich datiert werden. Rund tausend Jahre europäischer Geschichte bergen in der Tat krasse Unterschiede in sich: Um 800 Karl den Großen, den „Vater Europas", wie ihn schon Zeitgenossen genannt haben [...], und im 15. Jahrhundert die Herausbildung fast moderner Staaten in Frankreich und im Burgund Karls des Kühnen (1467–1477); im 6. Jahrhundert den Vermittler antiker Philosophie Boethius († 524) und im 13. Jahrhundert den „doctor angelicus" (engelgleichen Lehrer) Thomas von Aquin († 1274); zu Beginn eine primitive Natural- und Tauschwirtschaft, am Ende die Geldwirtschaft mit Kredit- und Bankwesen. Bei solchen Gegensätzen ist es gewagt, von „dem Mittelalter" schlechthin zu sprechen. Dennoch wird man gewisse Lebensformen und Leitideen, wenn auch in zeitbedingten Veränderungen, in dem mit „Mittelalter" bezeichneten Zeitraum immer wieder antreffen. [...]

Fuhrmann, Horst: Einladung ins Mittelalter. München 1987, S. 15ff.

1.4 Das Mittelalter – das „nächste Fremde"?

In den letzten Jahren hat es sich eingebürgert, vom Mittelalter als dem „nächsten Fremden" zu sprechen, von einer Zeit also, in der wir im Vergleich mit unseren heutigen Lebensformen gleichermaßen Fremdes und Bekanntes wiederfinden können. Der Mittelalterforscher Hans-Werner Goetz hat das so formuliert (2000):

Das uns vielfach fremd erscheinende Mittelalter hat tatsächlich viel mehr an Andersartigem als an Gleichartigem zu bieten, ja es gibt wohl kein Zeitalter abendländischer Geschichte, an dem Modernes im Vergleich besser als in all seiner Modernität befangen entlarvt werden könnte. Gerade in dieser Andersartigkeit aber liegt ein wichtiger Grund, sich mit dem Mittelalter zu beschäftigen, denn erst durch den Vergleich mit dem in vielem so fernen Mittelalter wird die Gegenwart in ihrer Eigenständigkeit erkennbar [...].

An anderer Stelle heißt es:

Es ist das „andere" oder „fremde" Zeitalter, dessen Kennzeichen durchaus eine anthropologische [menschliche] Vertrautheit, nicht minder aber eine – unmoderne – „Alterität" [Anderssein] ist. Das heutige Interesse am „Fremden" unterstützt geradezu eine „Aktualität" des Mittelalters in unserer Zeit – und was eignet sich besser zu seiner Erfassung als die uns inzwischen wirklich fremd gewordene und oft nur schwer zu verstehende (Gedanken-)Welt des Mittelalters? [...] Das Mittelalter hält hier unzählige Vergleichsmöglichkeiten und ein unschätzbares Vergleichsmaterial zu allen aktuellen Fragestellungen bereit, sofern die Mediävistik [Mittelalterforschung] daran beteiligt ist. Es ist nicht *nur* fremd, sondern muss in seinen Bezügen zu unseren Vorstellungen und Interessen erforscht werden.

Goetz, Hans-Werner: Moderne Mediävistik. Stand und Perspektiven der Mittelalterforschung. Darmstadt 1999, S. 29, und ders.: Die Gegenwart des Mittelalters und die Aktualität der Mittelalterforschung, in: Ders. (Hrsg.): Die Aktualität des Mittelalters. Bochum 2000, S. 14f.

1.5 Das „moderne" Mittelalter?

Der Historiker Johannes Fried betont, das Mittelalter sei wie unsere heutige vor allem eine Wissensgesellschaft gewesen, in der die Menschen vor ganz ähnliche Fragen gestellt wurden, wie sie uns heute beschäftigen (2002):

Haben wir Mediävisten [Mittelalterforscher] der Welt also nicht mehr zu bieten als einen abgestandenen Bildungsstoff, ihr nichts Dringlicheres zu präsentieren als eine Kollektion von unwirtschaftlichen Streitfragen, ob dieses oder jenes so geschehen, wie dieser oder jener Kollege, diese oder jene Kollegin es behaupten; ob beispielsweise das Kloster Memleben im Jahr 942, 975 oder erst 979 (vielleicht auch ein paar Tage zuvor) gegründet wurde? [...] Gegenwärtige Globalisierungsprobleme begannen damals, an den mittelalterlichen Universitäten mit ihren Absolventen, im Zusammenwirken von Missionaren, Fernhändlern und Unternehmern, von Königen und Päpsten, Fürsten und Städten. [...] So gesehen eröffnet der Blick ins Mittelalter Ausblick auf den Zusammenprall von Zivilisationen, wie er auch in unserer Gegenwart entscheidend zu werden verspricht. Ein solcher Zusammenstoß ist in jenen mittleren Jahrhunderten mehrfach erfolgt: Die rohe Welt der Germanen und Slawen traf auf die Hochzivilisation des Mittelmeeres; das lateinische Abendland auf das orthodoxe Byzanz, die christliche Welt auf den Islam, der europäische Westen auf Vorder-, Mittel- und Ostasien.

Fried, Johannes: Die Aktualität des Mittelalters. Gegen die Überheblichkeit unserer Wissensgesellschaft. Stuttgart 2002, S. 19-53

Arbeitstipp:
Wenn die Gelegenheit (Zeit!) besteht, kann – beispielsweise im Rahmen einer Projektwoche – versucht werden, mit den Schülerinnen und Schülern die regionale oder lokale Geschichte des Mittelalters zu periodisieren und mit gängigen Einteilungen der allgemeinen, deutschen bzw. Reichsgeschichte zu vergleichen, um ein Gespür für den Konstruktionscharakter von Epochen und Periodisierungen zu erlangen. Dazu gibt es instruktive lokalgeschichtliche Beispiele:
– Rudolf Nissen: War das Mittelalter im Jahre 1950 zu Ende oder vielleicht sogar die Steinzeit? Bemerkungen zur Periodisierung der Geschichte Dithmarschens, in: Dithmarschen. Blätter für Heimatpflege und Heimatkultur 2000, S. 63-68
– Dietmar Scholz: Versuch einer „Periodisierung“ lokaler Geschichte: Zur Geschichte und zu einem Geschichtsbild von Castrop und Umgebung, in: Vestische Zeitschrift 101 (2007), S. 263-294

Grundsätzliche Überlegungen dazu bei *Karlheinz Blaschke: Zur Periodisierung der Landesgeschichte, in: Blätter für deutsche Landesgeschichte 106 (1970), S. 76-93.*

Zu möglichen Rahmendaten der Epoche „Mittelalter“ vgl. die Zusammenstellung im Vorwort (S. 11).

2. Kaiser, König, Reich

In der Antike lag der Mittelpunkt des politischen und kulturellen Lebens im Mittelmeerraum. Spätestens seit der Vertreibung der Araber bei Tours durch Karl Martell (714–741) im Jahr 732 verlagerte er sich auf das Europa nördlich der Alpen. Dieser Sieg war der Grundstein für die rasante Entwicklung des Frankenreiches, das als neues Großreich im Herzen Europas neben das byzantinische und das islamische Reich trat.

Begonnen hatte der Aufstieg des Frankenreiches schon wesentlich früher unter dem Frankenkönig Chlodwig (482–511), der durch seine Taufe die Vereinigung der gallorömischen und fränkischen Oberschicht ermöglicht hatte und so seine Herrschaft stabilisieren konnte. Unter den Söhnen Chlodwigs wurden die Grenzen des Frankenreiches erheblich nach Osten und Süden erweitert.

Eine wesentliche Wendung in der Geschichte des Frankenreiches vollzog sich mit der Übernahme der Königsmacht durch den Hausmeier Pippin den Jüngeren (751), die den Grundstein für den Aufstieg der Dynastie der Karolinger bildete. Sein Enkel Karl, der später „der Große“ genannt wurde, baute das Frankenreich zum größten und einflussstärksten Reich in Europa aus. Mit der Krönung Karls des Großen zum Kaiser am Weihnachtstag des Jahres 800 in Rom wurde nicht nur das antike Kaisertum wiederbelebt, sondern auch die enge Verknüpfung zwischen weltlicher und geistiger Macht begründet. Diese Verbindung der beiden größten Machtpositionen des Abendlandes führte vor allem aufgrund des steigenden Selbstbewusstseins des Papsttums, das immer mehr in die weltliche Politik eingriff, bald zu Konflikten um Einflusssphären. Diese gipfelten schließlich unter Heinrich IV. und Papst Gregor VII. im so genannten Investiturstreit.

Mögliche Leit- und Arbeitsfragen für dieses Kapitel:

- Beschreibt die wichtigsten Stationen in der Entwicklung des Frankenreiches von den Merowingern bis zu den Enkeln Karls des Großen.
- Welche Rolle spielte das Christentum bei der Entstehung mittelalterlicher Reiche?
- Vergleicht, wer in den Quellen zur Kaiserkrönung Karls des Großen jeweils die handelnde Person ist. Welchen Grund könnte es für die jeweilige Darstellung gegeben haben?
- Beurteilt die Aussage Einhards, Karl der Große „würde die Kirche selbst an jenem hohen Feiertage [Weihnachten 800] nicht freiwillig betreten haben, wenn er die Absicht des Papstes geahnt hätte.“
- Welche Rückschlüsse über mittelalterliche Geschichtsschreibung und den Umgang mit Quellen lassen sich aus den unterschiedlichen Berichten über die Kaiserkrönung Karls des Großen ziehen?

- Inwieweit kann man davon sprechen, dass Karl der Große ein „Vater Europas“ ist?
- Was könnt ihr aus den Quellen zu Karl dem Großen, Otto III. und Heinrich II. über das Selbstverständnis mittelalterlicher Herrscher schließen?
- Vergleicht das Selbstverständnis der Päpste Leo III., Gregor VII. und Benedikt XVI. Welche Veränderungen stellt ihr dabei fest?
- Welche Folgen hatte der Investiturstreit für das Verhältnis von König und Papst?
- Erklärt die „Zwei-Schwerter-Lehre“ aus der Sichtweise des Papsttums.
- Informiert euch über das Verhältnis von Kirche und Staat in heutigen islamischen Ländern und vergleicht diese Situation mit dem, was ihr über das mittelalterliche Verhältnis von Kirche und Staat in Mitteleuropa wisst.
- Beurteilt die mittelalterliche Königswahl vor dem Hintergrund gegenwärtiger Wahlen von Staatsoberhäuptern.

2.1 Von Hausmeiern zu Kaisern – die Entstehung der Karolingerdynastie

2.1.1 Die Ursprünge des fränkischen Großkönigtums (1974)

Bei der Auseinandersetzung mit der deutschen Geschichte im Mittelalter bildet die Beschäftigung mit der Geschichte der Franken eine notwendige Voraussetzung, schließlich ist das deutsche Königtum im 10. Jahrhundert aus dem karolingischen Königtum hervorgegangen. Dennoch hat auch das Frankenreich nicht immer als ein großes Reich unter einem Herrscher bestanden, es entstand vielmehr aus der Einigung zahlreicher Teilreiche durch das Geschlecht der Merowinger. Wie dieses fränkische Großkönigtum entstand, beschreibt der Historiker Josef Fleckenstein:

Unter den frühen fränkischen Kleinkönigen [...] hebt die Überlieferung die salfränkischen Könige hervor. Sie waren nach ihr älter und mächtiger als die anderen und gehörten einem einzigen Geschlecht an mit dem halb geschichtlichen, halb sagenhaften Stammvater Merowech: Der Sage nach geht die Verbindung des Geschlechts zu den Göttern zurück. Das merowingische Königtum ist also seiner Herkunft nach ein Sakral- [Gottkönigtum] und Kleinkönigtum. Mit der Eroberung beginnt es sich dann in ein Heerkönigtum zu verwandeln. [...] Dabei gelang es einem dieser Könige, Chlodwig I., seine Mitkönige zu überflügeln. [...] Er verdankte seine Machtstellung der Heerführerschaft und dem Erfolg. Sein Königtum erschien als ein Heerkönigtum, war dies aber nicht allein; denn Chlodwig war schon als Sohn und Erbe eines Königs König geworden, das heißt: als Erbe königlichen Geblüts. So fließen bei ihm Heer- und Sakralkönigtum zusammen und seine Siege bestätigen nur, dass er der Träger königlichen Blutes und königlichen Heils war. Welch überragendes Gewicht das Königtum damit gewann, zeigt sich besonders eindrücklich darin, dass es seit Chlodwig keine Volksversammlung mehr gab, wenn auch das Heer sich weiterhin als Vertretung des Volkes betrachtete und bei wichtigen Entscheidungen mitwirkte.

Fleckenstein, Josef: Grundlagen und Beginn der deutschen Geschichte, Göttingen 1974, S. 35f.

2.1.2 Gregor von Tours über die Einigung der Franken unter Chlodwig I. (zwischen 573 und 575)

Zwischen den Jahren 573 und 575 schrieb Bischof Gregor von Tours (538–nach 593) die ersten vier seiner insgesamt zehn Bücher umfassenden Schrift „Decem libri historiarum", in denen er die Geschichte Galliens und der in diesem Raum herrschenden politischen Macht, also der Franken, erzählt. Während sich Gregor für die ersten vier Bände auf ältere Quellen wie Briefesammlungen oder Volkssagen stützt, ist er für die letzten sechs Bände ein Zeitzeuge. Im zweiten Buch beschreibt er, wie die Völker der Franken unter König Chlodwig geeinigt wurden und so ein einheitliches Frankenreich entstand.

Da aber Chlodwig hörte, dass Sigibert wie auch sein Sohn tot waren, kam er an Ort und Stelle und berief alles Volk. „Hört", sprach er darauf, „was sich zugetragen hat. Während ich die Schelde [Fluss im heutigen Belgien] entlang fuhr, trachtete Chloderich, der Sohn meines Blutsvetters, seinem Vater nach der Herrschaft und machte ihn glauben, ich wolle ihn töten. Als dieser deshalb durch den Buchonischen Wald floh, schickte er ihm Mörder nach und ließ ihn ermorden. Darauf wurde er selbst, während er seines Vaters Schätze auftat, von irgendeinem mir unbekannten Manne gleichfalls erschlagen. An all diesem bin ich durchaus ohne Schuld. Denn das Blut meiner Stammvettern darf ich ja nicht vergießen, und schändlich wäre es, wenn ich es täte. Da es jedoch einmal so gekommen ist, so gebe ich euch diesen Rat, wenn es euch genehm ist: Wendet euch zu mir, dass ihr sicher lebt unter meinem Schutze." Als sie dies hörten, schlugen sie an ihre Schilde, riefen Beifall, hoben ihn auf den Schild und setzten ihn zum König über sich. So empfing er Sigiberts Reich und seine Schätze, und es kamen die Leute desselben unter seine Herrschaft. Gott aber warf Tag für Tag seine Feinde vor ihm zu Boden und vermehrte sein Reich, darum, dass er rechten Herzens vor ihm [Gott] wandelte und tat, was seinen Augen wohlgefällig war.

Greogor von Tours: Decem libri historiarum, II, cap. 40; zit. nach: Lautemann, Wolfgang/Schlenke, Manfred (Hrsg.): Geschichte in Quellen, Bd. 2. München [2]1978, S. 30 (Übers. R. Buchner)

2.1.3 Gregor von Tours über die Taufe Chlodwigs I. (zw. 573 und 575)

Auch das Christentum war ein entscheidender Faktor bei der deutschen Geschichte des Mittelalters, denn erst „durch die Aufnahme des Christentums und durch die nun notwendig werdende Verarbeitung ursprünglich ganz fremden Kulturgutes werden aus den Germanen Deutsche." (Wolfgang Lautemann, in: Ders./Schlenke, Manfred [Hrsg.]: Geschichte in Quellen, Bd. 2. München [2]1978, S. 26). Den Grundstein für die Christianisierung des fränkischen Reiches legte König Chlodwig I. (482–511) mit seiner Taufe, die 497 oder 498 stattfand.

[...] Der König bekam nun von der Königin Chrodichilde den ersten Sohn. Sie wollte ihn taufen lassen und drang deshalb unaufhörlich in ihren Gemahl und sprach: „Nichts sind die Götter, die ihr verehrt." Aber wie oft auch die Königin so sprach, sie konnte doch des Königs Gemüt nicht zum Glauben bekehren. „Auf unserer Götter Geheiß" sagte er, „wird alles erschaffen und erzeugt, euer Gott vermag augenscheinlich nichts und ist, was noch mehr ist, nicht einmal vom Stamme der Götter." Indessen aber brachte die gläubige Königin ihren Sohn zur Taufe. [. . .] Ihr Sohn aber, den man Ingomar nannte, starb, als er getauft, noch in den weißen Kleidern, in denen er das Bad der Wiedererweckung empfangen hatte. Da schwoll dem König die Galle. [...] Danach gebar sie einen anderen Sohn, den sie in der Taufe Chlodomer nannte, und als er anfing zu erkranken, sprach der König: „Es kann mit ihm nicht anders ergehen als mit seinem Bruder, dass er getauft im Namen eures Christus alsbald sterbe."

Aber durch das Gebet der Mutter wurde auf des Herrn Geheiß das Kind wieder gesund. Die Königin aber ließ nicht ab in ihn zu dringen, dass er den wahren Gott erkenne und ablasse von den Götzen. Aber auf keine Weise konnte er zum Glauben bekehrt werden, bis er endlich einst mit den Alamannen in einen Krieg geriet: Da zwang ihn die Not zu bekennen, was sein Herz vordem verleugnet hatte. Als die beiden Heere zusammenstießen, kam es zu einem gewaltigen Blutbad, und Chlodovechs [Chlodwigs] Heer war nahe daran, völlig vernichtet zu werden. Als er das sah, erhob er seine Augen zum Himmel, sein Herz wurde gerührt, seine Augen füllten sich mit Tränen und er sprach: „Jesus Christ, Chrodichilde verkündet, du seiest der Sohn des lebendigen Gottes; Hilfe, sagt man, gebest du den Bedrängten, Sieg denen, die auf dich hoffen – ich flehe dich demütig an um deinen mächtigen Beistand: Gewährst du mir jetzt den Sieg über diese meine Feinde und erfahre ich so jene Macht, die das Volk, das deinen Namen sich weiht, an dir erprobt zu haben rühmt, so will ich an dich glauben und mich taufen lassen auf deinen Namen. Denn ich habe meine Götter angerufen, aber wie ich erfahre, sind sie weit davon entfernt, mir zu helfen. Ich meine daher, ohnmächtig sind sie, da sie denen nicht helfen, die ihnen dienen. Dich nun rufe ich an, und ich verlange, an dich zu glauben; nur entreiße mich aus der Hand meiner Widersacher." Und da er solches gesprochen hatte, wandten die Alamannen sich und begannen zu fliehen. Als sie aber ihren König getötet sahen, unterwarfen sie sich Chlodovech. [...] Der Königin aber erzählte er, wie er Christi Namen angerufen und so den Sieg gewonnen habe. Das geschah im 15. [16.?] Jahr seiner Regierung.

Darauf ließ die Königin heimlich den Bischof von Reims, den heiligen Remigius, rufen und bat ihn, er möchte das Wort des Heils dem Könige zu Herzen führen. [...] Jener [Chlodwig] aber sprach: „Gern würde ich, heiligster Vater, auf die hören; aber eins macht mir noch Bedenken, das Volk, das mir anhängt, duldet nicht, dass ich seine Götter verlasse; doch ich gehe und spreche mit ihnen nach deinem Worte." Als er darauf mit den Seinigen zusammentrat, rief alles Volk zur selben Zeit, noch ehe er den Mund auftat, denn die göttliche Macht kam ihm zuvor: „Wir tun die sterblichen Götter ab, gnädiger König, und sind bereit, dem unsterblichen Gott zu folgen, den Remigius verkündet." Solches wurde dem Bischof gemeldet, und er befahl hocherfreut, das Taufbad vorzubereiten. Mit bunten Decken wurden nun die Straßen behängt, mit weißen Vorhängen die Kirchen geschmückt, die Taufkirche in Ordnung gebracht, Wohlgerüche verbreiteten sich, es schimmerten hell die duftenden Kerzen, und das ganze Heiligtum der Taufkirche wurde von himmlischem Wohlgeruch erfüllt; und solche Gnade ließ Gott denen zuteil werden, die damals gegenwärtig waren, dass sie meinten, sie wären in die Wohlgerüche des Paradieses versetzt. Zuerst verlangte der König, vom Bischof getauft zu werden. Er ging [...] zum Taufbade hin, sich reinzuwaschen von dem alten Aussatz und sich von den schmutzigen Flecken, die er von Alters her gehabt, im frischen Wasser zu reinigen. Als er aber zur Taufe hintrat, redete ihn der Heilige Gottes mit beredtem Munde also an: „Beuge still deinen Nacken, [...] verehre, was du verfolgtest, verfolge, was du verehrtest." Es war nämlich der heilige Bischof Remigius ein Mann von hoher Wissenschaft und besonders in der Kunst der Beredsamkeit erfahren, aber auch durch Heiligkeit zeichnete er sich so aus, dass er an Wundertaten dem heiligen Silvester gleichkam. Wir haben noch jetzt seine Lebensbeschreibung, die berichtet, dass er einen Toten erweckt habe. Also bekannte der König den allmächtigen Gott als den seinigen und ließ sich taufen im Namen des Vaters, des Sohnes und des Heiligen Geistes und wurde gesalbt mit dem heiligen Öl unter dem Zeichen des Kreuzes Christi. Von seinem Heer aber wurden mehr als dreitausend getauft. Es wurde auch seine Schwester Alboflede getauft, die nicht lange danach zum Herrn einging. Und da sich der König um sie tief bekümmerte, schrieb ihm der heilige Remigius einen Trostbrief. [...]

Gregor von Tours: Decem libri Historiarum, II. Cap. 28, 29, 20. 31; zit. nach Lautemann, Wolfgang/ Schlenke, Manfred (Hrsg.): Geschichte in Quellen, Bd. 2. München ^{2}1978, S. 26ff. (Übers. R. Buchner)

2.1.4 Ein Altargemälde des 15. Jahrhunderts zur Taufe Chlodwigs

Dieses Gemälde ist eine Phantasiedarstellung der Taufe des Merowingerkönigs Chlodwigs (im Taufbecken in der Mitte), die vom fränkischen Bischof Remigius von Reims (um 436–533), rechts neben dem Taufbecken, durchgeführt wird.

Abb. 1: Die Taufe Chlodwigs

Forum Geschichte, Bd. 2, Das Mittelalter und der Beginn der frühen Neuzeit. Berlin 2001, S. 55

2.2 Der Aufstieg der Karolinger

Im siebten Jahrhundert war die Macht der merowingischen Könige durch zahlreiche Reichsteilungen und Machtkämpfe unter den Adeligen stark eingeschränkt. Spätestens seit 687 lagen die eigentliche Macht und die politische Führung des Reiches in den Händen der königlichen Verwalter, der so genannten Hausmeier. Der erste Hausmeier, der auf diese Weise die Geschicke des Frankenreiches lenkte, war Pippin der Mittlere (um 635/40–714), der Urgroßvater Karls des Großen. Die Hausmeier konnten in der ersten Hälfte des 8. Jahrhunderts die Machtstellung ihres Geschlechtes immer weiter festigen, sodass schließlich das Königsgeschlecht der Merowinger fast handlungsunfähig wurde. Schließlich verdrängte 751 Pippin der Jüngere mit Hilfe der römischen Kirche den letzten Merowinger vom Thron, indem er seine berühmte Frage an den Papst richtete, wer denn eigentlich herrschen solle, derjenige, der die Macht habe, oder derjenige, der König hieße.

2.2.1 Das machtlose merowingische Königtum unter dem Einfluss der Hausmeier (um 835)

Einhard (um 770–840) war ein Vertrauter und Berater Karls des Großen. Er wurde in der Maingegend geboren und 791 oder 792 zur Ausbildung an den Hof Karls des Großen geschickt. Aufgrund seiner außerordentlichen Fähigkeiten durfte er bald den König in dessen literarischen und mathematischen Studien unterstützen. Er wurde schnell zu einem sehr angesehenen Mitglied des königlichen Hofes. Nach dem Tode Karls des Großen wurde er der Privatsekretär Ludwigs des Frommen, dessen Sohn und Nachfolger.

Einhard schrieb über das merowingische Königtum (um 835):

Das Geschlecht der Merowinger, aus dem die Franken ihre Könige zu wählen pflegten, herrschte nach allgemeiner Ansicht bis zur Zeit Hilderichs.[1] Hilderich wurde auf Befehl des römischen Papstes Stephan[2] abgesetzt, geschoren und ins Kloster geschickt. Obwohl das Geschlecht dem Anschein nach erst mit ihm ausstarb, hatte es schon lange seine Bedeutung eingebüßt und besaß nur mehr den leeren Königstitel. Die wirkliche Macht und Autorität im Königreich hatten die Hofmeister des Papstes, die so genannten Hausmeier, die an der Spitze der Regierung standen. Dem König blieb nichts anderes übrig, als sich mit seinem Titel zu begnügen und mit wallendem Kopfhaar und ungeschnittenem Bart auf dem Thron zu sitzen und den Herrscher zu spielen. Er durfte die Gesandten anhören, die von überall her kamen, und sie dann mit Worten entlassen, die seine eigenen zu sein schienen, die man ihm aber in Wirklichkeit vorgeschrieben und oft sogar aufgezwungen hatte. Der König besaß fast nichts, das er sein eigen hätte nennen können, außer dem wertlosen Königstitel und einem unsicheren Lebensunterhalt, den ihm der Hausmeier gewährte. Auch gehörte ihm ein Landgut, das aber nur ein geringes Einkommen brachte. Auf diesem Landgut hatte er sein Wohnhaus mit einer kleinen Anzahl von Dienern, die ihm die nötigsten Dienste leisteten. Wenn er eine weitere Reise machen musste, wurde er von einem Knecht nach Bauernart in einem Wagen gefahren, den ein Ochsengespann zog. So fuhr er zum Palast, so auch zu den öffentlichen Volksversammlungen, die zweimal im Jahre zum Wohle des Reiches abgehalten wurden, und so pflegte er wieder nach Hause zurückzukehren. Der Hausmeier aber besorgte die gesamte Staatsverwaltung und alles andere, was an inneren und äußeren Regierungsgeschäften angeordnet und ausgeführt werden musste.

Zit. nach: Scherabon-Firchow, Evelyn: Einhard, Vita Karoli Magni, übers. u. eingel. Stuttgart 1999, Kap. 1, S. 9

2.2.2 Der Hausmeier Pippin wird König (749 und 750)

In den Reichsannalen bzw. Jahrbüchern des Frankenreiches wird die Erhebung des Hausmeiers Pippin des Jüngeren zum König wie folgt beschrieben:

[749] Bischof Burkhard von Würzburg und der Kaplan Folrad wurden [von Pippin] zu Papst Zacharias gesandt, um wegen der Könige in Franzien [Franken] zu fragen, die damals keine Macht als Könige hatte, ob das gut sei oder nicht. Und Papst Zacharias gab Pippin den Bescheid, es sei besser, den als König zu bezeichnen, der die Macht habe, als den, der ohne königliche Macht blieb. Um die Ordnung nicht zu stören, ließ er kraft seiner apostolischen [päpstlichen] Autorität den Pippin zum König machen.
[750] Pippin wurde nach der Sitte der Franken zum König gewählt und gesalbt von der Hand des Erzbischofs Bonifatius und von den Franken in Soissons zum König erhoben. Hilderich aber, der Scheinkönig, wurde geschoren und ins Kloster geschickt.

Annales Regni Francorum, 749 und 750; zit. nach: Lautemann, Wolfgang/Schlenke, Manfred (Hrsg.): Geschichte in Quellen, Bd. 2. München ^{2}1978, S. 56 (Übers.: R. Rau)

2.2.3 Karl der Große – ein „Vater Europas"?

Im Jahr 768 starb der letzte Hausmeier und seit 751 erste König aus dem Geschlecht der Karolinger, Pippin der Jüngere. Im selben Jahr wurde das Frankenreich unter seinen beiden Söhnen Karl und Karlmann aufgeteilt. Da Karlmann jedoch bereits 771 starb, wurde Karl, der später den Beinamen „der Große" erhalten sollte und noch zu Lebzeiten als „Vater Europas" bezeichnet wurde, zum Herrscher über das gesamte Frankenreich.

Abb. 2: Reiterstatue (um 870) aus dem Domschatz der Kathedrale von Metz, Frankreich. Sie zeigt einen Mann hoch zu Ross, der anhand der Insignien Reichsapfel, Schwert und Lilienkrone als Herrscher identifiziert werden kann. Ob es sich bei der dargestellten Person um Karl den Großen handelt, konnte bisher nicht bewiesen werden.

Grohmann, Martin/Jäger, Wolfgang: Kurshefte Geschichte – Das Mittelalter. Berlin 2007, S. 23

2.2.4 Einhard über Karl den Großen (um 835)

Einhards wohl berühmtestes Werk ist die „Vita Karoli Magni", eine Lebensbeschreibung Karls des Großen. Dieses Werk ist die einzige Biographie, die von einem Zeitgenossen, der Karl selbst kannte, geschrieben wurde. Es entstand jedoch erst nach Einhards Abdankung am Hof, also nach 830 oder 833, spätestens jedoch 836.

22. Karl war kräftig und stark, dabei von hoher Gestalt, die aber das rechte Maß nicht überstieg. Es ist allgemein bekannt, dass er sieben Fuß groß war. Er hatte einen runden Kopf, seine Augen waren sehr groß und lebhaft, die Nase etwas lang; er hatte schöne graue Haare und ein heiteres und fröhliches Gesicht. Seine Erscheinung war immer imposant und würdevoll, ganz gleich ob er stand oder saß. Sein Nacken war zwar etwas dick und kurz und sein Bauch trat ein wenig hervor, doch fielen diese Fehler bei dem Ebenmaß seiner Glieder nicht sehr auf. Sein Gang war selbstbewusst, seine ganze Körperhaltung männlich und seine Stimme klar, obwohl sie nicht so stark war, wie man bei seiner Größe hätte erwarten können. [...]
23. Er kleidete sich nach der nationalen Tracht der Franken: auf dem Körper trug er ein Leinenhemd, die Oberschenkel bedeckten leinene Hosen; darüber trug er eine Tunika, die mit Seide eingefaßt war; die Unterschenkel waren mit Schenkelbändern umhüllt. Sodann umschnürte er seine Waden mit Bändern und seine Füße mit Stiefeln. [...] Nur an hohen Feiertagen oder bei Empfängen von Gesandten aus fremden Ländern trug er ein Schwert, das mit Edelsteinen besetzt war. Ausländische Kleider ließ er sich fast niemals anziehen, auch wenn sie noch so elegant waren, denn er konnte sie nicht leiden. [...] An anderen Tagen unterschied sich seine Kleidung nur wenig von der des gewöhnlichen Volkes.
24. Karl war maßvoll im Essen und Trinken. Zumal im Trinken, da er die Trunkenheit bei jedem Menschen, ganz besonders an sich selbst und den übrigen Mitgliedern seines Haushaltes sehr verabscheute. Enthaltsamkeit im Essen fiel ihm dagegen schwer, und er beklagte sich oft, dass das Fasten der Gesundheit schade. Er gab sehr selten Gelage, meist nur an hohen Feiertagen, dann aber für eine große Anzahl von Leuten. Seine täglichen Mahlzeiten bestanden aus vier Gängen und dem Fleisch, das seine Jäger auf dem Spieß brieten und das er lieber als alles andere aß. Während des Essens hörte er sich entweder Musik oder einen Vorleser an. Dabei wurden geschichtliche Werke und die Taten der Alten vorgetragen. Er hörte auch gerne die Werke des heiligen Augustinus,[3] besonders seine Schrift „De Civitate Dei" [„Der Gottesstaat"]. [...] Mit der Nachtruhe hielt er es so, dass sein Schlaf gewöhnlich vier- oder fünfmal unterbrochen wurde; sobald er erwachte, stand er dann auch auf. Während man ihm die Schuhe und Kleider anzog, gab er seinen Freunden meist Audienzen. Und wenn ihm der Pfalzgraf von einer Streitigkeit berichtete, die seine Entscheidung verlangte, ließ er die streitenden Parteien sofort hereinführen, hörte sich den Fall an und verkündete sein Urteil [...].
25. Karl war ein begabter Redner, er sprach fließend und drückte alles, was er sagen wollte, mit äußerster Klarheit aus. Er beherrschte nicht nur seine Muttersprache, sondern erlernte auch fleißig Fremdsprachen. Latein verstand und sprach er wie seine eigene Sprache. Griechisch konnte er allerdings besser verstehen als sprechen. Er war rednerisch so begabt, dass er manchmal beinahe zu weitschweifig erschien. [...] Er lernte Rechnen und verfolgte mit großem Wissensdurst und aufmerksamen Interesse die Bewegungen der Himmelskörper. Auch versuchte er sich im Schreiben

und hatte unter seinem Kopfkissen im Bett Tafeln und Blätter bereit, um in schlaflosen Stunden seine Hand im Schreiben zu üben. Da er aber verhältnismäßig spät damit begonnen hatte, brachte er es auf diesem Gebiet nicht sehr weit.

Zit. n:. Scherabon-Firchow, Evelyn: Einhard, Vita Karoli Magni, Stuttgart 1999, S. 45-49

Lektüretipp:
Diese berühmte Quelle ist schon oft von der Geschichtsdidaktik beachtet worden, vgl. *Thomas Schleissing-Niggemann: „Karl war klein und drall ..." Das Erkennen von Wertungen und Perspektiven, in: Geschichte lernen 46 (1995), S. 26-28.* Über die Arbeit mit Gegentexten (an diesem Beispiel) vgl. *Klaus Bergmann: Multiperspektivität. Geschichte selber denken, Schwalbach/Ts. 2000, S. 281-286.*

2.2.5 Einhard über die Kriege Karls des Großen (um 835)

Nachdem Karl König der Franken geworden war, führte er zwei Jahrzehnte lang viele Feldzüge und Kriege, durch die er das Frankenreich stark vergrößern konnte. In der Biographie Karls des Großen beschreibt Einhard diese Feldzüge wie folgt:

9. Während der anstrengenden und fast ununterbrochenen Fehde mit den Sachsen ließ er die Grenzen an geeigneten Stellen durch Befestigungen verstärken und griff dann mit der größten Kriegsmacht, die ihm zur Verfügung stand, Spanien an. Er überquerte die Pyrenäen und eroberte alle Städte und Burgen, die er belagerte. Dann kehrte er ohne Verluste um. [...]
10. Karl besiegte auch die Bretonen, die im westlichsten Teil Galliens an der Meeresküste wohnen und sich weigerten, ihm zu gehorchen. Er sandte ein Heer gegen sie und zwang sie, Geiseln zu stellen und Gehorsam gegen seine Befehle zu geloben. Danach marschierte er mit seiner Armee nach Italien und zog über Rom nach Capua, einer Stadt in Kampanien. Dort schlug er sein Lager auf und drohte den Beneventern mit einem Angriff, falls sie sich ihm nicht unterwerfen wollten. Herzog Aregis ließ es aber nicht so weit kommen. Er schickte dem König seine zwei Söhne Rumold und Grimold mit einer großen Geldsumme und bat ihn, die beiden als Geiseln anzunehmen. Er versprach, er und sein Volk würden den Befehlen des Königs gehorchen. Doch stellte er die Bedingung, dass er selbst nicht vor Karl erscheinen müsste. Dem König lag mehr daran, für die Wohlfahrt des Volkes zu sorgen, als den Starrsinn des Herzogs zu beugen; er nahm die angebotenen Geiseln an und erließ Aregis in Anbetracht der hohen Geldsumme die Verpflichtung, persönlich zu erscheinen. Schließlich behielt er nur den jüngeren Sohn als Geisel bei sich und sandte den älteren dem Vater zurück. Nachdem er Boten zu Aregis geschickt hatte, die dem Herzog und den Beneventern den Treueschwur abnahmen, zog er wieder nach Rom. Dort blieb er mehrere Tage, um an den heiligen Stätten seine Andacht zu verrichten. Dann kehrte er nach Gallien zurück.
11. Nun brach plötzlich der bayerische Krieg aus, der jedoch schnell zum Abschluss kam. [...]
12. Sobald diese Aufstände unterdrückt worden waren, wurde den Slawen der Krieg angesagt. Bei uns heißen sie gewöhnlich Wilzen, in ihrer eigenen Sprache nennt man sie aber richtiger Welataben. [...] Ursache des Krieges war, dass die Slawen die Abodriten,[4] die alte Verbündete der Franken

waren, durch dauernde Einfälle belästigten und sich durch keine Drohungen abhalten ließen. Ein Golf von unbekannter Länge erstreckt sich vom Westmeer in östlicher Richtung [Ostsee]. Er ist an keiner Stelle breiter als hunderttausend Schritt,[5] an vielen Stellen sogar wesentlich enger. Zahlreiche Stämme haben sich an seinen Ufern ansässig gemacht. Die Dänen und Schweden, die wir die Nordgermanen nennen, bewohnen die nördliche Küste und die benachbarten Inseln. Die südliche Küste besiedeln die Slawen, Esten und andere Stämme; die Welataben,[6] gegen die der König jetzt Krieg führte, waren der wichtigste Stamm unter ihnen. Karl schlug sie in einem Feldzug, den er selbst führte, vernichtend und bändigte sie so, dass sie es für ratsam hielten, nie wieder seinen Befehlen zu trotzen.

13. Mit Ausnahme des Sachsenkrieges war der nun folgende Kampf gegen die Awaren[7] oder Hunnen[8] wohl der größte Krieg, den Karl jemals führte. Er begann ihn auch mit mehr Eifer als alle anderen und verwendete eine viel bessere Ausrüstung. [...] Obwohl der Krieg mit größter Hartnäckigkeit geführt wurde, nahm er erst nach acht kampfreichen Jahre ein Ende. [...]

14. Danach wurde auch der Sachsenkrieg zu einem seiner langen Dauer angemessenem Abschluss gebracht. Die folgenden böhmischen und linonischen[9] Feldzüge konnten nicht lange währen; beide fanden unter der Führung des jüngeren Karl eine schnelle Beendigung. Seinen letzten Feldzug unternahm Karl gegen die Nordgermanen; man nennt sie auch Dänen. Sie waren ursprünglich Seeräuber und verlegten sich dann mit Hilfe einer größeren Flotte auf die Verheerung der Küstengebiete Galliens und Germaniens. [...]

15. Das waren also die Kriege, die der mächtige König Karl während seiner siebenundvierzigjährigen Herrschaft in den verschiedensten Ländern mit großer Umsicht plante und erfolgreich ausführte. Er vergrößerte das Frankenreich, das er bereits groß und stark von seinem Vater Pippin übernommen hatte, fast um das Doppelte. Vorher reichte die Oberherrschaft der Franken über den Teil Galliens, der zwischen Rhein und Loire, dem Ozean und dem balearischen Meer liegt; und über den Teil Germaniens, der von den sogenannten Ostfranken bewohnt wird und der an Sachsen und die Donau, den Rhein und die Saale grenzt; und schließlich über das Land der Alemannen und Bayern. Durch die oben erwähnten Kriege unterwarf Karl zuerst Aquitanien, das Baskenland, und das ganze Pyrenäengebiet bis zum Fluß Ebro [...]. Karl eroberte ferner ganz Italien [...]; dann Sachsen, das keinen geringen Teil Germaniens einnimmt und wohl doppelt so breit und ebenso lang wie Franken ist; weiterhin beide Teile Pannoniens, das am anderen Donau-Ufer gelegene Dazien,[10] Istrien, Liburnien und Dalmatien [...]; schließlich alle wilden Barbarenstämme, die in Germanien [...] wohnen.[...]

Zit. nach Scherabon-Firchow, Evelyn: Einhard, Vita Karoli Magni, Kap. 9-15, übers. u. eingel. Stuttgart 1999, S. 23-33

2.2.6 Maßnahmen zur Zwangschristianisierung der besiegten sächsischen Völker (um 782)

Im 7. Jahrhundert breiteten sich die ursprünglich an der unteren Elbe beheimateten Stämme der Sachsen immer weiter nach Süden aus und besiedelten schließlich die ganze nordwestdeutsche Tiefebene. Immer häufiger kam es in der Folgezeit zu Konflikten mit den Franken. Im

Jahre 772 begann Karl der Große mit der Eroberung der sächsischen Gebiete, die erst im Jahre 804 beendet werden konnte. Karl wollte nicht nur die alten Stammesstrukturen der Sachsen aufbrechen, sondern auch die heidnischen Stämme zum Übergang zur christlichen Religion zu bewegen. Dabei wurde ihnen die Wahl zwischen Tod oder Taufe gelassen. Die im Jahre 782 erlassene „Capitulatio de Partibus Saxoniae", die „Verordnung über die Gebiete Sachsens", zeigt die Maßnahmen zur Zwangschristianisierung der sächsischen Stämme.

1. Alle stimmen dem Prinzip der höheren Fälle zu, dass die Kirchen Christi in Sachsen nicht geringere, sondern erheblich höhere Geltung haben sollen als die Götzenstätten.
2. Wenn jemand Zuflucht in der Kirche sucht, soll er dort bis zu seiner Gerichtsverhandlung sicher sein, und niemand soll wagen, ihn mit Gewalt herauszuholen. Wegen der Ehre Gottes und der Heiligen, denen die betreffende Kirche geweiht ist, soll es dem Asylanten vor Gericht nicht an Kopf und Kragen gehen, sondern er soll seine Tat gemäß dem Urteilsspruch mit Geld büßen, soweit er es kann. Dann soll er vor den König geführt werden, und der wird ihn dorthin stecken, wohin es seiner königlichen Gnade gefällt.
3. Sterben soll, wer gewaltsam eine Kirche erstürmt und in ihr mit Gewalt oder mit Diebsgriff etwas wegnimmt oder die Kirche in Flammen aufgehen lässt.
4. Sterben soll, wer die vierzigtätigen Fasten vor Ostern in Verachtung des christlichen Glaubens bricht und Fleisch isst. Aber es soll vom Priester geprüft werden, ob er nicht durch Not gezwungen war, Fleisch zu essen.
5. Sterben soll, wer einen Bischof, einen Priester oder einen Diakon tötet. [...]
7. Todesstrafe erleidet der, der nach heidnischem Brauch Leichen bestattet, indem er den Körper den Flammen preisgibt.
8. Sterben soll, wer Heide bleiben will und unter den Sachsen sich verbirgt, um nicht getauft zu werden oder es verschmäht, zur Taufe zugehen.
9. Sterben soll, wer einen Menschen dem Teufel opfert und nach heidnischer Sitte den Götzen als Opfer darbringt.
10. Sterben soll, wer mit den Heiden Ränke gegen die Christen schmiedet oder bei ihnen als Feind der Christen ausharren will. Und wer ihn dabei gegen König und Christenheit unterstützt, soll ebenfalls sterben.
11. Dem geht es an Kopf und Kragen, der dem König untreu erscheint. [...]
25. Niemand soll sich unterstehen, einen anderen in Pfandknechtschaft[11] zu halten, und wer das tut, zahle die Bannbuße [Verbannung].
26. Niemand soll sich bei gleicher Strafe unterstehen, einem Menschen zu verbieten, sein Recht vor uns zu suchen. [...]
29. Alle Grafen sollen untereinander Frieden und Eintracht halten; und wenn unter Umständen Streit zwischen ihnen ausbricht, sollen sie sich auf unsern Beistand und unsere Entscheidung verlassen. [...]
34. Wir untersagen, dass alle Sachsen Stammesversammlungen abhalten, falls nicht unser Königsbote auf unseren Befehl hin sie aufbietet [einberuft]. Jeder unserer Grafen soll vielmehr in seinem Amt die Versammlungen abhalten und Recht sprechen, und Pfarrer sollen darüber wachen, dass er sich entsprechend verhält.

Zit. nach: Schubert, Ernst: Die Capitulatio de partibus Saxoniae, in: Brosius, Dieter/van den Heuvel, Christine, u.a. (Hrsg.): Geschichte in der Region. Zum 65. Geburtstag von Heinrich Schmidt. Hannover 1993, S. 26-28

2.3 Die Kaiserkrönung Karls des Großen im Jahr 800

Zum Ende des 8. Jahrhunderts erschien Karl der Große als einziger Herrscher der Christenheit, der noch die Macht hatte, seine Entschlüsse durchzusetzen. Aufgrund zahlreicher Rivalitäten von Adelsfamilien in Rom war der Papst geschwächt. Den Kaisertitel gab es seit der Abdankung des letzten römischen Kaisers im westeuropäischen Raum im Jahr 476 nur noch in Byzanz (heutiges Istanbul), wo ihn eine Frau, Eirene, an sich gerissen hatte. Sie hatte ihren Sohn Konstantin VI. 797 vom Thron gestoßen und geblendet, um selbst herrschen zu können. Eirene war jedoch zur „Ungläubigen“ erklärt worden und verfügte zudem nur über wenig Rückhalt bei den einflussreichen Adeligen in ihrem Reich. Als im Jahr 799 in Rom ein Attentat auf den umstrittenen Papst Leo III. verübt wurde, kam eine Reihe von Ereignissen in Gang, die zu der Wiederherstellung des weströmischen Kaisertums, der „Translatio Imperii“, führen sollten. Nach dem Attentat floh Leo III. ins Frankenreich, um dort Schutz bei Karl zu suchen. Dieser empfing ihn in Paderborn, wo er sich als Bezwinger und Bekehrer der heidnischen Sachsen präsentieren konnte. Karl sah es als seine Aufgabe an, dem Papst sicheres Geleit zurück nach Rom zu gewähren und ernannte fränkische Adelige, die vor Ort das Attentat untersuchen sollten. Karl selbst reiste erst im späten Herbst 800 nach Rom und hielt dort während der Adventszeit eine Verhandlung ab, die sich mit den Anklagen gegen den Papst befasste. Sie dauerte bis zum 23. Dezember. Am übernächsten Tag, dem Weihnachtstag, wurde Karl während der Messe zum Kaiser gekrönt. Über dieses Ereignis berichten zahlreiche Quellen, die ein z.T. sehr unterschiedliches Bild vermitteln.

2.3.1 Die Lorscher Annalen (801)

Die Lorscher Annalen (Annales Laureshamenses) sind zusammenhängende Jahresberichte und Chroniken, die in der Zeit von 785/6 bis 803 entstanden sind und als wichtiges zeitgenössisches Zeugnis der Kaiserkrönung Karls des Großen angesehen werden.

801. Und da damals schon die Kaiserwürde aus dem Reichsteil der Griechen gewichen war, und sie bei sich eine Weiberherrschaft hatten, erschien es Papst Leo und allen heiligen Vätern, die bei jenem Konzil anwesend waren, und dem übrigen christlichen Volk, dass sie jenen Karl, den König der Franken „Kaiser“ nennen müssten. Dieser besaß nämlich Rom selbst, wo immer die Cäsaren zu residieren pflegten, und auch die übrigen Kaisersitze, die er in Italien und Gallien und auch in Germanien hatte. Da der allmächtige Gott alle diese Sitze unter seine Macht gegeben hatte, erschien es ihnen, dass jener mit der Hilfe Gottes und auf Ersuchen des ganzen christlichen Volkes hin jene Würde haben sollte. Den Bitten dieser Männer wollte sich König Karl nicht verweigern. Er empfing vielmehr – Gott in aller Demut unterworfen und auf Bitten der Priester und des ganzen

christlichen Volkes hin – an jenem Fest der Geburt unseres Herrn Jesus Christus die Kaiserwürde mit der Weihe durch den Herrn Papst Leo.

Übers. nach: Annales Laureshamenses. Hannover 1826 (= MGH, Scriptores, Bd. 1, S. 22-39, hier S. 38)

2.3.2 Die Reichsannalen (801)

Die Reichsannalen (Annales regni Francorum) waren eine schriftliche Auflistung von Ereignissen, die von 741 bis 829 reichen und dabei vor allem eine Art Tatenbericht Karls des Großen darstellen.

801. Als der König gerade am heiligen Weihnachtstag sich vom Gebet vor dem Grab des seligen Apostels Petrus zur Messe erhob, setzte ihm Papst Leo eine Krone aufs Haupt und das ganze Römervolk rief dazu: „Dem erhabenen Karl, dem von Gott gekrönten großen und Frieden bringenden Kaiser der Römer Leben und Sieg!" Und nach den lobenden Zurufen wurde er vom Papst nach der Sitte der alten Kaiser durch Kniefall geehrt und fortan, unter Weglassung des Titels Patricius,[12] Kaiser und Augustus [der Erhabene] genannt.

Zit. nach: Rau, Reinhold (Hrsg.): Die Reichsannalen mit Zusätzen aus den sog. Einhardsannalen. Darmstadt 1962 (= Freiherr vom Stein-Gedächtnisausgabe, Bd. 5), S. 74f.

2.3.3 Die Lebensbeschreibung Papst Leos III. (zw. 800 und 814)

Der Liber Pontificalis (lateinisch: „Buch der Päpste") ist eine chronologisch geordnete Sammlung von päpstlichen Biographien.

Am Tage der Geburt unseres Herrn Jesu Christi waren alle in der schon genannten Basilika des heiligen Apostels Petrus wiederum versammelt. Und da krönte der ehrwürdige und Segen spendende Vorsteher Karl eigenhändig mit der kostbarsten Krone. Darauf riefen alle gläubigen und getreuen Römer, die den Schutz und die Liebe sahen, die Karl der römischen Kirche und ihrem Vertreter gewährte, einmütig mit lauter Stimme auf Gottes Geheiß und des heiligen Petrus, des Himmelsreiches Schlüsselträger, Eingebung aus: „Karolo piissimo Augusto, a Deo coronato magno et pacifico imperatori, vita et victoria!" [„Dem erhabenen Karl, dem von Gott gekrönten großen und Frieden bringenden Kaiser der Römer Leben und Sieg!"] Vor der heiligen Konfession des seligen Petrus ist das, unter Anrufung vieler Heiliger, dreimal ausgerufen worden, und von allen ist er als Kaiser der Römer eingesetzt worden.

Zit. nach: Lautemann, Wolfgang/Schlenke, Manfred (Hrsg.): Geschichte in Quellen, Bd. 2: Mittelalter. München 1970, S. 70f. (Übers: W. Lautemann)

2.3.4 Die Sicht Einhards (um 835)

Seine letzte Reise nach Rom hatte mehrere Gründe. Die Römer hatten Papst Leo schwer misshandelt, ihm die Augen ausgestochen und die Zunge ausgerissen, so dass er sich gezwungen sah, den König um Schutz zu bitten.[13] Daher begab sich Karl nach Rom, um die verworrenen Zustände der Kirche zu ordnen. Das dauerte den ganzen Winter. Bei dieser Gelegenheit erhielt er den Kaiser- und Augustus-Titel, der ihm anfangs so zuwider war, dass er erklärte, er würde die Kirche selbst an jenem hohen Feiertage nicht freiwillig betreten haben, wenn er die Absicht des Papstes geahnt hätte.[14] Die Eifersucht der oströmischen Kaiser, die ihm die Annahme der Titel schwer verübelten, ertrug er dann allerdings mit erstaunlicher Gelassenheit. Er überwand ihren Widerstand durch seinen Großmut – denn in dieser Beziehung stand er weit über ihnen – und indem er ihnen zahlreiche Botschaften sandte und sie in den Briefen immer als Brüder anredete.

Zit. nach: Scherabon-Firchow, Evelyn: Einhard, Vita Karoli Magni (Kap. 28), . Stuttgart 1999, S. 53

2.3.5 Das Verhältnis zwischen Karl dem Großen und Papst Leo III.

Abb. 3: Kaiser Karl und Papst Leo

Vernissage: 799 – Kunst und Kultur der Karolingerzeit, Heft 15/1999, S. 22

Zu Abb. 3: Das Bild ist ein Teil eines Mosaiks im Trikliniumssaal des Lateranpalastes. Zu sehen ist der heilige Petrus (zu erkennen am Schlüssel auf seinem Schoß), der dem zu seiner Rechten knienden Papst Leo das Pallium (eine Art Stola) das Zeichen der bischöflichen Amtswürde – ein Symbol geistlicher Macht – übergibt. Zur Linken des Heiligen kniet König Karl, dem Petrus eine Fahne als Symbol weltlicher Macht übergibt. Unter Petrus steht geschrieben: „Glücklicher Petrus schenke Papst Leo Leben und König Karl Siege."
Das Mosaik erscheint erst in seiner ganzen Bedeutung, wenn man es im Kontext des zweiten Mosaikes sieht, welches links daneben angebracht wurde. Dieses zweite Mosaik ist völlig gleich aufgebaut, nur die dargestellten Personen sind Christus in der Mitte, rechts von ihm Petrus, dem die Schlüssel zur Stadt Rom übergeben werden, und links von ihm Kaiser Konstantin, der die Fahne überreicht bekommt. Durch diese Analogie stellte Papst Leo, in dessen Auftrag die Mosaiken angebracht wurden, sein Verständnis vom Verhältnis zwischen König und Papst dar: Karl ist ein Beauftragter Petri ebenso wie Kaiser Konstantin ein Beauftragter Christi gewesen ist.

2.3.6 Karl der Große sendet Königsboten aus, um die Verwaltung seines Reiches sicher zu stellen (802)

Karls Herrschaftsauffassung beruhte auf der von dem berühmten Gelehrten Alkuin formulierten „norma rectitudinis", der rechten Norm. Demnach machte Karl der Große es sich zur Aufgabe, „Böses zu berichtigen und Gutes zu bestärken" („prava corrigere, recta corroborare"), was in der Herrschaftspraxis zur sogeannten Karolingischen Renaissance, der Durchführung von unzähligen Reformen in den Bereichen der Bildung, der Kirche und der Liturgie führte. Diese Reformen, die bereits vor der Kaiserkrönung begonnen worden waren, wurden nach 800 noch verstärkt. Um jedoch alle Erlasse durchsetzen zu können, setzte Karl sogenannte „missi dominici", Königsboten, ein, die in das ganze Reich ausgesandt wurden und sowohl neue Gesetze bekannt machen als auch ihre Beachtung überwachen sollten. Ihre Aufgaben werden in Verordnungen, sogenannten „Capitularien", geregelt.

Aus einem Kapitular über die Königsboten:

Erstes Kapitel. Über die Kommission, die der Herr Kaiser abgeordnet hat. Der allergnädigste und allerchristlichste Herr Kaiser Karl hat aus der Reihe seiner klügsten Großen die weisesten Männer ausgewählt, und zwar Erzbischöfe und andere Bischöfe, auch ehrwürdige Äbte sowie fromme Laien, und hat sie in sein gesamtes Reich abgeordnet, um allen Untertanen, die unten aufgeführt sind, die Möglichkeit zu geben, nach Recht und Gesetz zu leben. Er befiehlt, dass sie sorgfältige Untersuchungen anstellen, falls irgendwo etwas anders als recht und gerecht verordnet sein sollte, und verlangt darüber Meldung: Denn er will dann mit Gottes Gnade für Verbesserung sorgen. Und niemand wage es, mit vermeintlicher Schlauheit nach eigenem Ermessen das gültige Gesetz, wie es leider oft geschieht, oder seine Gerechtigkeit zu seinem Vorteil zu beugen oder das zu tun zu versuchen, weder gegenüber den Kirchen Gottes noch den Armen noch den Witwen und Waisen, überhaupt gegen gar keinen Christenmenschen. [...] Wenn aber irgendwo ein Mensch behauptet, ihm sei von einem anderen Unrecht widerfahren, dann sollen die missi, weil ihnen dran gelegen ist, die Gnade des allmächtigen Gottes zu behalten und die beschworene Treue zu bewahren, wirklich sorgfältige Untersuchungen durchführen. Denn sie sollen ganz und gar und allen Menschen gegenüber und überall, gegenüber den heiligen Kirchen Gottes und gegen die Armen, gegen die Waisen und die Witwen und gegen das ganze Volk das Gesetz vollkommen und gerecht ausüben in dem Willen und in der Furcht Gottes. Alle Fälle, in denen sie selbst aus eigener Kraft und mit Hilfe der Provinzgrafen nichts bessern und die Gerechtigkeit nicht wiederherstellen können, sollen sie mit ihren Berichten ohne Umschweife eindeutig dem Gerichte des Herrn Kaisers unterbreiten: Es darf nicht geschehen, dass Speichelleckerei, Bestechung, Vetternwirtschaft oder Furcht vor mächtigen Menschen die Justiz auf ihrem Wege aufhält.

MG Cap. reg. Franc. I, Nr. 33, Capitulare missorum generale, S. 91f.; zit. nach: Lautemann, Wolfgang/Schlenke, Manfred (Hrsg.): Geschichte in Quellen, Bd. 2. München ^{2}1978, S. 73f.

2.4 Die Entstehung Europas? Die Reichsteilungen unter den Söhnen Karls des Großen

Das Großreich Karls des Großen sollte nach seinem Tode keinen langen Bestand haben. Das lag auch an dem Verfahren, das im Frankenreich üblich war, um die Herrschaftsnachfolge zu regeln: Das Reich wurde in so viele Teile aufgeteilt, wie erbberechtigte Söhne vorhanden waren.

2.4.1 Divisio Imperii (Teilung des Reiches, 806)

Bereits acht Jahre vor seinem Tod hatte Karl der Große traditionsgemäß in der so genannten „Divisio Imperii“ (Reichsteilungsverfügung) vom 8. Februar 806 bestimmt, dass sein Reich unter seinen drei Söhnen, Karl, Pippin und Ludwig, nach seinen Vorstellungen aufgeteilt werden sollte. Die „Divisio Imperii“ brauchte 814 nach Karls Tod nicht angewendet zu werden, weil zwei Söhne vor dem Kaiser verstorben waren und Ludwig als einziger legitimer Erbe verblieben war.

Hier beginnt die Niederschrift über die Teilung der Königreiche. [...] Wir wollen ihnen [Ludwig, Pippin, Karl] aber den Staat nicht in Verwirrung und Unordnung hinterlassen, nicht eine Auseinandersetzung in Zank und Streit um das ganze Reich, sondern wir haben veranlasst, dass, indem wir den Körper des ganzen Reiches in drei Teile zerlegen, genau gekennzeichnet und schriftlich fixiert werde, welchen Teil ein jeder von ihnen regieren und schützen soll. So nämlich soll jeder nach unserer Weisung mit seinem Anteil zufrieden sein und die Grenzen seines Reiches, die ans Ausland stoßen, mit Gottes Hilfe zu verteidigen suchen und Frieden und Liebe seinem Bruder gegenüber beobachten.

1. Es ist unser Wille, dass von unserem von Gott behüteten und auch weiterhin geschützten Imperium und Regnum ganz Aquitanien und Gascogne, [...] das Land von den italienischen Berggrenzen bis ans Meer, alle diese Gaue mit ihren Städten und das Land von da nach Süden und Westen bis ans Meer und Spanien, [...] an unseren geliebten Sohn Ludwig falle.

2. Italien, das man auch Lombardei nennt, und Bayern, [...] und der Teil von Alamannien, der auf dem südlichen Donauufer gelegen ist, [...] soll Pippin, unserem geliebten Sohn, gehören.
3. Was aber von unserem Reiche außerhalb der genannten Grenzen liegt, das ist Franzien und Burgund, [...] überlassen wir unserem geliebten Sohne Karl mit der Maßgabe, dass Karl und Ludwig eine Verbindung mit Italien haben, um notfalls ihrem Bruder Hilfe bringen zu können. [...]

MGH Cap. reg. Franc. I, Nr. 45, S. 126ff.; zit. nach: Lautemann, Wolfgang/Schlenke, Manfred (Hrsg.): Geschichte in Quellen, Bd. 2. München [2]1978, S. 103f.

2.4.2 Die Straßburger Eide (842)

Nach dem Tod Kaiser Ludwigs des Frommen (Sohn und Nachfolger Karls des Großen) im Jahr 840 stritten sich dessen Söhne Lothar, Karl der Kahle und Ludwig der Deutsche um das Erbe ihres Vaters, also um die Vorherrschaft im Kaiserreich und um die Abgrenzung ihrer Territorien. Im Februar 842 einigten sich Karl und Ludwig auf ein Bündnis, um anschließend gemeinsam ihren Bruder Lothar zur Einigung zu zwingen. Dieses Bündnis wurde in Straßburg in Form von Eiden, den sogenannten „Straßburger Eiden" abgelegt, die zweisprachig (Althochdeutsch und Altfranzösisch) gesprochen wurden. Jeder Bruder gab sein Treueversprechen in der Sprache des Gebietes, in dem der andere herrschte, damit dessen Gefolge sie verstehen konnte. Hieran ist deutlich erkennbar, dass das riesige Frankenreich weder kulturell noch sprachlich eine Einheit darstellte.
Die Straßburger Eide wurden von dem fränkischen Geschichtsschreiber Nithard (790–844/845) sowohl in den Originalsprachen Altfranzösisch und Althochdeutsch sowie in lateinischer Übersetzung niedergeschrieben. Die Eide gelten als die älteste volkssprachlich überlieferte Urkunde, die eine sprachliche Trennung zwischen Ost- und Westfrankenreich bezeugt.

Es trafen sich also am vierzehnten Februar Ludwig und Karl in der Stadt, die ehedem Argentaria hieß und nun Straßburg heißt, und schwuren wie unten folgt. Ludwig aber sprach romanisch, Karl deutsch. Und bevor sie ihre Eide ablegten, wandte sich jeder an das um ihn versammelte Volk, der eine in deutscher, der andere in romanischer Sprache. [...]

Ludwig versicherte als der Ältere zuerst, Folgendes halten zu wollen:

„Aus Liebe zu Gott und zu dem christlichen Volke und unser beider Heil von diesem Tag an in Zukunft, soweit mir Gott Wissen und Macht gibt, will ich diesen meinen Bruder Karl [Ludwig] sowohl in Hilfeleistung als auch in anderer Sache so halten, wie man von rechtswegen seinen Bruder halten soll, unter der Voraussetzung, dass er mir dasselbe tut; und mit Lothar will ich auf keine Abmachung eingehen, die mit meinem Willen diesem meinen Bruder Karl [Ludwig] schaden könnte."

Der romanische bzw. altfranzösische Text lautete:

„Pro Deo amur et pro christian poblo et nostro commun salvament, d'ist di en avant, in quant Deus savir et podir me dunat, si salvarai eo cist meon fradre Karlo, et in aiudha et in cadhuna cosa, si cum om per dreit son fradra salvar dift, in o quid il mi altresi fazet, et ab Ludher nul plaid numquam prindrai qui meon vol cist meon fradre Karle in damno sit."]

Nachdem Ludwig geendet hatte, beschwor Karl in (alt-)deutscher Sprache dasselbe also:

„In godes minna ind in thes christanes folches ind unser bedhero gehaltnissi fon thesemo dage frammordes so fram so mir got geuuizci indi mahd furgibit so haldih thesan minan bruodher soso man mit rehtu sinan bruodher scal in thiu thaz er mig so sama duo indi mit ludheren in nohheiniu thing ne gegango the minan uillon imo ce scadhen uuerdhen."

Der Eid aber, den jedes der beiden Völker in seiner eigenen Sprache ablegte, lautete in romanischer Sprache also: „Wenn Ludwig [Karl] den Eid, den er seinem Bruder Karl [Ludwig] schwört, hält und Karl [Ludwig] mein Herr ihn seinerseits nicht hält, wenn ich ihn davon nicht abbringen kann, werde weder ich noch irgendeiner, den ich davon abbringen kann, ihm gegen Ludwig [Karl] irgendwelchen Beistand geben."

Zit. nach: Lautemann, Wolfgang/Schlenke, Manfred (Hrsg.): Geschichte in Quellen Bd. 2. München 1970, S. 118f.

2.4.3 Der Vertrag von Verdun (843)

Abb. 4: In einer französischen Handschrift des 15. Jahrhunderts wird die Reichsteilung so verbildlicht

In dem 843 zwischen den Enkeln Karls des Großen geschlossenen Vertrag von Verdun wird die Teilung der Macht zwischen Karl dem Kahlen, Ludwig dem Deutschen und Lothar I. beschlossen und damit verbunden auch die Dreiteilung des Frankenreiches. Dennoch blieb auch nach 843 die Reichseinheit bewahrt, da das Karolingerreich als ein einheitliches Reich angesehen wurde. Der Vertrag von Verdun regelte lediglich die Einflussgebiete der Herrschaftsrechte.

Karl begab sich zur verabredeten Besprechung zu seinen Brüdern und traf sie in Verdun. Man teilte nun das Reich also: Ludwig erhielt alles Gebiet jenseits des Rheines, auf der linken Seite des Stromes die Städte Speyer, Worms und Mainz mit den dazu gehörigen Gauen; Lothar das Gebiet der Rhein- und Scheldemündung, das Gebiet von Cambrai, Hennegau, die Lomesische und Castricische Grafschaft, sowie die Grafschaften, welche an das Ufer der Maas stoßen bis zur Mündung der Saône in die Rhône, und dann die Rhône entlang rechts und links die Grafschaften bis zur Mündung dieses Stromes. Außerdem erhielt er durch das Entgegenkommen seines Bruders Karl noch das Gebiet von Arras. Alles übrige bis nach Spanien hin fiel an Karl. Nachdem sie gegenseitig diese Verteilung beschworen hatten, gingen sie auseinander.

Annales Bertiniani 843; zit. nach: Lautemann, Wolfgang/Schlenke, Manfred (Hrsg.): Geschichte in Quellen, Bd. 2. München [2]1978, S. 120

2.4.4 Die Teilungen des Frankenreichs unter Karls Söhnen

(s. Karten auf S. 36, Abb. 5)

2.4.5 Karl der Große – ein Vater Europas? Bewertungen moderner Historiker

Obwohl die Bezeichnung „Vater Europas" bereits im Mittelalter für Karl den Großen verwendet wurde, sind sich heutige Historiker nicht einig, ob dieser Titel tatsächlich zutreffend ist. Die folgenden Texte geben einen Einblick in diese Diskussion.

Jacques Le Goff über die Bedeutung Karls des Großen für Europa (2004)

Der französische Mediävist (Mittelalter-Historiker) Jacques Le Goff (geb. 1924) in seinem Werk „L'Europe est-elle née au Moyen Âge?" (Die Geburt Europas im Mittelalter):

Die [...] Periode [8. bis 10. Jh.] umfasst eine Epoche, die oft als der erste große Versuch beschrieben worden ist, Europa zu bauen. Als Bauherr wird Karl der Große genannt, dessen kurzlebiges Reich der erste wirkliche Entwurf Europas gewesen sei. In diesem Fall, das muss betont werden, gäbe das Unternehmen Karls des Großen das erste Beispiel für ein fehlgeleitetes Europa ab. Seine Vision war in der Tat eine „nationalistische", sein Reich in erster Linie ein Frankenreich, gegründet auf einem wahrhaft patriotischen [vaterlandsliebenden] Geist. Um ein Beispiel zu nennen: Karl der Große hatte sogar ins Auge gefasst, den Kalendermonaten fränkische Namen zu geben. Dieser Aspekt wird von den Historikern selten zur Geltung gebracht. Es scheint mir wichtig, ihn hervorzuheben, weil es sich um den ersten aller gescheiterten Versuche handelt, ein Europa unter der Herrschaft eines

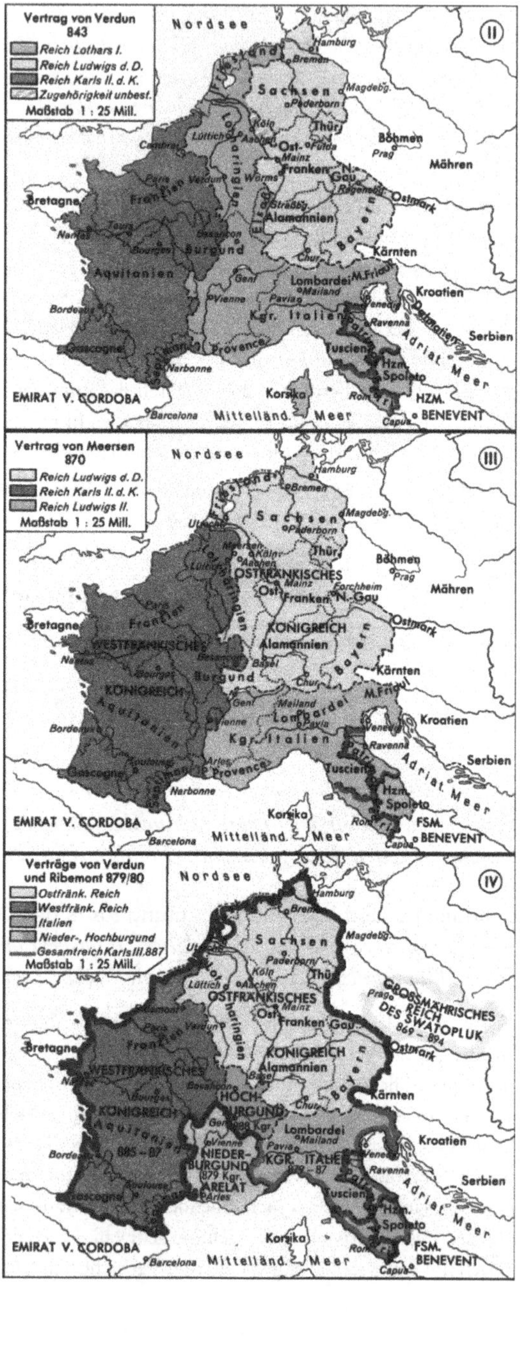

Abb. 5:
Die Teilungen des Frankenreichs

Putzger Historischer Weltatlas, Jubiläumsausg. Berlin 1961, S. 43

Volkes oder eines Reichs zu bauen. Das Europa Karls V. (1519–1556), das Europa Napoleons und das Europa Hitlers waren de facto [tatsächlich] anti-europäisch, und in den Bestrebungen Karls des Großen ist bereits etwas von diesen Plänen angelegt, die dem wahren Europagedanken widerstreben.

Le Goff, Jacques: Die Geburt Europas im Mittelalter. München 2004, S. 48 (übers. von. Grete Osterwald)

Johannes Fried über die Bedeutung Karls des Großen für Europa (2002)

Der deutsche Mediävist Johannes Fried (geb. 1942) in dem Beitrag „Die Geschichte Europas":

Karl betrieb so wenig Europapolitik, wie er Sonne war oder Licht. Der Franke besaß keinen Anlass, über „Europa" zu sinnieren. Auch ahnte er kaum, wie weit nach Norden und Osten sich dessen Räume erstreckten. Vage umschrieb sie der heilige Augustinus in seiner „Civitas Dei", aus der Karl sich wieder und wieder vorlesen ließ. Der Erdteil reiche von Norden nach Westen, nehme gemeinsam mit Afrika (das von Süden nach Westen liege) die Hälfte der gesamten Erde ein, deren andere Hälfte vom Süden über den Osten nach dem Norden Asien umfasse.

Mehr dürfte auch Karl in diesen Erdregionen nicht gesehen haben. Solches Wissen bot kein Handlungsmotiv. Karl vielmehr betrieb wahre „Gottesverehrung", diente der universalen Kirche, die sich über die Erde verbreiten sollte; gedachte nicht eines kommenden Jahrtausends, sondern des Jüngsten Gerichts. Da galt es, die Heiden dem rechten Glauben zu unterwerfen und das eigene Reich in rechter Weise zu ordnen. Solches Handeln hatte der heilige Augustinus den Königen geraten, um die ewige Seligkeit zu erlangen. So wäre der Kirchenvater, der Lehrer des „Pater Europae", der eigentliche Vater Europas? [...]

Machtstreben, Skrupellosigkeit und Verschlagenheit zeichneten ihn [Karl] aus. Von Beginn seiner Regierung führte Karl – den Zielen extensiver [umfassender] Herrschaft verpflichtet – Krieg.

Fried, Johannes: Ein dunkler Leuchtturm, in: Spiegel spezial, Nr. 1, 2002, S. 25

2.5 Wie heilig ist der Thron? Herrscherlegitimation im früheren Mittelalter

Der biblische Prophet Daniel hatte von vier Weltreichen gesprochen, die dem jüngsten Gericht vorausgegangen seien, und man hatte das römische für das vierte dieser Reiche gehalten. Deshalb bildete sich im frühen Mittelalter die Auffassung heraus, dieses letzte Reich habe nie aufgehört zu existieren, sondern sei lediglich zunächst auf Ostrom (Byzanz), dann mit der Kaiserkrönung Karls des Großen (800) auf die Franken und mit der Kaiserkrönung Ottos des Großen (962) schließlich auf das (römisch-)deutsche Reich übergegangen.

2.5.1 Franken als Römer? „Translatio imperii" (Übertragung des Reiches)

Sachsenspiegel, Landrecht, 3. Buch, 44. Artikel:

Das Reich entstand zu Babylon, wurde von Cyrus für Persien erobert, wo es bis auf Darius (III.) blieb, dem es Alexander der Große entriss. Bei den Griechen hielt es sich so lange, bis Rom sich seiner bemächtigte und Julius Kaiser wurde. Noch jetzt hat Rom das weltliche Schwert und von Sankt Peter wegen das geistliche.

Die Heidelberger Bilderhandschrift des Sachsenspiegels (spätes 13. Jh.) hat diese „Übertragung des Reiches" (translatio imperii) geschickt ins Bild gesetzt: Der Herrscher von Babylon (ganz links, auf dem biblischen Turm zu Babel) und Darius III. (3. von links) sind ungewappnet, weil sie das Reich nicht mit Gewalt erlangten. Deshalb wird das persische Reich auch von zwei Figuren repräsentiert: Cyrus, der gewaltsam das Reich an sich nahm (2. von links) und Darius III., dem das Reich wieder entrissen wurde.

Abb. 6: Die „Translation Imperii" im „Sachsenspiegel" (spätes 13. Jahrhundert)
Der Sachsenspiegel in Bildern. Aus der Heidelberger Bilderhandschrift, ausgewählt und erläutert von Koschorreck, Walter. Frankfurt a.M. 1989, S. 34

2.5.2 Die Herrschaftsidee Kaiser Ottos I.

Die Renovatio [Erneuerung] vom Jahre 962 bezog sich nicht auf die römische, sondern auf die karolingische Epoche: Die Kaiserwürde Karls des Großen wiederherzustellen – das war bei der Krönung der Leitgedanke der sächsischen Politik. [...] Schon der Regierungsantritt Ottos I. im Jahr 936 gibt einen deutlichen Hinweis auf die Gesinnung, in der er seine Herrschaft zu führen gedachte. Während sein Vater [der sächsische König Heinrich I.] von einer kirchlichen Weihe seiner Königswürde überhaupt abgesehen hatte, ließ Otto sie mit aller Feierlichkeit an sich vollziehen – und zwar in dem Münster Karls des Großen zu Aachen. [...] An dieser Verehrung für die Karlsstadt hat Otto sein ganzes Leben festgehalten.

Mayr, Gottfried/Störmer, Wilhelm: Königsherrschaft im Mittelalter. München 1986, S. 45

2.5.3 Otto III.

Otto III. (980–1002) war deutscher König ab 983 und Kaiser des Heiligen Römischen Reiches von 996 bis 1002. Seine Hauptziel war die Verschmelzung von fränkisch-deutscher und römischer Tradition im Rahmen der Wiederherstellung des Römischen Reiches (Renovatio Imperii Romani).

Abb. 7: Otto III. zwischen geistlichen und weltlichen Personen. Otto III. als Herrscher thronend, links von ihm zwei Geistliche, rechts von ihm zwei weltliche Personen.

Literaturtipp!
Dieses Bild gehört zum kollektiven Bildgedächtnis der Deutschen und ist bereits vielfach für die Geschichtsdidaktik fruchtbar gemacht worden. Vgl. *Bernhard Askani: Ein Kaiser an der Stelle Gottes. Anregungen zur Verwendung eines ottonischen Kaiserbildes im Unterricht, in: Praxis Geschichte Heft 0, 1987, S. 6-11*

2.5.4 Heinrich II.

Auf dem Widmungsblatt des Evangeliars Kaiser Heinrichs II ist die Krönung Kaiser Heinrichs und Kaiserin Kunigunde durch Christus zu sehen. Heinrich II. (973–1024), genannt „der Heilige", war seit 1002 König des Ostfrankenreichs (Regnum Teutonicorum) und Kaiser des Heiligen Römischen Reiches von 1014 bis 1024.

Abb. 8: Kaiser Heinrich II. und Kaiserin Kunigunde

Lautemann, Wolfgang/Schlenke, Manfred: Geschichte in Quellen, Band Mittelalter. München [2]1978, Tafel IX

2.6 Kaiser und Papst

Mit der Abdankung des letzten weströmischen Kaisers Romulus Augustulus und der Übersendung der kaiserlichen Machtsymbole (Reichskrone, heilige Lanze, Reichsschwert) nach Konstantinopel hatte im Jahre 476 das antike Kaisertum im Westen geendet. Erst zum Ende des 8. Jahrhunderts erwachte erneut die Idee eines eigenständigen, westlichen Kaisertums unter Karl dem Großen – einem Herrscher, der durch zahlreiche Eroberungen ein Großreich geschaffen hatte, das beinahe das gesamte Abendland umfasste. Unter welchen genauen Umständen die Krönung an Weihnachten 800 auch vollzogen wurde, sie stellt einen entscheidenden Einschnitt im Verhältnis zwischen abendländischen Herrschern und Papsttum dar, denn bis zu diesem Zeitpunkt hatte das Papsttum keinerlei Funktionen bei der Erhebung von Königen gehabt. Durch die Krönung Karls des Großen durch Papst Leo III. jedoch wurde die Kaiserwürde für die folgenden Jahrhunderte an das Papsttum geknüpft.

2.6.1 Karl und Leo – Begründer des mittelalterlichen Verhältnisses von Kaiser und Papst (796)

Nach dem Herrschaftsverständnis Karls des Großen war es seine Aufgabe, Böses zu berichtigen und Gutes zu verstärken („prava corrigere, recta corroborare"). Zu dieser „rechten Norm" („norma rectitudinis") gehörte auch die Hinführung seiner Untertanen zu einem gottgefälligen Leben. Karl selbst wollte dabei als leuchtendes Beispiel vorangehen und sah es als seine Aufgabe als Herrscher an, Unglauben zu bekämpfen, Mission zu unterstützen und auch im Bereich der Liturgie (Rituale zur Verehrung Gottes) alles auszumerzen, was nicht der rechten Norm entsprach. Aus diesem Verständnis heraus war der König nicht nur Verteidiger, sondern auch Leiter der Kirche und bildete innerhalb der Gesamtheit aller Christen („corpus christianum") eine zweite Gewalt neben dem Bischof. In dem wohl von Alkuin verfassten Brief Karls an Papst Leo III. werden die Aufgaben erläutert, die diesen zwei Gewalten Papst und König obliegen.

Wie ich nämlich mit dem Heiligen Vater, Eurem Vorgänger, das Abkommen heiliger Vaterschaft eingegangen bin, möchte ich nun auch mit Eurer Heiligkeit das unverletzliche Glaubens- und Liebesbündnis vereinbaren. Dank der Fürbitte des apostolischen gnädigen Beistandes soll mich Euer apostolischer [päpstlicher] Segen begleiten, und der allerheiligste Sitz der römischen Kirche soll durch unsere Ergebenheit mit Gottes Hilfe verteidigt werden. Uns obliegt es nämlich, mit Gottes gnädiger Hilfe die Heilige Kirche gegen alle Angriffe der Heiden und Verwüstungen durch die Ungläubigen mit Waffen nach außen zu verteidigen, um im Innern den katholischen Glauben zu befestigen. Ihr, Heiliger Vater, habt andererseits wie Mose unseren Kampf mit zu Gott erhobenen Gebetshänden zu unterstützen, indem dank Euren Eintretens durch Gottes Führung und Gabe das Christenvolk in seinem heiligen Namen über alle seine Feinde immer und überall den Sieg davon trage und der Name unseres Herrn Jesus Christus in aller Welt verherrlicht werde.

MGH Epist. IV, 137; übers. nach: Brand, Jürgen/Hattenhauer, Hans (Hrsg.): Der Europäische Rechtsstaat. Heidelberg 1994, S. 14

2.6.2 Der Investiturstreit und der „Gang nach Canossa" (1077)

Zwischen 1056 und 1125 war das Verhältnis zwischen Kaiser und Papst von einem schweren Konflikt, dem sogenannten Investiturstreit, bestimmt. Anlass dieses Konfliktes war die Frage nach der Praxis zur Einsetzung (Investitur) von Bischöfen und Reichsäbten, jedoch ging es vielmehr um die grundsätzliche Frage nach den Machtbefugnisses des Papstes und des Kaisers. Es hatte sich zur gängigen Praxis entwickelt, dass Bischöfe vom jeweiligen König, bzw. Kaiser ernannt (investiert) wurden. Die Befugnis hierzu hatte der König durch seine Salbung und seine Einsetzung „von Gottes Gnaden" erhalten, durch die er zu einer sakralen Stellung gelangt war. Im Zuge der kirchlichen Reformgedanken wurde eben diese sakrale Stellung des Königs bestritten, er wurde nur als ein Laie ohne besondere Bedeutung betrachtet. Diese Auffassung beschnitt jedoch die sakrale Idee des Königtums in ihren Grundfesten und musste auf vehemente Gegenwehr des Herrschers stoßen.

Bereits unter Heinrich III. hatte sich dieser Konflikt entwickelt und war im Jahre 1046 dadurch verstärkt worden, dass der Kaiser auf zwei Kirchenversammlungen drei aufeinander folgende Päpste, Gregor VI., Benedikt IX. und Silvester III. ab- und einen Papst seiner Wahl, Clemens II., eingesetzt hatte. Heinrich III. war von 1039 bis zu seinem Tod 1056 deutscher König und seit 1046 Kaiser des Heiligen Römischen Reiches.

Der offene Konflikt entzündete sich an der Einsetzung des Erzbischofs von Mailand durch Heinrich IV. im Jahr 1075, auf die Papst Gregor VII. mit heftigen Vorhaltungen reagierte. Als Heinrich IV. daraufhin den Papst absetzen ließ, antwortete dieser mit der Exkommunikation des Kaisers, also mit dessen Ausschluss aus der religiösen Gemeinschaft. Erst mit seinem demütigenden „Gang nach Canossa" konnte sich Heinrich vom Kirchenbann lösen, wobei die sakrale Würde des Königtums jedoch starken Schaden nahm.

Abb. 9: Zeichnung zum Investiturstreit (zwischen 1143 und 1146) Aus der Weltgeschichte Ottos von Freising

Die erste Szene (links oben) zeigt die Kaiserkrönung Heinrichs IV. zu Ostern 1084, die vom Gegenpapst Clemens III. durchgeführt wurde. Der nicht näher bezeichnete, fragend dreinschauende Schwertträger zwischen Kaiser und Papst lässt die Einträglichkeit zwischen den beiden Hauptpersonen fragwürdig erscheinen. In der zweiten Szene (rechts oben) wird Papst Gregor VII. durch Heinrichs Kriegsmacht aus Rom vertrieben. Die dritte Szene (links unten) stellt den nach Salerno geflohenen Gregor VII. auf der Kirchenversammlung dar, bei der er den Bannfluch gegen Kaiser Heinrich wiederholt. Diese Handlung wird durch die erlöschende Kerze in Gregors Hand symbolisiert. Schließlich zeigt die letzte Szene (rechts unten) den Tod Gregors am 25. Mai 1085, der von zwei Bischöfen beklagt wird.

Die Zeichnung stammt aus der Historia de duabus civitatibus des Bischofs Otto von Freising (ca. 1112–1158), einer Weltgeschichte in acht Büchern, die zwischen 1143 und 1146 verfasst wurde. Das Bild steht am Beginn des sechsten Buches der Chronik und stellt die letzten Ereignisse des Investiturstreites dar. (Schulze, Hans. K.: Hegemoniales Kaisertum. Ottonen und Salier. Berlin 1998)

2.6.3 Humbert von Silva Candida über die Investitur (um 1058)

Der Kardinalbischof Humbert von Silva Candida (um 1010–1061), ein Vertrauter Papst Leos IX., über die Befugnisse weltlicher und geistlicher Herrscher bei der Investitur, der Amtseinweisung von Geistlichen (um 1058):

Während also die hochwürdigen und allerhöchsten Päpste auf das Diktat des Heiligen Geistes selbst hin vorgeschrieben haben, dass die Wahl des Klerus durch das Urteil des Metropoliten [Bischof], das Verlangen von Volk und Ständen aber durch die Zustimmung des Fürsten bekräftigt werde, so ist es jetzt zur Umkehr der heiligen Kanones [Gesetze kirchlicher Synoden] und zur Missachtung der ganzen christlichen Religion gekommen, und alles geschieht in umgekehrter Reihenfolge. Die Ersten sind die Letzten, und die Letzten sind die Ersten. Denn an erster Stelle steht bei der Wahl und Einsetzung die weltliche Gewalt, und ihr folgt, ob willentlich oder nicht willentlich, der Ordo [Krönungsritus], das Volk und dann endlich die Meinung des Metropolitans [Erzbischofs]. Deshalb kann man auf diese Weise gewählte Männer [...] nicht unter die Bischöfe zählen, weil ihre Einsetzung mit dem Kopfe nach unten hängt. Denn was zuletzt geschehen musste, geschah zuerst, und getan haben es Leute, die es gar nichts angeht. Denn was geht Laien die Austeilung von kirchlichen Sakramenten an, was kümmert sie die Austeilung der bischöflichen oder der priesterlichen Weihe? Was geht sie der Krummstab und der Ring an, mittels derer in erster Linie die ganze Bischofsweihe durchgeführt, belehnt und gestützt wird? [...] Wer also mit diesen beiden Dingen irgend jemanden weiht, der hat damit ohne Zweifel die ganze Hirtengewalt an sich gebracht. Denn was bleibt dem Klerus, dem Ordo, dem Volke und auch dem Metropoliten nach einer solchen Weihe noch übrig an freier Meinung, wenn ein solcher Vorgesetzter ihnen schon gegeben ist? [...] Was geht es sie noch an, oder welchen Nutzen hätte es, Stab und Rind, die er doch schon trägt, ihm noch einmal zu verleihen? Etwa weil sie von einem Laien dargereicht sind? Aber auch eine von einem Laien vollzogene Taufe soll nicht wiederholt werden. Wenn der Getaufte am Leben bleibt, dann soll sie durch den Priester durch Gebet und Salbung ergänzt werden. Wenn der betreffende Mensch nicht am Leben bleibt, kann er ohne Zweifel ohne diese beiden das himmlische Reich betreten, niemand aber kann das ohne den Tropfen Taufwassers. Also ist es deutlich, dass alle bischöfliche Gewalt mit Ring und Stab ihnen gegeben ist.

Zit. nach: Lautemann, Wolfgang/Schlenke, Manfred (Hrsg.): Geschichte in Quellen, Bd. 2. München [2]1978, S. 249f. (Übers.: W. Lautemann)

2.6.4 Päpstlicher Machtanspruch: Das „Dictatus Papae" Gregors VII. (1075)

Das so genannte Dictatus Papae ist ein unscheinbares Blatt, das sich im päpstlichen Briefregister unter den Briefen des März 1075 fand; wahrscheinlich hat es Gregor VII. selbst diktiert. Der Überschrift „Dictatus papae ..." (lat. „Der Papst ordnet an ...") folgen 27 kurze Sätze, die jeweils mit „quod" (lat. „weil ...") an die Überschrift anknüpfen und den Machtanspruch des Papsttums innerhalb der Kirche, aber auch gegenüber dem Kaisertum beschreiben. Die innerkirchlichen Ansprüche haben sich zu einem großen Teil tatsächlich durchgesetzt.

Verknüpfung!
Als Kontrast hierzu können Auszüge aus dem Konzilsdekret *Pastor aeternus* („Unfehlbarkeitsdogma") von 1870 (1. Vatikanisches Konzil, Pius IX.) gelesen werden (z.B. auf http://weberknecht.wordpress.com/2007/09/01/pastor-aeternus). Die einzige Anwendung dieses Dogmas geschah 1950 unter Pius XII. bei der Verkündung der Leiblichen Himmelfahrt Marias (vgl. 5.4.1, S. 128).

1. Einzig und allein von Gott ist die römische Kirche gegründet.
2. Nur der römische Papst trägt zu Recht den Titel des universalen Papstes.
3. Er ganz allein kann Bischöfe absetzen und auch wieder einsetzen.
4. Sein Legat [Gesandter], auch wenn er einen geringeren Grad bekleidet, führt auf jedem Konzil den Vorsitz vor den Bischöfen und kann diese absetzen.
5. Auch Abwesende kann der Papst absetzen.
6. Von anderer Gemeinschaft ganz abgesehen, darf man sich mit Exkommunizierten[15] nicht einmal in demselben Haus aufhalten.
7. Nur der Papst darf, wenn es die Notwendigkeit der Zeit verlangt, neue Gesetze erlassen, neue Gemeinden gründen, aus einer Kanonie eine Abtei machen und umgekehrt, ein reiches Bistum teilen und arme Bistümer zu einem einzigen zusammenlegen.
8. Nur der Papst verfügt über die kaiserlichen Insignien.
9. Alle Fürsten haben die Füße einzig und allein des Papstes zu küssen.
10. Nur sein Name darf in der Kirche genannt werden.
11. In der ganzen Welt gilt nur dieser Papsttitel.
12. Der Papst kann Kaiser absetzen.
13. Er kann im Notfall Bischöfe von einem zum anderen Bistum versetzen.

14. Er kann in der ganzen Kirche, wie er will, Kleriker einsetzen.
15. Ein vom Papst Geweihter kann einer anderen Kirche zwar vorstehen, ihr aber nicht dienen, und kann von keinem anderen Bischof einen höheren Weihegrad empfangen.
16. Keine Synode darf ohne seine Weisung eine allgemeine genannt werden.
17. Gegen die Autorität des Papstes kann kein Kapitel und kein Buch als kanonisch gelten.
18. Die Entscheidung des Papstes kann von niemandem aufgehoben werden, er selbst aber kann Urteile aller anderen Instanzen aufheben.
19. Über den Papst besitzt niemand richterliche Gewalt.
20. Niemand soll es wagen, jemanden zu verdammen, der an den apostolischen Stuhl appelliert.
21. Die größeren Rechtsfälle einer jeden Kirche müssen an den Papst übertragen werden.
22. Die römische Kirche hat niemals geirrt und wird nach dem Zeugnis der Heiligen Schrift auch niemals irren.
23. Wenn der römische Bischof [= der Papst] in kanonischer Wahl erhoben ist, dann wird er ohne Zweifel nach dem Zeugnis des heiligen Ennodius von Pavia heilig durch die Verdienste des heiligen Petrus, so wie es auch viele Kirchenväter bestätigen und wie es auch in den Dekreten des heiligen Symmachus enthalten ist.
24. Auf den Befehl des Papstes hin und mit seiner Erlaubnis dürfen Untergebene [gegen ihre Herren] Klage erheben.
25. Auch ohne Beschluss einer Synode kann der Papst Bischöfe ein- und absetzen.
26. Wer nicht mit den Lehren der römischen Kirche übereinstimmt, kann auch nicht als rechtgläubig gelten.
27. Der Papst kann Untertanen von ihrem Treueid gegenüber unrechten Herrschern entbinden.

Vereinfachte Übers. nach dem lat. Text bei Caspar, Ernst (Hrsg.): Gregor VII. Hannover 1920 (= MGH, Epistolae selectae, Bd. 2, 1), S. 202-208; textnahe Übers. bei Laudage, Johannes (Hrsg.): Der Investiturstreit. Quellen, Dokumente, Materialien. Köln u.a. 1987, S. 57-59

2.6.5 Absetzung Papst Gregors (Januar 1076)

Nachdem Papst Gregor VII (1073–1085) Heinrich IV. wegen der Investitur des Erzbischofs von Mailand stark kritisiert hatte, reagierte der König mit folgendem Dekret:

Heinrich, von Gottes Gnaden König, an Hildebrand. Während ich bisher von dir erwartete, was dem Verhalten eines Vaters entspricht, und Dir in allem gehorchte, [...] erhielt ich von Dir einen Lohn, wie er nur von dem gefährlichsten Feind unseres Lebens und Reiches zu erwarten war. Diesen unerhörten Eigensinn glaubte ich nicht mit Worten, sondern mit der Tat zurückweisen zu müssen. Ich hielt darum eine allgemeine Versammlung aller Reichsfürsten auf ihre Bitten ab. Als man dort, was man bisher aus Scheu und Ehrfurcht verschwiegen hatte, an die Öffentlichkeit brachte, da wurde aufgrund der wahrheitsgetreuen Darlegungen dieser Fürsten – Du kannst sie ihrem eigenen Schreiben entnehmen – verkündet, dass Du auf keinen Fall auf dem römischen Stuhl bleiben kannst. Weil deren Spruch gerecht und vor Gott und den Menschen anerkennenswert schien, stimmte auch ich zu und spreche Dir alles Recht der päpstlichen Gewalt ab, das Du zu besitzen schienst, und befehle Dir, vom römischen Stuhl herabzusteigen, dessen Schirmherrschaft mir Gott zuteilte und die Römer durch Schwur zubilligten, sodass sie mir zusteht.

Zit. nach. Ritter, Adolf Martin, u.a. (Hrsg.): Kirchengeschichte in Quellen. Ein Arbeitsbuch, Bd. 2. Neukirchen-Vluyn 2001, S. 91

2.6.6 Exkommunikation Heinrichs (Februar 1076)

Die Reaktion Papst Gregors ließ nicht lange auf sich warten. Bereits einen Monat nach der von Kaiser Heinrich IV. ausgesprochenen Absetzung erließ er auf einer Kirchenversammlung in Rom folgende Verordnung und belegte ihn damit mit dem Kirchenbann, dem Ausschluss aus der Kirche:

Seliger Petrus, Apostelfürst, neige, so bitten wir, deine gütigen Ohren zu uns und höre mich, deinen Knecht, den du seit der Kindheit ernährt und bis zu diesem Tage aus der Hand der Ungerechten befreit hast, die mich als deinen Getreuen hassten und hassen. [...] Durch deine Gnade ist mir die Macht von Gott gegeben, zu binden und zu lösen im Himmel und auf Erden. Hierauf also vertraue ich, und für die Hoheit und den Schutz deiner Kirche, im Namen des allmächtigen Gottes, des Vaters und Sohnes und Heiligen Geistes, durch deine Macht und Vollmacht untersage ich dem König Heinrich, Sohne Kaiser Heinrichs, der gegen deine Kirche in unerhörtem Hochmut aufgestanden ist, die Lenkung des ganzen Reiches der Deutschen und Italiens und löse alle Christen vom Bande des Eides, den sie ihm geleistet haben und leisten werden, los und verbiete, dass ihm irgendwer wie einem Könige diene. Geziemend ist es ja, dass, wer die Hoheit deiner Kirche zu mindern strebt, selber die Hoheit verliere, die er scheinbar hat.

Und weil er als ein Christ zu gehorchen verachtete und nicht zu Gott zurückkehrte, den er verließ, da er mit Gebannten umging und meine für sein Heil gesandten Mahnungen, du weißt es, verschmähte und sich von deiner Kirche, im Begehr sie zu spalten, trennte, binde ich ihn an deiner Statt mit der Fessel des Anathems,[16] und so binde ich ihn im Vertrauen auf dich, dass die Völker es wissen und anerkennen: Du bist Petrus, und auf deinen Felsen hat der Sohn des lebendigen Gottes seine Kirche gebaut, und die Pforten der Hölle werden sie nicht überwältigen.

Zit. nach: Buchner, Rudolf (Hrsg.): Ausgewählte Quellen zur deutschen Geschichte des Mittelalters, Bd. 12a, übers. von Franz-J. Schmale. Darmstadt 1968, S. 206f.

2.6.7 Der Gang nach Canossa in der Beschreibung des Lampert von Hersfeld (1076/77)

Um Papst Gregor VII. zu bitten, ihn vom Kirchenbann (Ausschluss aus der Kirche) zu erlösen, zog Heinrich IV. im Winter 1076/1077 von Speyer aus über die Alpen nach Canossa. Der Geschichtsschreiber Lampert von Hersfeld (vor 1028–vor 1085) berichtet darüber (1076/77):

Der König seinerseits wusste ganz genau, dass es Rettung für ihn nur gebe, wenn er sich vor dem Jahrestag vom Bann löste, und es schien ihm nicht in seinem Interesse zu liegen, die Ankunft des Papstes in Gallien abzuwarten und die Untersuchung seiner Sache einem so feindseligen Richter, so hartnäckigen Anklägern zu überlassen; deshalb hielt er es bei dem gegenwärtigen Stand seiner Angelegenheit für das beste, dem Papst auf seiner Reise nach Gallien noch innerhalb Italiens entgegenzugehen und auf jede nur mögliche Weise zu versuchen, die Lossprechung von dem Fluch zu erreichen. [...]

Die übrigen Bischöfe und Laien, die der Papst exkommuniziert hatte, [...] gelangten wohlbehalten nach Italien; sie trafen den Papst auf Canossa an und baten ihn barfuß und im Büßergewand flehentlichst um Verzeihung für die Auflehnung, die sie sich herausgenommen hätten, und um Lossprechung vom Kirchenbanne. [...]

König Heinrich lud nun die Gräfin Mathilde zu einer Unterredung und schickte sie mit Bitten und Versprechungen beladen zum Papst und mit ihr seine Schwiegermutter nebst ihrem Sohn, ferner den Markgrafen Azzo und den Abt von Cluny und einige andere der ersten Fürsten Italiens, die, wie er wusste, bei ihm in hohem Ansehen standen, mit der inständigen Bitte, ihn vom Bann zu lösen und den deutschen Fürsten, die zu der Anklage gegen ihn mehr durch den Stachel der Missgunst als durch Eifer für das Recht entflammt worden seien, nicht blindlings Glauben zu schenken. [...] Der Papst widerstand lange, denn er fürchtete den jugendlichen Wankelmut des Königs und seine Bereitwilligkeit, Schmeichlern zu folgen, wohin sie ihn treiben. Schließlich aber ließ er sich durch das rücksichtslose Drängen der Unterhändler und das Gewicht ihrer Ansichten umstimmen und sprach: „Wenn er aufrichtig seine Tat bereut, soll er zum Zeichen wahrer, von Herzen kommender Reue die Krone und die übrigen Insignien des Reichs unserer Gewalt übergeben und sich nach so frevelhafter Tat für unwürdig des königlichen Amtes und Namens erklären.“ Das aber erschien den Gesandten allzu hart. Und als sie heftig in ihn drangen, seinen Spruch zu mildern [...], da ließ er sich mit Mühe und Not die Zustimmung dazu abringen, dass er vor ihm erscheine und, wenn er für seine Vergehen aufrichtig Buße tue, die Schuld, die er durch die dem apostolischen Stuhl angetane Schmach auf sich geladen habe, nunmehr durch Gehorsam gegen die Verordnungen des apostolischen Stuhles sühne.

Da kam der König, wie es ihm befohlen war, und da die Burg von drei Mauern umgeben war, wurde er in den zweiten Mauerring aufgenommen, während sein ganzes Gefolge draußen blieb, und hier stand er nach Ablegung der königlichen Gewänder ohne alle Abzeichen der königlichen Würde, ohne die geringste Pracht zur Schau zu stellen, barfuß und nüchtern vom Morgen bis zum Abend, das Urteil des Papstes erwartend. So verhielt er sich am zweiten, so am dritten Tage. Endlich am vierten Tag wurde er zu ihm vorgelassen, und nach vielen Reden und Gegenreden wurde er schließlich [...] vom Bann losgesprochen.

Zit. nach: Lautemann, Wolfgang/Schlenke, Manfred (Hrsg.): Geschichte in Quellen, Bd. 2. München [2]1978, S. 306ff. (Übers.: A. Schmidt)

2.6.8 Der Bericht Papst Gregors über die Ereignisse in Canossa (1077)

[Januar 1077] Bischof Gregor, Knecht der Knechte Gottes, sendet allen Erzbischöfen, Bischöfen, Herzögen, Grafen und sonstigen Fürsten des Königreichs der Deutschen Gruß und apostolischen Segen. [...] Wie es ausgemacht war mit den Gesandten, die Ihr zu uns schicktet, kamen wir in die Lombardei etwa 20 Tage vor dem Termin, an dem einer der Herzöge uns bei den Klausen entgegenkommen sollte, [...] Inzwischen erhielten wir sichere Nachricht, der König nahe. Auch sandte er, bevor er Italien betreten hatte, untertänig Boten zu uns voraus und bot an, Gott, dem heiligen Petrus und uns in allem Abbitte zu leisten, und versprach, zur Besserung seines Lebens völligen Gehorsam zu wahren, sofern er nur Lossprechung und die Gnade des apostolischen Segen zu erlangen verdiene. Da wir dies unter vielfältigen Überlegungen lange hinausschoben und ihn durch all die Boten, die hin und her wechselten, heftig wegen seiner Ausschreitungen zurückwiesen, gab er schließlich durch sich selbst keinerlei Feindschaft oder Unbesonnenheit zu erkennen und kam in geringer Begleitung nach Canossa, wo wir uns aufhielten. Dort harrte er während dreier Tage vor dem Tor der Burg ohne jedes königliche Gepränge auf Mitleid erregende Weise aus, nämlich unbeschuht und in wollener Kleidung, und ließ nicht eher ab, unter zahlreichen Tränen Hilfe und Trost des apostolischen Erbarmens zu erflehen, als bis er alle, die dort anwesend waren und zu denen diese Kunde gelangte, zu solcher Barmherzigkeit und solchem barmherzigen Mitleid bewog, dass sich alle unter vielen Bitten und Tränen für ihn verwandten und sich fürwahr über die ungewohnte Härte unserer Gesinnung wunderten; einige aber klagten, in uns sei nicht die Festigkeit apostolischer Strenge, sondern gewissermaßen die Grausamkeit tyrannischer Wildheit. Schließlich wurden wir durch seine ständige Zerknirschung und solches Bitten aller Anwesenden besiegt, lösten endlich die Fesseln des Anathems und nahmen ihn wieder in die Gnade der Gemeinschaft und den Schoß der heiligen Mutter Kirche auf. [...]

Zit. nach: Schmale, Franz-Josef (Hrsg.): Quellen zum Investiturstreit. Teil 1: Ausgewählte Briefe Papst Gregors VII., Darmstadt 1978, S. 241-243

2.6.9 Heinrichs Unterwerfung in Canossa

(s. Abb. 10)

2.6.10 Ernst-Wolfgang Böckenförde: Bedeutung des Investiturstreits (1967)

Der deutsche Rechtswissenschaftler und Historiker Ernst-Wolfgang Böckenförde (geb. 1930):

Was bewirkte der Investiturstreit für diese religiös-politische Einheitswelt?
Das Prinzip, das diesen Kampf innerlich ermöglichte und über eine Machtauseinandersetzung hinausführte, weil es ihm die geistige Begründung verlieh, war die Trennung von „geistlich“ und „weltlich“. Von der jungen theologischen Wissenschaft erarbeitet, wurde diese Trennung die eigentliche geistige Waffe im Investiturstreit. [...] Die Träger des geistlichen Amtes beanspruchten alles Geistliche, Sakrale, Heilige für sich und die von ihnen gebildete *ecclesia* [Kirchengemeinde]. [...] Der Kaiser, ja das Herrscheramt überhaupt, wurde aus dieser neuen *ecclesia* hinausgewiesen, verlor seinen geistlichen Ort und wurde in die Weltlichkeit entlassen. Der Kaiser war nicht länger geweihte Person, sondern Laie [Nicht-Geistlicher] wie jeder andere Gläubige auch, er unterstand hinsichtlich der Erfüllung seiner Christenpflichten wie jeder andere dem Urteil der geistlichen Instanz, die ihrerseits dem Urteil einer weltlichen Instanz nicht unterworfen war. Das ist der neue *ordo* [Ordnung], den der *Dictatus papae* zum Ausdruck bringt.

Abb. 10: Unterwerfung Heinrichs IV. in Canossa. König Heinrich IV. (kniend), unterstützt von seinem Paten, Abt Hugo von Cluny (links), bittet Markgräfin Mathilde von Tuszien (rechts) um Vermittlung bei Papst Gregor VII.

Mathilde von Tuszien (Toskana, 1046–1115) war Markgräfin auf der Burg Canossa im Apennin südlich von Reggio nell'Emilia. Das Bild stammt aus einer Handschrift der Lebensbeschreibung der Markgräfin Mathilde von Tuszien (um 1115).

Hartmann, Wilfried: Deutsche Geschichte in Quellen und Darstellung, Bd. 1: Frühes und hohes Mittelalter 750–1250. Stuttgart 1995, S. 301

Die Revolution, die sich hier vollzog, bedeutete mehr als nur die Entsakralisierung [Ent-Heiligung] des Kaisers. Mit ihm wurde zugleich die politische Ordnung als solche aus der sakralen [heiligen] und sakramentalen Sphäre entlassen; sie wurde in einem wörtlichen Sinn entsakralisiert und säkularisiert [verweltlicht] und damit freigesetzt auf ihre eigene Bahn, zu ihrer eigenen Entfaltung als weltliches Geschäft. Was als Entwertung gedacht war, um kaiserliche Herrschaftsansprüche im Bereich der *ecclesia* abzuwehren, wurde in der unaufhebbaren Dialektik [Gegensätzlichkeit] geschichtlicher Vorgänge zur Emanzipation: Der Investiturstreit konstituiert Politik als eigenen, in sich stehenden Bereich; sie ist nicht mehr einer geistlichem, sondern einer weltlichen, das heißt naturrechtlichen Begründung fähig und bedürftig.

Böckenförde, Ernst-Wolfgang: Die Entstehung des Staates als Vorgang der Säkularisierung, in: Ders.: Staat, Gesellschaft, Freiheit. Studien zur Staatstheorie und zum Verfassungsrecht, Frankfurt a.M. 1976, S. 45ff.

2.6.11 Die zwei Gewalten („Zwei-Schwerter-Lehre") (13. Jh.)

Die symbolische Darstellung des Verhältnisses zwischen geistlicher und weltlicher Macht durch die so genannte Zwei-Schwerter-Lehre hat vor allem durch die mittelalterlichen Rechtsbücher, den Sachsenspiegel und die von ihm beeinflusste Rechtsliteratur also, weite Verbreitung gefunden. Die Darstellung beruft sich dabei auf eine Stelle aus dem Lukas-Evangelium (Lk. 22, 38) und deutet diese bildlich aus. Der so genannte Schwabenspiegel ist ein wahrscheinlich im Umfeld der Augsburger Franziskaner auf der Grundlage des Sachsenspiegels entstandenes Rechtsbuch, das die darin enthaltenen Rechtssätze den süddeutschen Verhältnisse anzupassen sucht. Es hat in diesem Raum bis in die Gebiete der heutigen Schweiz und des Elsass hinein weite Verbreitung gefunden. Es werden aber nicht nur Anpassungen im Hinblick auf die Rechtspraxis vorgenommen, auch die Position der Kirche und der Geistlichen wird an vielen Stellen einer Neubewertung unterzogen.

Sachsenspiegel, Landrecht, 1. Buch, 1. Artikel (ca. 1220):

Gott hinterließ zwei Schwerter auf Erden, um die Christenheit zu beschützen: Das geistliche ist dem Papst bestimmt, dem Kaiser das weltliche. Dem Papst ist es auch bestimmt, zu gewisser Zeit auf einem weißen Pferd zu reiten, und der Kaiser soll ihm dann den Steigbügel halten, damit der Sattel beim Aufsitzen nicht verrutscht. Und dies ist die Bedeutung dieses Vorgangs: Alles, das dem Papst Widerstand leistet und was er mit geistlichem Recht nicht bezwingen mag, das soll der Kaiser mit weltlichem Recht dazu zwingen, dem Papst gehorsam zu sein. Auf gleiche Weise soll die geistliche Gewalt dem weltlichen Gericht helfen, wenn es dies nötig hat.

Zit. nach: Schott, Clausdieter (Hrsg.): Eike von Repgow, Der Sachsenspiegel. 3. rev. Aufl. Zürich 1996, S. 35

Schwabenspiegel, Vorrede (ca. 1280):

[...] Weil nun Gott uns Frieden verheißen hat, so hat er zum Schutz der Christenheit zwei Schwerter hier auf Erden hinterlassen, als er gen Himmel fuhr. Die gab er beide unserem Herren, dem Heiligen Petrus, eines für das geistliche und eines für das weltliche Gericht. Das weltliche Schwert lieh der Papst dem Kaiser, das geistliche gehört dem Papst, damit er damit richte. Es ist auch dem Papst bestimmt, zu gewisser Zeit auf einem weißen Pferd zu reiten, und der Kaiser soll ihm dann den Steigbügel halten, damit der Sattel beim Aufsitzen nicht verrutscht. Das soll bedeuten: Was dem Papst Widerstand leistet und was er mit geistlichem Recht nicht bezwingen mag, das sollen der Kaiser und andere weltliche Richter erzwingen.

Übers. nach: Freiherr von Laßberg, Ludwig F.A. (Hrsg.): Der Schwabenspiegel oder Schwäbisches Land- und Lehnrecht. Tübingen 1840, S. 4f.

2.6.12 Lüneburger Sachsenspiegel (1. Hälfte des 15. Jh.)

Dieses Eingangsbild des Lüneburger Sachsenspiegels setzt die Vorrede in Szene: Jesus nimmt die Bildmitte in einer so genannte Mandorla (ital. für Mandel) ein, rechts und links am oberen Bildrand sehen wir die Gemeinschaft der Heiligen. So wird er häufig in der mittelalterlichen Buchmalerei gezeigt. Er überreicht dem Papst (vorne, links) und dem Kaiser (vorne, rechts), die beide von geistlichen und weltlichen Würdenträgern umgeben sind, jeweils ein Schwert als

Symbol der geistlichen und weltlichen Macht. Auch den weißen Schimmel, der in der Vorrede erwähnt wird, hat der Miniator (= Buchmaler) ins Bild umgesetzt.

Abb. 11: Lüneburger Sachsenspiegelhandschrift (1. Hälfte d. 15. Jh.), fol. 2r

2.6.13 Ein Höhepunkt päpstlichen Machtanspruches: Aus der Bulle „Unam Sanctam" (1302)

Um die Wende zum 14. Jahrhundert wurden heftige Auseinandersetzungen zwischen dem französischen König Philipp IV. und Papst Bonifaz VIII. um die Besteuerung der Kleriker geführt, in Zuge deren Bonifaz Philipp für abgesetzt erklärte. Seinen umfassenden Machtanspruch hat der Papst in der berühmten Bulle (Urkunde) „Unam Sanctam" („Eine heilige [Kirche]") vom Jahre 1302 begründet:

Eine heilige, katholische und apostolische Kirche müssen wir anerkennen. Außer ihr gibt es kein Heil und keine Vergebung der Sünden. [...] Zur Zeit der Sintflut gab es nur eine Arche Noah, die eine Kirche vorbildend, und alles, was außer ihr auf Erden war, ging zugrunde. Diese eine Kirche hat nur ein Haupt, nicht zwei Köpfe wie ein Monstrum. [...] Der Apostel sagt: Es gibt keine Gewalt, ohne dass sie von Gott ist, und die, welche da sind, sind von Gott geordnet [Röm. 13, 1]. [...] Dass aber die geistliche Gewalt an Würde und Adel jede irdische überragt, müssen wir umso bestimmter bekennen, je mehr das Geistliche dem Zeitlichen vorangeht, wie dies deutlich zu ersehen ist aus der Zehentleistung, der Segnung und Heiligung, aus dem Empfang der Macht selbst und aus ihrer Ausübung. Die göttliche Wahrheit bezeugt nämlich, dass die geistliche Gewalt die zeitliche einzusetzen und über sie zu urteilen hat, wenn sie nicht gut ist. [...]

Zit. nach: Schuster, Hermann, u.a. (Hrsg.): Quellenbuch zur Kirchengeschichte. Neuausgabe, Bd. 2. Berlin u.a. ^{4}1962, S. 61f.

2.7 Königswahlen – Königswähler

Nach dem Tod Friedrichs II. im Jahre 1250 gelang es den Staufern nicht, sich die Thronfolge im deutschen Reich zu sichern. In der Folgezeit kam es zu Doppelwahlen und langen kriegerischen Auseinandersetzungen um die Königskrone, die erst mit der Thronbesteigung Rudolfs I. im Jahr 1273 endeten. Diese Zeit nennt man das Interregnum (lat., etwa: Zwischenherrschaft), denn keiner der konkurrierenden, jeweils nur von einzelnen Parteien gewählten Könige schaffte es, seine Herrschaft durchzusetzen und als deutscher König anerkannt zu werden. 1256/57 standen sich bei der Wahl zum deutschen König Richard von Cornwall und Alfons X. von Kastilien gegenüber.

2.7.1 Zwei Könige für ein Königreich. Die Doppelwahl von 1257

Wahlanzeige Richards von Cornwall:

Allen getreuen Christgläubigen, die im Römischen Reich leben, entbieten Konrad, von Gottes Gnaden Erzbischof der Kölner Kirche, Erzkanzler Italiens, und Ludwig, Pfalzgraf bei Rhein, ewiges Heil im Herrn.

Jüngst war das Römische Reich verwaist, und während mehrere Tage in Aussicht genommen waren zu Verhandlungen über die Wahl des Römischen Königs, wurde schließlich der achte Tag nach der Erscheinung des Herrn dieses Jahres 1256[17] in Aussicht genommen für die feierliche Durchführung der Wahl dieses Königs zu Frankfurt. Als wir zu diesem Termin selbst erschienen – der erwürdige Vater Gerhard, von Gottes Gnaden Erzbischof von Mainz, der durch ein echtes Hindernis abgehalten wurde, hatte Uns, dem Erzbischof von Köln, für diesmal sein Amt bei dieser Wahl übertragen – und wir an dem gebührenden Platz zusammenkamen, ließen wir den hochwürdigen Vater Arnold, von Gottes Gnaden Erzbischof von Trier, und den erlauchten Fürsten Albrecht, Herzog von Sachsen, durch hohe Gesandte rufen und ermahnen, zur gemeinsamen Verhandlung und Wahl des Römischen Königs zu erscheinen; doch wenn auch aufgerufen und erwartet, kamen sie bis zum Abend nicht und übertrugen auch niemandem ihr Amt. Als nun weder

der erlauchte Fürst, der König von Böhmen, noch der Markgraf von Brandenburg zu dem Termin noch dem Ort gekommen waren, noch ihr Amt jemandem übertragen hatten, noch auch eine Entschuldigung für sie eingetroffen war, und da nun bei uns das volle Recht der Wahl verblieb, haben wir daher Richard, Graf von Cornwall, den Bruder des Herrn Heinrich, des erlauchten Königs von England, einen an Adel des Charakters und der Abkunft hervorragenden mächtigen Mann, zum Römischen König gewählt.

MGH, Const. II, S. 484 (Nr. 385); übers. aus Weinrich, Lorenz: Quellen zur Verfassungsgeschichte des Römisch-Deutschen Reiches im Spätmittelalter. Darmstadt 1983 (= Ausgewählte Quellen zur deutschen Geschichte des Mittelalters, Bd. 33), S. 43-46 (Nr. 12)

Bericht zur Wahl aus den „Gesta Treverorum" („Taten der Erzbischöfe von Trier"):

[...] Endlich beriefen die deutschen Fürsten, denen bekannterweise das Wahlrecht zukommt, einen Tag ein, um über die Wahl zu beraten, und – welch ein Kummer – ihre Stimmen waren in Lager gespalten. Der Herr Konrad nämlich, Erzbischof von Köln, wählte wegen der ungeheuren Menge Geldes, die er bekommen hatte, einen Mann aus England, den Herrn Richard, Grafen von Cornwall, Bruder des englischen Königs, zum König – nicht aus Eifer für das Recht, sondern wegen des Wunsches nach Geld. Und er zog den Herrn Gerhard, Erzbischof von Mainz, der damals in Thüringen gefangen gehalten wurde, und den Pfalzgraf bei Rhein, der mit 10 000 Mark gewonnen wurde, auf seine Seite. Der Herr Arnold aber, Erzbischof von Trier, wollte [gemeinsam] mit dem Herzog von Sachsen, der vom König von Böhmen und vom Pfalzgraf von Brandenburg zu ihm geschickt worden war, in heilsamer und kluger Umsicht, der notwendigen Treue gegenüber dem Reich eingedenk, auf keinen Fall einen fremden Mann wegen des Geldes wählen. 15 000 Mark Sterling waren dem Erzbischof Arnold von Trier nämlich angeboten worden, doch sie konnten seine Haltung nicht ändern. [...] Er selbst, in Begleitung der Bischöfe von Speyer und Worms und vieler anderer Herren, ging mit starker Hand und in angemessener Begleitung voran und nachdem er einen Tag in Frankfurt festgelegt hatte, wählte er dort den hochherzigen Herrn Alfons, den König von Spanien, Verwandter des erlauchten Königs von Böhmen und des hervorragenden Herzogs von Brabant, in seinem Namen und stellvertretend für die vorgenannten Fürsten mit gebotener Feierlichkeit zum Römischen König und zum zukünftigen Kaiser, und alle Anwesenden traten der Wahl durch ihren freudigen Beifall und ihre Zustimmung bei.

MGH, SS fol. IV, S. 412, übers. aus Kaufhold, Martin: Interregnum. Darmstadt 2002, S. 57

2.7.2 Die sieben Kurfürsten wählen Heinrich VII. zum König (1308)

Nachdem Heinrich von Luxemburg 1308 von den Kurfürsten zum deutschen König gewählt worden war, unternahm er in den Jahren 1310 bis 1313 einen Italienzug, um sich in Rom zum Kaiser krönen zu lassen. Über diesen Romzug, auf dem Heinrich gegen viele Widerstände ankämpfen musste, ließ sein Bruder, Erzbischof Balduin von Trier, eine kostbare Bilderhandschrift anfertigen. Darin sind auch die sieben Kurfürsten abgebildet. An den Wappen kann man die Dargestellten identifizieren (von links nach rechts: die Erzbischöfe von Köln, Mainz

Abb. 12: Die sieben Kurfürsten. Aus der Chronik „Kaiser Heinrichs Romfahrt“

und Trier, der Pfalzgraf bei Rhein, der Herzog von Sachsen, der Markgraf von Brandenburg und der König von Böhmen). Die geistlichen Fürsten sind zusätzlich durch ihre roten Kopfbedeckungen hervorgehoben.

2.7.3 Der Kurverein von Rhens (1338)

Am 16. Juli 1338 trafen die Kurfürsten im Königshofe im Dorf Rhens (früher Rhense, bei Koblenz) zusammen. Sie wollten im Konflikt zwischen Kaiser Ludwig IV. („dem Bayern“) und Papst Benedikt XII., der dem Kaiser die Anerkennung verweigerte, Stellung beziehen:

Durch gegenwärtige öffentliche Urkunde sei es allen bekannt, dass im Jahre 1338 am 16. Juli bei dem Königshofe Rhens, oberhalb des Rheins, wo die Kurfürsten des Heiligen Römischen Reiches sehr häufig zusammenzukommen pflegten, um über die Wahlen oder andere Reichsgeschäfte zu verhandeln, [die Kurfürsten] geurteilt haben, dass dies dem Rechte und der altbewährten Gewohnheit des Reiches entspreche, dass, nachdem jemand von den Kurfürsten des Reiches oder dem größten Teil dieser Fürsten auch in Uneinigkeit zum römischen König gewählt worden ist, er nicht der Ernennung, Anerkennung, Bestätigung, Zustimmung oder Ermächtigung des Apostolischen Stuhls bedarf zur Übernahme der Verwaltung der Güter und Rechte des Reiches oder des Königstitels.

Zit. n. Teubners Quellensammlung für den Geschichtsunterricht, Bd. 1, Tl. 9. Leipzig u.a. 1961, S. 18

2.7.4 Die Abnabelung des Kaisertums vom Papsttum: Das „Licet iuris" von 1338

Diese nach ihren Anfangsworten benannte Urkunde erließ Kaiser Ludwig IV. (genannt „der Bayer") auf einem Reichstag zu Frankfurt a.M. am 6. August 1338. „Licet iuris" (lat.) bedeutet etwa: „Dem Recht gemäß". Ludwig reagierte damit unmittelbar auf die Beschlüsse des Kurvereins von Rhens, wenige Wochen zuvor. Dabei geht er in einem wichtigen Punkt über diese Beschlüsse hinaus:

[Wir erklären] mit Rat und Zustimmung der Kurfürsten und anderer Fürsten des Reiches: Die kaiserliche Würde und Amtsgewalt stammt unmittelbar von Gott allein; und nach dem Recht und dem seit alters anerkannten Herkommen des Reiches gilt folgendes: Sobald jemand von den Kurfürsten des Reiches einmütig oder von einer Mehrheit von ihnen zum Kaiser oder König gewählt wird, ist er sofort allein aufgrund der Wahl wahrer König und Römischer Kaiser, als solche anzusehen und zu benennen; ihm muss von allen Untertanen des Reiches Gehorsam geleistet werden, er hat die volle Amtsgewalt, die Güter und Rechte des Reiches zu verwalten und alles sonst zu tun, was einem wahren Kaiser zusteht; und weder von Seiten des Papstes oder des Apostolischen Stuhls noch irgend [jemandem] sonst bedarf er der Anerkennung, Bestätigung, Ermächtigung oder Zustimmung.

Zit. nach Weinrich, L. (Hrsg.): Quellen zur Verfassungsgeschichte des Römisch-deutschen Reiches im Spätmittelalter (1250-1500). Darmstadt 1983 (= Freiherr-vom-Stein-Gedächtnisausgabe, Reihe A, Bd. 33), Nr. 89

2.7.5 Die „Goldene Bulle" Karls IV. von 1356

Die in zwei Teilen 1356 erlassene Goldene Bulle (Urkunde) Kaiser Karls IV. war bis zum Ende des Alten Reiches 1806 eines der wichtigsten Reichsgrundgesetze. In ihr wird auch die Königswahl geregelt:

[...] Wenn die Kurfürsten ihren Eid [nämlich, dass sie zu Gunsten des Reiches wählen wollen] geleistet haben, sollen sie zur Wahl schreiten. Sie sollen die Stadt Frankfurt nicht verlassen, bevor die Mehrzahl von ihnen der Christenheit ein weltliches Oberhaupt gewählt hat, nämlich einen römischen König und künftigen Kaiser. Wenn nur eine Mehrzahl von ihnen denselben Bewerber gewählt hat, muss ein solches Abstimmungsergebnis so behandelt werden, als ob die Wahl von ihnen allen einhellig und ohne Gegenstimme vollzogen worden wäre. [...]
Wir bestimmen und verordnen aus kaiserlicher Machtvollkommenheit, dass, wer zum römischen König gewählt worden ist, sogleich, bevor er in irgendeiner anderen Angelegenheit seine königliche Tätigkeit beginnt, den geistlichen und weltlichen Kurfürsten alle Rechte, Freiheiten und Vergünstigungen und alles, was sie vom Reich empfangen und besessen haben, bestätigen soll. Denn es ist nach alter Gewohnheit stets so getan. [...]
Die Majestät des heiligen römischen Reiches hat die Gesetze und Verwaltung verschiedenartiger, durch Sitten, Lebensweise und Sprache sich unterscheidender Völker zu regeln. Deshalb gehört es sich und ist nutzbringend, dass die Kurfürsten als die Säulen des Reiches in der Eigenart

verschiedener Zungen unterwiesen werden. Daher verfügen wir, dass die Söhne der Kurfürsten neben der ihnen angestammten deutschen Sprache von ihrem 7. Lebensjahr an in der lateinischen, der italienischen und der tschechischen Sprache unterwiesen werden, so dass sie bis zu ihren 14. Jahr je nach der ihnen von Gott verliehenen Begabung damit vertraut seien. [...]

Zit. nach: Müller, Konrad (Hrsg.): Die Goldene Bulle Kaiser Karls IV. 2. Aufl. Bern 1964, S. 13ff. (Übers.: Konrad Müller)

2.7.6 Das Mandat des Volkes als Herrschaftsgrund: Marsilius von Padua (1324)

Der berühmte Mediziner und Staatstheoretiker Marsilius von Padua (1275-1342) lehrte an der Universität in Paris, flüchtete aber nach seiner Verurteilung zum Ketzer 1326 an den Hof Ludwigs IV. nach München. In seinem berühmtesten Werk, dem „Verteidiger des Friedens" (Defensor pacis) entwirft er das Modell eines Staates, der vom Volk her begriffen wird und dem sich auch die Kirche unterzuordnen hat:

Der Gesetzgeber oder der erste und eigentliche Entstehungsgrund des Gesetzes ist das Volk oder die Gesamtheit der Bürger oder ihr stärkerer Teil durch seine Wahl oder seinen in einer allgemeinen Versammlung der Bürger ausgesprochenen Willen, der bei weltlicher Strafe etwas gebietet, das heißt anordnet, dass im gegenseitigen menschlichen Verhalten etwas zu geschehen oder zu unterbleiben hat.

Die menschliche Gesetzgebungsautorität kommt allein der Gesamtheit der Bürger oder ihrem stärkeren Teil zu. Es ist die primäre Autorität, die allein gute Gesetze verbürgt. Der Gesamtheit der Bürger ist der stärkere Teil gleichgestellt, der das ganze Gemeinwesen repräsentiert; denn es ist nicht leicht oder nicht möglich, dass Personen sich auf eine einzige Meinung einigen, weil es immer solche geben wird, die, von der Natur schlecht weggekommen, aus Bosheit oder Unwissenheit einen Misston in das allgemeine Einvernehmen bringen. Um ihres unvernünftigen Forderns oder Widersprechens willen darf das allgemein Zuträgliche nicht behindert oder unterlassen werden.

Zit. nach Scholz, R. (Hrsg.): Marsilius von Padua, Defensor Pacis. Hannover 1932 (I 12, 5)

2.8 Reichskrise und Reichsreform

2.8.1 Das Reich in der Krise: Nikolaus von Kues über die Notwendigkeit einer Reichsreform (1433)

Anders als in den zentralisierten Flächenstaaten Westeuropas, wie Frankreich oder England, war es dem römisch-deutschen König nicht gelungen, die wichtigsten Herrschaftsrechte, wie Steuern, Kriegsdienst, Münzprägung oder Hochgerichtsbarkeit, an sich zu binden. Vielmehr übten in den meisten Teilen des Reiches die Landesherren diese Rechte aus. Dieser Mangel an Einigkeit wurde von den Zeitgenossen des ausgehenden Mittelalters immer mehr als Problem wahrgenommen, aus dem sie viele Missstände ihrer Zeit ableiteten. Der berühmte Humanist

Nikolaus von Kues (1401–1464) wies in seiner Schrift „Von der katholischen [= christlichen] Einheit" (De concordantia catholica, 1434) nachdrücklich auf die Notwendigkeit einer Reform hin:

Dahin ist alle Sorge um den Staat, gelockert sind die Zügel, und ungestraft übertritt ein jeder die Gesetze. [...] Durch die Sorglosigkeit der Kaiser [...] hat alle Aufsicht aufgehört, und die Rebellen werden nicht bestraft; an Stelle der Alleinherrschaft sind viele Fürsten [mächtig] geworden, während das Reich abnahm. Was nützt der [weltliche] Besitz der Kirchen dem Staate, was dem Reich, was den Untertanen? Sicher nichts oder wenig [...] Außerdem schadet jene weltliche Herrschaft der Geistlichen dem Staate und den Untertanen sehr. [...]
Und überdies gibt es noch mehr Verderbnis des Reiches: Während der Kaiser nämlich nur Verwalter zum Nutzen des Staates ist, tritt er oft durch Verträge mit den Kurfürsten, die ihren eigenen Vorteil suchen, die Regierung an. Und die [seitens der Kurfürsten] widerrechtlich angeeigneten Reichsrechte wagt er wegen seines Eides nicht zurückzuverlangen. [...]
Die Ordnung verlangt, dass jenen Entartungen und Gefahren, in denen sich der Staat befindet, sorgfältig und eiligst abgeholfen wird. [...].

Zit. nach Teubners Quellensammlung für den Geschichtsunterricht, Bd. 1, Tl. 9. Leipzig u.a.1961, S. 30ff.

2.8.2 Reformideen im 15. Jahrhundert: Job Vener über die Reichsreform

Der Straßburger Jurist Job Vener (1378–1447), der als Rat unter König Ruprecht (1400–1410) und dessen Sohn Pfalzgraf Ludwig III. (1410–1434) diente, nahm im Auftrag des Pfalzgrafen am Konstanzer Konzil teil und brachte selbst einen Vorschlag zur Kirchenreform ein, den er mit einer grundlegenden Reichsreform verband:

Für die Reform des heiligen Kaisertums gilt in vielem das gleiche Prinzip wie bei der Reform des Papsttums; wenn das hochheilige Allgemeine Konzil es so beschließt, sollten für die Reform des heiligen Kaisertums aus denselben Provinzen, in denen die Kardinäle gewählt werden sollen, auch Räte des Kaisers gewählt werden von den weltlichen Fürsten und Adligen, die in diesen Provinzen nennenswerte Besitzungen haben. Noch besser wäre es, es würden die Kardinäle des Papstes und die Räte des Kaisers durch die drei Stände jeder Provinz gewählt, also durch die geistlichen Fürsten und Prälaten [kirchliche Würdenträger], durch die weltlichen Fürsten und Adligen und durch die Ratsmannen der Städte und bedeutenderen Orte, denn so würde die hochheilige Einheit des Leibes der Kirche Gottes gewürdigt und kundgemacht – dessen Haupt Christus ist und dessen Glieder Kleriker und Laien sind. [...] So beschließe man, dass diesen Räten eine sehr fest und bestens geeignete kaiserliche oder andere Stadt in der Mitte des Reiches oder nahe dem bevorzugten Wohnort des Kaisers angewiesen werden sollte; in dieser Stadt könnten die genannten Räte den sichersten Schutz haben, um dem Kaiser ganz unabhängig heilsamen Rat zu geben. Diese Stadt müsste, je nach Erfordernis, ausgewechselt werden können nach dem Willen des Kaisers und der Mehrheit dieser Räte [...].

Zit. nach Miethke, Jürgen; Weinrich, Lorenz (Hrsg.): Quellen zur Kirchenreform im Zeitalter der großen Konzilien des 15. Jahrhunderts. Darmstadt 1995 (= Freiherr-vom-Stein-Gedächtnisausgabe, Reihe A, Bd. 38a), S. 409-411

2.8.3 Der „Ewige Landfrieden" von 1495

Der 1495 von Kaiser Maximilian I. auf einem Reichstag zu Worms verkündete „Ewige Landfrieden" schließt eine lange Kette solcher Landfriedensgebote ab, die seit dem 12. Jahrhundert immer wieder von römisch-deutschen Königen und einzelnen regionalen Herrschern aufgestellt wurden und für eine gewisse Zeit oder eine gewisse Region Fehdehandlungen untersagten. Der „Ewige Landfrieden" verbot erstmals – allerdings mit wenig Erfolg – die Fehde vollständig im ganzen Reich:

1. Ende des Fehderechts in Deutschland. Von dem Tage der Verkündung an darf niemand mehr, ganz gleich, welchen Standes oder welcher Würden er auch sei, den Anderen befehden oder bekriegen oder berauben [...], auch nicht seine Besitzungen gewaltsam einnehmen oder ihn mit Brandschatzung oder anderem bedrohen. Es soll auch niemand den Tätern solcher Verbrechen Rat, Hilfe oder in anderer Weise Beistand geben, sie auch nicht wissentlich beherbergen oder bewirten. Und wer meint, gegenüber einem anderen ein Recht zu haben, der soll das vor einem Gericht durchsetzen.
2. Und daraufhin haben wir alle Fehde in unserem Reich beendet und verboten.
3. Wer diesen Bestimmungen zuwider handelt, der soll vom Zeitpunkt der Tat an in die Reichsacht [= Rechtlosigkeit] gefallen sein. [...]
12. Und dieser so gebotene Frieden soll unserem gesamten Reich als Recht und Ordnung dienen, und soll nicht abbrechen, sondern es soll jedermann von dieser Stunde seiner Verkündung an schuldig sein, sich daran zu halten.

Hochdt. modernisiert nach Rönnefarth, Helmut K.: Konferenzen und Verträge [„Vertrags-Ploetz"]. Ein Handbuch geschichtlich bedeutsamer Zusammenkünfte und Vereinbarungen, Tl. 2. Würzburg 1958, S. 6f.

Anmerkungen

1 Hilderich III war der letzte König der Franken aus dem Geschlecht der Merowinger und herrschte von 742 bis 751.

2 Stephan II. (752-757). Bereits dessen Vorgänger, Papst Zacharias (741-751) hatte noch vor seinem Tode die Absetzung Hilderichs befohlen.

3 Augustinus von Hippo (354-430). Einer der bedeutendsten christlichen Kirchenlehrer und Philosophen an der Wende von der Antike zum Mittelalter.

4 Westslawischer Stamm, beheimatet im heutigen Mecklenburg-Vorpommern um Wismar, Schwerin und Dobin.

5 Römisches Maß: 1 (Doppel-)Schritt = ca. 1,5m.

6 Westslawischer Volksstamm, beheimatet in Nordostdeutschland.

7 Zentralasiatisches Reitervolk, siedelte im Frühmittelalter in der Pannonischen Tiefebene.

8 Zentralasiatisches Reitervolk, das als Nomaden lebte und sich nach dem Niedergang ihres Volksstammes Ende des 5. Jahrhunderts im Gebiet des heutigen Ungarns niedergelassen hatte.

9 Linonen: elbslawischer Volksstamm im Gebiet der heutigen Westprignitz.

10 Ober- und Unterpannonien, d.h. das heutige Österereich. Dazien: Rumänien, Siebenbürgen und Ungarn bis zur Theiß.

11 Knechtschaft, in die jemand verfällt, um eine Schuld abzubezahlen. Der auf diese Art Verknechtete wird als „Pfand" angesehen.

12 Hoher Ehrentitel, mit dem im spätrömischen Reich enge Vertraute des Kaisers bezeichnet wurden.

13 Hier irrt Einhard, Papst Leo wurde bei dem Attentat am 25. April 799 nicht verstümmelt.

14 Diese Beteuerung Einhards ist nicht wörtlich zu verstehen, vielmehr handelt es sich um eine Redewendung, mit der Bescheidenheit ausgedrückt werden sollte.

15 Aus der religiösen Gemeinschaft ausgeschlossene Personen.

16 Ein Fluch mit Ausstoßung aus der religiösen Gemeinschaft, der den Zorn Gottes hervorrufen soll.

17 „Epiphanias" bzw. „Dreikönigstag" (= 6. Januar).

3. Land und Herrschaft

Am Ausgang des Mittelalters, als die deutsche Städtelandschaft zu ihrer Blüte gelangt war, lebten und arbeiteten vermutlich noch immer zwischen 80 und 90 Prozent der Bevölkerung in den meisten Landstrichen des Reiches auf dem Lande. Sie waren eingebunden in verschiedene wirtschaftliche, soziale und herrschaftliche Netzwerke. Über das frühere Mittelalter wissen wir weniger, können aber mit Blick auf die geringe städtische Durchdringung davon ausgehen, dass der Anteil der Land- an der Gesamtbevölkerung höher gewesen sein dürfte als im Hoch- und Spätmittelalter.

Die Landwirtschaft als primäre Quelle des Lebensunterhaltes war damals in größerem Maße als heute abhängig von Umwelt und Witterung. Die Qualität des Bodens, die Anbindung an Flüsse und Waldstriche waren ebenso wichtig wie das günstige Wetter. Bereits im Frühmittelalter löste der mehrkämmige, radgetriebene Beetpflug den einfachen Hakenpflug ab – eine der wichtigsten technischen Errungenschaften des Mittelalters. Nicht minder entscheidend für die landwirtschaftliche Produktivität war die Einführung der Drei-Felder-Wirtschaft in der Karolingerzeit. Die Bedeutung dieser beiden Errungenschaften kann kaum unterschätzt werden. Schließlich lebte und arbeitete der Großtteil der Bevölkerung auf dem Land und versorgte die gesamte Bevölkerung mit Grundnahrungsmitteln. In Bezug auf die Einführung der beiden Neuerungen spricht man auch von einer „landwirtschaftlichen Revolution" des frühen Mittelalters. Das Hochmittelalter hingegen erlebte eine enorme Bevölkerungsexplosion, die erst durch Missernten und Pest im 14. Jahrhundert wieder zurückgeworfen wurde. Allein zwischen 1000 und 1300 verdrei- bis vervierfachte sich die Bevölkerung Mitteleuropas. Um das Jahr 1000 setzte daher ein massiver Landesausbau durch Rodung, Trockenlegung von Sümpfen und Umwandlung von Wiesen- in Ackerflächen ein. Siedler rückten zunächst über die Elbe und dann immer weiter in die zum großen Teil noch nicht christianisierten Gebiete Mittelosteuropas vor. In die gleiche Zeit fällt auch die Verdichtung der Städtelandschaft im deutschsprachigen Raum (s. Kap. 4).

Das Leben auf dem Land, sei es im bäuerlichen Dorf, auf dem vereinzelten Gehöft oder auf dem Sitz eines Landadeligen, vielleicht einer Burg, wurde von dem Lehnswesen und der Grundherrschaft bestimmt, die soziale Beziehungen schufen. Während das Lehnswesen die Verbindungen einer verhältnismäßig kleinen Oberschicht von Adeligen, Rittern und Geistlichen untereinander regelte, verknüpfte die Grundherrschaft die große Masse der Unfreien mit ihrem jeweiligen Herrn. Beide Prinzipien bauten auf die persönliche Abhängigkeit.

Der Lehnsmann (Vasall) war seinem Lehnsherrn durch Treue eidlich verbunden und leistete diesem bei Bedarf Lehnsdienste, vor allem in Form von Rat (consilium) und militärischen Leistungen (auxilium). Dafür erhielt er ein Lehen (beneficium oder feudum), von dem er im Idealfall seinen Lebensunterhalt bestreiten oder doch zumindest deutlich aufbessern konnte. Ursprünglich waren nur freie Männer lehnsfähig, Frauen, Bürger und Unfreie vom Lehnswesen ausgeschlossen. Diese strenge Regel hat sich erst im späten Mittelalter mehr und mehr aufgeweicht.

Bei der Grundherrschaft erwarb der Herr seine Herrschaftsrechte über den Grundbesitz. Zunächst konnten freilich nur Adelige Grundherren werden; erst im späten Mittelalter erwarben vereinzelt auch Bürger Grundherrschaften. Man unterscheidet gewöhnlich drei unterschiedliche Erscheinungsformen der Grundherrschaft: Die Villikation, die Pacht- oder Zinsgrundherrschaft und die Gutsherrschaft. Erstere bezeichnet die Bewirtschaftung eines herrschaftlichen Hofes (Salhof) mittels der Erträge des dazugehörigen Herrenlandes (Salland), dem einzelne, dienstpflichtige, aber ansonsten eigenwirtschaftlich arbeitende Fronhöfe zugeordnet waren. Zinsgrundherren bewirtschafteten selbst keinen größeren Hof mehr, sondern bestritten ihren Lebensunterhalt von den Abgaben der zinspflichtigen Bauern, während in der Gutsherrschaft die Hörigen nicht auf auswärtigen Fronhöfen arbeiteten, sondern unmittelbar auf dem Gutsland des Grundherren. Eine besondere Gruppe im ländlich-herrschaftlichen Sozialgefüge waren die Dienstmannen (Ministerialen). Ursprünglich aus der unfreien Grundherrschaft stammend gelang es diesen Familien, über ihre wichtigen Funktionen für den Dienstherrn (in der Verwaltung, im Kampf oder in der Hofhaltung) zu einer Funktionselite aufzusteigen, die schließlich ihren unfreien Stand hinter sich ließ und nach und nach in den Niederadel aufrücken konnte.

Die Dienstmannen waren es auch, die zu einem großen Teil die Schicht der Ritter bildete, die sich gegen Ende des Frühmittelalters unterhalb des Hochadels bildete. Sie erreichte im Hochmittelalter ihre kulturelle Blüte, die uns heute in zahlreichen Ritterromanen, Filmen und anderen romantisch verklärten Bildern vom Mittelalter besonders präsent ist. Ministeriale waren ursprünglich militärische Funktionsträger, entwickelten sich aber zu kulturellen Leitfiguren, die besondere Ideale und Umgangsformen kultivierten.

Mögliche Leit- und Arbeitsfragen für dieses Kapitel:

- Was heißt „Grundherrschaft“?
- Wie sah das Verhältnis zwischen Mann und Frau im alltäglichen Zusammenleben auf dem Land aus?
- Welche Einflüsse strukturierten das Leben der Menschen unterschiedlicher Schichten auf dem Lande im Jahresablauf?
- Das Verhältnis zwischen Herrschern und Beherrschten im Mittelalter hat man oft mit der Formel „Schutz und Schirm gegen Rat und Hilfe“ beschrieben. Was heißt das?
- Im Kapitel „Soziale Ordnung und ihre Erklärungen“ findet ihr eine Anzahl unterschiedlicher Modelle, die mittelalterliche Ständegesellschaft zu erklären. Welches sind die Gemeinsamkeiten, welches die Unterschiede zwischen diese Erklärungen? Kennen wir heute noch Modelle gesellschaftlicher Ordnung?
- Welche Ereignisse im Leben eines mittelalterlichen Ritters prägen unser Bild von „ritterlicher Kultur“? Wie stellen wir uns heute das „Ritterleben“ vor?

- Was heißt eigentlich „ritterlich"? Wann sprechen wir heute von „ritterlichem Verhalten"? Was sagen die mittelalterlichen Quellen dazu? Viele Quellen zu dieser Thematik finden sich auch im Kapitel 6 „Europa und die Fremden".

3.1 Bäuerliche Lebenswelten: Hof, Feld, Dorf

3.1.1 Ruhezeiten und Arbeitsteilung nach einem Kapitular Karls des Großen (789)

Die in der Bibel („Gesetz Gottes") verankerten christlichen Ruhezeiten werden in diesem Kapitular (Erlass) Karls des Großen zum Gesetz erhoben und, wie oft in Rechtstexten dieser Zeit, an mehreren Beispielen näher ausgeführt. Dadurch können wir an dieser Bestimmung zugleich die Arbeitsteilung zwischen Mann und Frau in der Gesellschaft des frühen Mittelalters ablesen.

81. Wir bestimmen zum zweiten, wie bereits im Gesetz Gottes befohlen worden ist, dass an den Sonntagen keine Frondienste ausgeführt werden dürfen, wie es mein Vater [Pippin der Jüngere] in seinen Gesetzen befohlen hat. Das bedeutet, dass die Männer weder Feldarbeiten ausführen, noch in den Weinbergen arbeiten, noch auf den Äckern pflügen oder Heu machen, keine Zäune errichten oder den Wald roden, oder Bäume fällen, Steine bearbeiten oder Häuser bauen, in den Gärten arbeiten oder zu Gerichtsversammlungen kommen oder zur Jagd gehen dürfen. Nur drei Arten von Fuhrwerk dürfen am Sonntag gefahren werden: Für den Heeresdienst, um Lebensmittel, oder, wenn es nötig ist, um einen Toten zu Grabe zu fahren. Ebenso dürfen die Frauen nicht weben oder Kleidung zuschneiden, nicht nähen oder stricken, Wolle rupfen, Flachs schlagen oder in der Öffentlichkeit Kleider waschen oder die Schafe scheren, damit in jeder Hinsicht die Ruhe und Ehre des Sonntags gehalten werde.

Übers. nach MGH, Capitularia regum Francorum, Bd. 1, S. 61 (Nr. 22)

3.1.2 Eine Hungersnot auf dem Lande (1032)

Die mittelalterliche Landwirtschaft war in noch stärkerem Maße als heute abhängig von der Gunst der Witterung. Ungünstige Wetterbedingungen, die sich über eine längere Zeit hinzogen, konnten katastrophale Auswirkungen für die Versorgungslage haben. Der Mönch Radulf von Cluny berichtet über die Hungersnot von 1032–1034, die er selbst miterlebt hat, Folgendes:

Die Hungersnot griff mit ihren Verheerungen immer weiter um sich, sodass das Auslöschen des ganzen Menschengeschlechts zu befürchten stand. [...] Unablässige Regenfälle hatten das ganze Erdreich dergestalt aufgeweicht, dass man drei Jahre lang keine Furchen ziehen konnte, die die Saat hätten aufnehmen können. Zur Erntezeit waren die Felder ganz von Unkraut und der verderblichen Tollgerste überwuchert. [...] Fand man glücklich Nahrung zum Verkauf feilgeboten, so konnte der Verkäufer jeden Wucherpreis dafür fordern. Nachdem die Menschen die wilden Tiere und die Vögel verzehrt hatten, begannen sie Aas [...] zusammenzutragen, um sich daran zu sättigen.

Manche sammelten, um dem Tode zu entgehen, im Walde wilde Wurzeln und in den Flüssen das Wasserkraut. [...] Was man im Lauf der Zeit kaum je vernommen, in ihrem wütenden Hunger verschlangen die Menschen sogar das Fleisch von ihresgleichen. [...] Viele Leute gruben weiße Erde, dem Ton ähnlich, aus dem Boden, mischten sie unter das Wenige, was sie an Mehl oder Kleie besaßen und buken aus diesem Gemisch Brote. [...] Allenthalben sah man bleiche und abgezehrte Gesichter. Viele waren vor Hunger aufgetrieben; ja selbst die menschliche Stimme war dünn und schwach und glich dem Piepsen eines Vogels. An den Leichen der Verstorbenen, die man ob ihrer großen Zahl hier und dort unbestattet liegen lassen musste, taten sich die Wölfe gütlich, die auch später noch lange die Menschen heimsuchten.

Zit. nach: LeGoff, Jacques: Kultur des europäischen Mittelalters. München 1970, S. 401f. (Übers.: Gerda Kurz)

3.1.3 Eine bäuerliche Kleiderordnung (um 1150)

Die äußere Erscheinung war wichtig, um die gesellschaftliche Position der Person auch nach außen hin sichtbar zu machen. Deshalb sind durch beinahe das ganze Mittelalter hindurch Bestimmungen über die Kleidung überliefert, später vor allem aus den Städten. Auch Waffen durfte nicht jedermann tragen, wie er wollte.

Dem Bauer ist nach dem Recht nur Schwarz oder Grau zu tragen erlaubt. Gewandverzierungen [Gere] darf er nur an der Seite tragen. Rindlederne Schuhe sind genug. Für das Hemd sieben Ellen und für die Kniehose Tuch aus Flachsgarn [Rupfen]. An den Sonntagen soll er zur Kirche gehen. Doch darf er nur einen Stecken in der Hand tragen. Kommt er mit einem Schwert, soll man ihn gebunden an den Kirchzaun führen, ihm dort den Hut wegnehmen und das Haar abschneiden. Wenn er angegriffen wird, darf er sich nur mit einem Krückstock verteidigen.

Zit. nach: Franz, Günter (Hrsg.): Quellen zur Geschichte des deutschen Bauernstandes im Mittelalter. Darmstadt 1967, S. 220-222 (Nr. 82)

3.1.4 Zu tun gibt's genug! Ein „Bauernlied“ aus dem frühen 15. Jahrhundert

Wir können uns den Arbeitsalltag auf dem mittelalterlichen Dorf kaum anstrengend genug vorstellen. In einem Lied des berühmten adeligen Dichters Oswalds von Wolkenstein (um 1377–1445) ruft die Bäuerin ihrer Magd zu:

Steh auf, Margretlein, liebe Gretel! Zieh die Rüben heraus!
Mach Feuer, setz Fleisch und Kraut zu! Schnell, sei gescheit!
Nur zu, du faule Tasche, spül die Schüssel! [...]
Gret, lauf zum Schuppen, such die Nadel, nimm den Rechen mit!
Gabel, Dreschflegel, Kornsieb und Sichel findest du dort.

Zit. nach: Borst, Otto: Alltagsleben im Mittelalter. Frankfurt a.M. 1983, S. 123

3.1.5 Bauern und Herren: Zwei Monatsbilder nebeneinander (15. Jahrhundert)

Im Jahre 1412 gab Johann Duc de Berry, ein Sohn des französischen Königs Johanns des Guten, der als einer der größten Kunstmäzene seiner Zeit galt, ein Stundenbuch in Auftrag. Von den über 200 Blättern des erst 1489 fertig gestellten Stundenbuches sind etwa die Hälfte illustriert. Besonders hervorzuheben sind hiervon die 12 ganzseitigen Monatsblätter, auf denen Szenen bäuerlichen Arbeitens in einer dem Monat entsprechenden Landschaft dargestellt sind. Im Hintergrund sind Schlösser des Herzogs zu sehen und über den Darstellungen befindet sich jeweils in einem Halbkreis das Sternzeichen des Monats.

März

August

Abb. 13: Monatsbilder aus dem Stundenbuch des Herzogs von Berry (15. Jahrhundert).
Les Très Riches Heures du Duc de Berry (d.i. Jean de France): Ms. Enlumine du Xve Siècle / Textes de Edmond Pognon, Paris 1979, S. 20 und S. 30

3.1.6 Zusammenleben im mittelalterlichen Dorf – aus dem Sachsenspiegel (um 1225)

Auch das Leben auf dem Dorf funktionierte nicht ohne Regeln. Lange Zeit sind diese mündlich überliefert worden. Der Sachsenspiegel (zwischen 1220 und 1235) zeichnete erstmals auch eine Vielzahl von Rechtsregeln für die dörfliche Lebenswelt in deutscher Sprache auf.

II 51
§1. Backofen, Abort und Schweinestall sollen drei Fuß von dem Zaun entfernt sein.
§2. Jeder soll ferner auf seinen Backofen und seine Feuermauer achten, damit ihm nicht Schaden dadurch erwächst, dass die Funken in den Hof eines anderen fliegen.
§3. Den Abort, der gegen den Hof eines anderen steht, soll man bis auf die Erde herab einhegen.

II 52
§1. Wenn sich Hopfen über einen Zaun rankt, dann greife derjenige, in dessen Hof sich die Wurzel befindet, so nahe an den Zaun, wie er kann, und ziehe den Hopfen hinüber; das, was er hinüberzieht, gehört ihm; das, was auf der anderen Seite bleibt, gehört seinem Nachbarn.
§2. Die Zweige seiner Bäume sollen auch nicht zum Schaden seines Nachbarn über den Zaun hängen.

Zit. nach: C. Schott (Hrsg.): Eike von Repgow, Der Sachsenspiegel. 3. rev. Aufl. Zürich 1996, S. 140f.

Abb. 14:
Arbeit im Dorf
Heidelberg, Universitätsbibliothek, Cod. Pal. germ. 164, fol. 8r

3.1.7 Bäuerliche Arbeit im Jahreslauf (um 1480)

Dieses Altarbild aus dem späten 15. Jahrhundert (Abb. 15, S. 66) zeigt in zwölf Einzelbildern elf landwirtschaftliche Aufgaben, die im Jahresverlauf anfielen. Kannst Du die einzelnen Tätigkeiten zuordnen? Welches Bild stellt keine landwirtschaftliche Tätigkeit dar?

Abb. 15: Feldarbeit im Jahresablauf (um 1480)

3.1.8 Das Dorfleben im ausgehenden Mittelalter (1520)

Die am weitesten verbreitete Form der Grundherrschaft war im späten Mittelalter die Zinsherrschaft. So schildert der Deutschenordensbruder Johannes Böhm (um 1485–1533/35) seine Sicht auf das dörfliche Leben:

Der letzte Stand ist derer, die auf dem Lande und in den Dörfern und Gehöften wohnen und dasselbe bebauen und deshalb Landleute genannt werden. Ihre Lage ist ziemlich bedauernswert und hart. Sie wohnen abgesondert voneinander, demütig mit ihren Angehörigen und ihrem Vieh. Hütten aus Lehm und Holz [...] sind ihre Häuser. Geringes Brot, Haferbrei oder gekochtes Gemüse ist ihre Speise, Wasser und Molken ihre Getränk. [...] Das Volk ist jederzeit ohne Ruhe, arbeitsam, unsauber. In der nahen Stadt bringt es zum Verkaufe, was es vom Acker, vom Vieh gewinnt, und kauft sich wiederum hier ein, was es bedarf; denn Handwerker wohnen keine oder nur wenige unter ihnen. In der Kirche [...] kommen sie an Festtagen vormittags alle zusammen und hören von ihrem Priester Gottes Wort und die Messe, nachmittags verhandeln sie unter der

Linde oder an einem anderen öffentlichen Ort ihre Angelegenheiten; die Jüngeren tanzen darauf nach der Musik des Pfeifers, die Alten gehen in die Schenke und trinken Wein. [...] Die einzelnen Dörfer wählen aus sich zwei oder vier Männer, die sie Bauermeister nennen, das sind Vermittler bei Streitigkeiten und Verträgen und die Rechnungsführer der Gemeinde. Die Verwaltung aber haben nicht sie, sondern die Herren oder die Schulzen [= Stellvertreter], die von jenen bestellt werden. Den Herren leisten sie oftmals im Jahr Frondienste, bebauen das Feld, besäen es, ernten die Früchte, bringen sie in die Scheunen, hauen Holz, bauen Häuser, graben Gräben. Es gibt nichts, was dieses sklavische und elende Volk ihnen nicht schuldig sein soll, nichts, was es, sobald es befohlen wird, ohne Gefahr zu tun verweigert: Der Schuldige wird streng bestraft. Aber am härtesten ist es für diese Leute, dass der größte Teil der Güter, die sie besitzen, nicht ihnen, sondern den Herren gehört, und dass sie sich durch einen bestimmten Teil der Ernte jedes Jahr von ihnen loskaufen müssen.

Zit. nach Franz, Günter (Hrsg.): Quellen zur Geschichte des deutschen Bauernstandes in der Neuzeit. Darmstadt 1967 (= Freiherr-vom-Stein-Gedächtnisausgabe, Reihe B, Bd. 9), Nr. 1

3.2 Grundherrschaft, Leibeigenschaft und Frondienst

3.2.1 Aus dem Urbar der Abtei Prüm im Jahre 893

Nachdem Normannen in den Jahren 882 und 893 das Kloster Prüm in der Eifel geplündert hatten, ließ Abt Regino ein so genanntes Urbar, ein Verzeichnis des verstreuten Besitzes und aller Einkommensrechte des Klosters (insgesamt 119 Ortschaften), anfertigen. Dieses Urbar ist uns in einer kommentierten Abschrift des späteren Prümer Abtes Caesarius aus dem Jahre 1222 erhalten. Caesarius hatte die ganz praktische Absicht, mit seiner Abschrift die Geltendmachung von Ansprüchen seiner Abtei gegenüber den von ihr abhängigen Bauern zu erleichtern, deshalb hat er viele der alten Begriffe aus der Karolingerzeit, die seine Zeitgenossen offenbar schon nicht mehr verstanden, in seinem Kommentar erklärt. Die Ortschaft Rommersheim liegt wenige Kilometer südöstlich von Prüm.

Hier beginnt das Verzeichnis von Rommersheim. Es gibt in Rommersheim 30 volle Knechtshufen[1] und 7 Hufen Salland[2]. Widrad hat eine Vollhufe; er gibt als Schweinezins einen Eber im Wert von 20 Denaren, 1 Pfund Garn, 3 Hühner, 18 Eier. Er leistet jährlich die Weinfuhre, im Mai und Oktober jeweils die Hälfte, fährt 5 Wagenladungen von seinem Mist; gibt 5 Daurastufen,[3] fährt 1 Klafter[4] Holz – 6 Fuß[5] breit, 12 Fuß lang, zu 12 Wagenladungen –, backt Brot und braut Bier. Jede Hufe liefert dem Kloster 50 Latten und tut im Wald bei den Schweinen eine Woche Hirtendienst, wenn sie an der Reihe ist. Sie bestellt drei Morgen[6] Landes, das ganze Jahr hindurch, jede Woche drei Tage; fährt von Holler zum Kloster 5 Scheffel[7] Getreide und leistet Wachdienst. Wenn sie 15 Nächte fronen, Heu ernten und Handdienste leisten, erhalten sie Brot, Bier und Fleisch in reichen Jahren, zu anderen Zeiten nichts. Jeder Hufner umhegt Ernte in einem Umfang von 6 Ruten, Weideland 3 Ruten,[8] säubert eine Fläche im herrschaftlichen Garten; seine Frau muss Beinkleider nähen. Als Kriegssteuer muss Rommersheim 1 Wagen und 4 Ochsen stellen von Mitte Mai bis Ende August. Reimbald hat 3 Tagwerk[9] Ackerland und einen Bauernhof; dafür muss er wöchentlich 2 Tage Botendienst leisten, auf 15 Tage eine Woche fronen und ein Huhn zinsen. Die Frauen der Pfründner leisten je 2 Tage Dienst die Woche, einen mit und einen ohne Brot, sonst aber hechelt[10] jede ½ Pfund Flachs und fertigt ½ Hemdenstoff. Aeduins Weib hat einen Bauernhof und Land; sie leistet Dienst und fertigt ½ Hemdenstoff. Nantcher hat einen Hof und eine Wiese, seine Frau hat vom Kloster einen Hof und zahlt 4 Denare.[11]

Dazu der Kommentar des Caesarius von 1222:

Es ist zu beachten, daß in diesem Verzeichnis sehr oft vier verschiedene Arten von Hufen erwähnt werden, nämlich Knechtshufen, Litenhufen, Freienhufen und unbestellte Hufen. Knechtshufen müssen uns ständig Dienste leisten, das heißt das ganze Jahr hindurch wöchentlich drei Tage. Außerdem erfüllen sie viele andere von Rechts wegen geschuldete Pflichten, wie es im Buch verzeichnet ist. Litenhufen erfüllen uns viele von Rechts wegen geschuldete Dienste wie die Knechtshufen. Die Freihufen befinden sich in den Ardennen und zwar im Oisling, dort wo Bleialf, Holler und Vilance liegen. Jede dieser Hufen umfasst 160 Tagwerke Land – zu deutsch „Königshufen" genannt. Unbestellte Hufen haben keinen eigenen Bebauer, sondern der (Grund-) Herr hat sie unter seiner Verfügungsgewalt; zu deutsch heißen sie „Fronland". [...] Gesamtertrag: Es gibt in Rommersheim 30 Hufen; sie liefern 30 Eber oder ebenso viel Unzen, 30 Pfund Garn, 90 Hühner, 540 Eier, 30 Fronfuhren, 150 Karren Mist, ebenso 150 Bündel Kienfackeln, 30 Klafter Holz, 1500 Latten, 3000 Schindeln, bestellen 90 Tagewerk Ackerland; sie transportieren von Holler 150 Scheffel Korn; als Kriegssteuer geben sie 4 Ochsen und einen Wagen.

Zit. nach: Franz Günter (Hrsg.): Quellen zur Geschichte des deutschen Bauernstandes im Mittelalter. Darmstadt 1967, S. 80-96 (Nr. 35)

Zur Erläuterung:

1 Knechtshufe: Bäuerlicher Wirtschaftsbetrieb mit dazugehörigem Kulturland. Hufner: Abhängiger Bauer; 2 Salland: Herrenland; 3 Daurastufen: Baumrinden, die als Kienfackeln zur Beleuchtung verwendet wurden; 4 Klafter: Hohlmaß (1,9-2,8 m^3); 5 Fuß: Längenmaß (ca. 30 cm); 6 Morgen: Flächenmaß (ca. 2500-5000 m^2); 7 Scheffel: Hohlmaß (5-250 Liter); 8 Rute: Längenmaß (3-5 m); 9 Tagwerk: Flächenmnaß (ca. 2500-3600 m^2); 10 Hecheln: Letzter Arbeitsgang, um aus dem Flachs Leinenfasern zu gewinnen; 11 Denar: Pfennig (hatte im Frühmittelalter hohe Kaufkraft)

3.2.2 Frondienst (9. Jahrhundert)

Im berühmten Werdener Güterverzeichnis (Urbar) vom Ende des 9. Jahrhunderts werden die Frondienste für die Ortschaft Friemersheim auf den grundherrlichen Besitzungen (Salland) genau beschrieben:

Im Herbst [soll der Hörige] ein Joch, also zwei Tagwerke [Landmaß], Ackerland umbrechen, danach pflügen, das Saatgut vom Hof in Empfang nehmen und abebnen, d.h. eggen. [...] Jedes Joch ist so zu bestellen, dass es von Gesträuch und Unkraut gereinigt wird, und in allem so zu bebauen, dass die Ernte unversehrt in die Scheuer gelangt.

Zit. nach Goetz, Hans-Werner: Leben im Mittelalter. München 1991, S. 147

3.2.3 Die Güter des Klosters Prüm im 9. Jahrhundert

Die Karte zeigt die typische Streulage der Güter größerer Grundherrschaften.

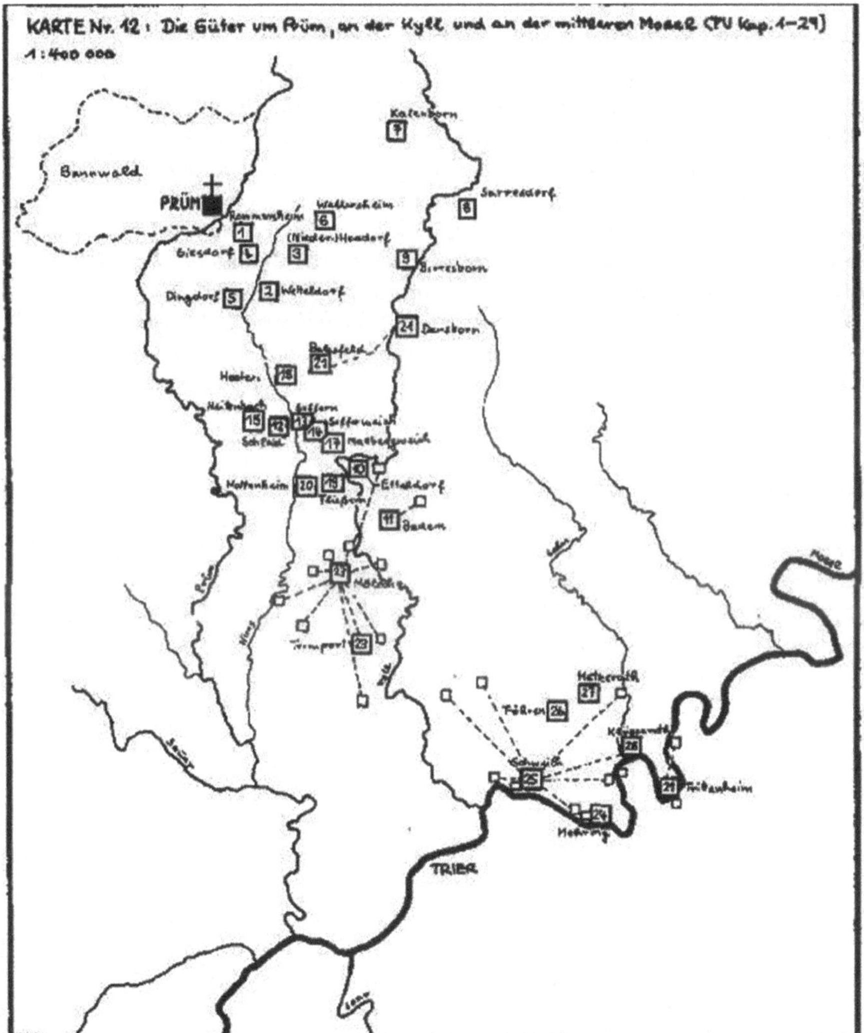

Abb. 16:
Streubesitz des Klosters Prüm/Eifel

Kuchenbuch, Ludolf: Bäuerliche Gesellschaft und Klosterherrschaft im 9. Jahrhundert. Studien zur Sozialstruktur der Familia der Abtei Prüm. Wiesbaden 1978, S. 229

3.3 Soziale Ordnung und ihre Erklärungen („Ständegesellschaft“)

3.3.1 Gesellschaftlicher Wandel im Hochmittelalter: Die Gesellschaftslehre des Abtes Abbo von Fleury (994)

Abt Abbo von Fleury war ein sehr gebildeter Mann, der wegen seiner tiefen Anhängerschaft für die strenge cluniazensische Klosterreform mehrfach in Konflikt mit dem französischen Königshof geriet, wo die nicht reformierten Bischöfe des Landes noch eine starke Position hatten. Er verfasste deshalb im Jahre 994 den „Apologeticus“ als eine Rechtfertigungsschrift (apologia = griech. Rechtfertigung), um seine Anschauungen gegenüber dem König Hugo Capet und dessen Sohn Robert II. zu verteidigen. Er entwarf dabei eine Gesellschaftslehre, die später vielfach aufgegriffen worden ist. Der Gegensatz zwischen Weltgeistlichen und Mönchen ist allerdings schon früh durch die biblischen Frauengestalten Martha und Maria sinnbildlich dargestellt worden: Während Martha sich im Leben durch ihre guten Taten hervortut (Luk. 7, 38), wird Maria für ihre nach innen gekehrte Gläubigkeit und die Trauer am Kreuze Jesu verehrt.

Wir wissen, dass innerhalb der heiligen, allumspannenden Kirche beiderlei Geschlechter in drei Stände (lat. ordines) und drei Ränge (lat. gradus) gegliedert sind. Keiner von diesen ist ohne Sünde, trotzdem ist der erste nur gut, der zweite besser, der dritte schließlich am besten. Der erste ist bei beiden Geschlechtern der Stand der Verheirateten. Bei den Frauen ist der zweite Stand derjenige der Keuschen und Witwen, der dritte derjenige der Jungfrauen oder Ordensfrauen. Bei den Männern gibt es drei Ränge und Stände in ähnlicher Art: Zuerst den der Laien, den zweiten als den der Kleriker und als dritten den der Mönche. Die Rangunterschiede habe ich nun daraus festgestellt und hergeleitet, dass der folgende Stand gegenüber dem jeweils vorherigen besser und heiliger sei. [...] Über den ersten Stand der Männer, also von den Laien, ist zu sagen, dass die einen Bauern (lat. agricolae), die anderen Kriegsleute (lat. agonistae) sind. Die Bauern schwitzen bei der Feldarbeit und den vielen unterschiedlichen Landarbeiten; dadurch ernähren sie den größten Teil des Kirchenvolkes. Die Krieger dagegen sollen sich mit dem Gewinn ihres Dienstes bescheiden und sich nicht im Leib ihrer Mutter (der Kirche) gegeneinander streiten, sondern all ihr Können auf den Sieg über die Feinde der heiligen Kirche Gottes anwenden. Den Laien folgt der Stand der Kleriker, der sich wiederum in drei Ränge unterteilt: Diakone, Priester und Bischöfe. [...] Sie alle tragen die tägliche Sorge für alle Gemeinden, folgen also wie Martha der tätigen Lebensweise (lat. vita activa). Die Mönche aber werden das einzige, was für ihr nach innen gekehrtes Leben (lat. vita contemplativa) nötig ist, desto besser erreichen, je ferner sie von dem Trubel des weltlichen Treibens entfernt sind und je mehr Martha sich daran erfreut, die Füße Jesu mit Tränen zu befeuchten und mit ihren Haaren zu trocknen. So ist der Stand der Kleriker der mittlere zwischen den Laien und den Mönchen und auch von der Zahl der Personen dem unteren überlegen sowie dem oberen unterlegen.

Übers. nach: Migne, J.-P. (Hrsg.): Patrologia Latina, Bd. 139, Paris 1880, Sp. 463 (Abbo von Fleury, Apologeticus, 994)

3.3.2 Burchard von Worms über Freiheit und Knechtschaft (um 1008/1012)

Der folgende Text stammt aus einer umfangreichen Sammlung kirchlicher Lehrbeschlüsse, die zwischen 1008 und 1012 vom Wormser Bischof Burchard (um 965–1025) zusammengetragen wurden und im Hochmittelalter unter dem Titel „Dekret" (Erlass) und seinem Namen weit verbreitet worden ist. Sie verwendet eine Vielzahl unterschiedlicher Quellen, beispielsweise Lehrbeschlüsse (so genannter canones), die auf Kirchenversammlungen (Synoden) gefasst wurden, päpstliche Urkunden oder spätantike und frühchristliche Kirchenschriftsteller. Neben zahlreichen praktischen Bestimmungen bemüht sich Burchard auch um die Begründung einzelner Rechtssätze und -strukturen:

Warum Gott die einen zur Freiheit, die anderen aber zur Knechtschaft bestimmt hat.
Wegen der Sünde des ersten Menschen ist dem Menschengeschlecht durch göttliche Fügung die Strafe der Knechtschaft auferlegt worden, sodass [Gott] denen, für die er die Freiheit als nicht passend ansieht, in großer Barmherzigkeit die Knechtschaft zuerkennt. Und zwar hat der gerechte Gott gleichwohl um der Sünde des menschlichen Ursprungs willen das Leben des Menschen so unterschieden, dass er die einen zu Knechten, die anderen zu Herren einsetzte, damit die Möglichkeit zu freveln für die Knechte durch die Macht der Herren eingeschränkt würde. Wenn nämlich alle ohne Ehrfurcht wären, wer wäre dann da, der irgendeinen anderen vom Schlechten zurückhielte? Deshalb sind auch in den Völkern Fürsten und Könige erwählt worden, damit sie durch ihre Gewalt die Völker vom Schlechten abhalten und sie den Gesetzen unterwerfen, gottgefällig zu leben. Wie gering auch immer: Für das Maß der Strafe gibt es bei Gott kein Ansehen der Person, Gott, der auch diese Niederträchtigen und Verächtlichen der Welt und diejenigen, die nichts bedeuten, auserwählt, damit er dann die, die etwas bedeuten, vernichten kann, damit nicht alles Fleisch Ruhm gewinnt, das heißt, dass sich niemand vor Gott rühme. Der eine Gott nämlich trägt sowohl Herren als auch Knechten Rat und Hilfe an. Besser ist demütige Knechtschaft als stolze, ausschweifende Freiheit. Viele nämlich finden sich, die Gott frei dienen und niederträchtigen Herren unterstellt sind. Körperlich sind sie jenen unterworfen, seelisch überragen sie sie dennoch.

Zit. nach: Hasel, K. u.a.: Unterschichten. Aspekte der Gesellschaft in Altertum, Mittelalter und Neuzeit. Düsseldorf 1975, S. 38f. (lat. Original in: Migne, Patrologia Latina 140, 908)

3.3.3 Adalbero von Laon über die Ständegesellschaft (um 1017)

Adalbert, Bischof der nordfranzösischen Stadt Laon, entwirft zu Anfang des 11. Jahrhunderts ein doppeltes Ständemodell, das ineinander verwoben ist und in der göttlichen Ordnung trotzdem als Einheit dasteht:

Im Glauben ist die Christenheit einheitlich, doch gliedert sie sich in drei Stände. Das weltliche Recht zeigt hingegen eine Teilung in zwei Standesgruppen: Der Freie und der Knecht haben ja nicht dasselbe Recht. An der Spitze stehen zwei – der eine ist der König, der andere der Kaiser; durch deren Gebot soll der Staat gesichert werden. Dann gibt es solche, die keiner Macht unterworfen sind, sofern sie keine Verbrechen begehen, welchen die Macht der Könige Schranke setzt. Das sind die Krieger, die Beschützer der Kirchen. Sie verteidigen das ganze Volk, die Größeren wie die Geringeren, wie sie auch sich selber verteidigen. Die andere Standesgruppe ist die der Knechte. Sie sind ein schwer belastetes Geschlecht, das sich seinen Besitz mühsam erarbeiten muss. Wer vermag selbst mit dem Rechenbrett die vielfältige Tätigkeit der Knechte, ihre großen Anstrengungen und Mühen zu ermitteln? Schätze, Kleidung und Nahrung für alle bieten die Knechte auf – denn ohne die Knechte vermag kein Freier zu existieren. Wenn eine Arbeit zu verrichten ist, wenn sie etwas zum Verbrauch haben wollen, so scheinen König und Priester eher die Sklaven der Knechte zu sein; denn der Herr wird vom Knechte ernährt, während er vermeint, ihn zu ernähren. So sind auch die Tränen und Seufzer der Knechte unendlich. So gliedert sich also das Haus des Herrn, obschon einheitlich dem Glauben nach, in drei Teile: Die einen beten, die anderen kämpfen, die dritten arbeiten. Diese drei existieren zugleich und sind untrennbar verbunden. Von dem Dienst des einen hängt die Tätigkeit der beiden anderen ab, so unterstützen sie sich alle wechselseitig. So ist also dieser Verband einheitlich und gleichzeitig dreigeteilt.

Zit. nach: Epperlein, Siegfried: Bäuerliches Leben im Mittelalter. Köln u.a. 2003, S. 245

3.3.4 Hildegard von Bingen über die Trennung der höheren und niederen Stände

Heute ist uns die Äbtissin Hildegard von Bingen (1098–1179) vor allem wegen ihrer medizinisch-heilkundlichen Schriften über Kräuterkunde bekannt. Sie hat sich aber auch viele Gedanken über theologische Dinge gemacht. In einem Briefwechsel zwischen Hildegard und der Andernacher Äbtissin Tengswich äußert sie sich über die Herkunft der höheren und niederen Stände.

Die Äbtissin Tengswich des Kanonissenstifts St. Marien in Andernach fragt Hildegard von Bingen: „Warum gewährt ihr nur Frauen aus angesehenem und adeligem Geschlecht den Eintritt in Eure Gemeinschaft? Darüber sind wir geradezu ratlos, da der Herr selbst für die entstehende Kirche arme Fischer erwählt und der heilige Petrus gesagt hat, dass bei Gott kein Ansehen der Person gilt." Darauf antwortet Hildegard: „Gott achtet bei den Menschen darauf, dass sich der nieder Stand nicht über den höheren erhebe, wie es einst Satan und der erste Mensch getan. Wer steckt all sein Viehzeug zusammen in einen Stall: Rinder, Esel, Schafe, Böcke? Da käme alles übel durcheinander! So ist auch darauf zu achten, dass nicht alles Volk in eine Herde zusammengeworfen werde. Es würde sonst eine böse Sittenverwilderung einreißen, wenn der höhere Stand zum niedrigen herabgewürdigt und dieser zum höheren aufsteigen würde. Gott teilt sein Volk auf Erden in verschiedene Stände, wie die Engel im Himmel in verschiedene Gruppe geordnet sind, in die einfachen Engel und in die Erzengel, die Cherubim und Seraphim."

Zit. nach: Führkötter, Adelgundis (Übers.): Hildegard von Bingen, Briefwechsel, Salzburg 1965, S. 200-204 (gekürzt)

3.3.5 Vom Ursprung der Unfreiheit und Leibeigenschaft („Sachsenspiegel", ca. 1220)

Kritik an der überkommenen Sozialstruktur zu äußern, war im Mittelalter nur schwer möglich, sie ist aber doch immer wieder laut geworden. Ein berühmtes Beispiel findet sich im Landrecht des Sachsenspiegels, 3. Buch, Artikel 42. Der Verfasser Eike von Repgow (zwischen 1180 u. 1190–nach 1233) referiert eine Reihe biblischer Begründungsmuster über den Ursprung der Leibeigenschaft und kommt dann zu einem beinahe revolutionären Schluss:

§1. Gott hat den Menschen nach seinem Ebenbild geschaffen und hat ihn durch den Tod Jesu erlöst, den Einen wie den Anderen. Ihm steht der Arme so nah wie der Reiche.
§2. Nun wundert euch nicht darüber, dass dieses Buch so wenig vom Recht der Dienstleute enthält. Aber dies ist so vielfältig, dass niemand damit zu Ende kommen kann, es aufzuschreiben. Unter jedem Bischof und Abt und unter jeder Äbtissin haben die Dienstleute ein besonderes Recht. Deshalb kann ich es auch nicht darstellen.
§3. Als man zum ersten Mal Recht setzte, da gab es keinen Dienstmann und da waren alle Leute frei, als unsere Vorfahren hierher in das Land kamen. Mit meinem Verstand kann ich es auch nicht für Wahrheit halten, dass jemand des Anderen Eigentum sein sollte. Auch haben wir keine Beweise hierfür. Doch behaupten manche Leute, die an der Wahrheit vorbeigehen, dass die Unfreiheit mit Kain begann, der seinen Bruder erschlug. Kains Geschlecht wurde ausgetilgt, als die Welt durch Wasser unterging, so dass nichts davon übrig blieb. – Es behaupten auch einige Leute, dass die Unfreiheit von Ham, dem Sohne Noahs, käme. Noah segnete zwar nur zwei seiner Söhne, doch erwähnte er vom dritten keine Leibeigenschaft. Ham besetzte mit seinem Geschlecht Afrika, Japhet, unser Vorfahre, besetzte Europa. Es gehört also keiner von ihnen dem anderen. – Dann behaupten einige Leute, die Unfreiheit käme von Ismael. Die Heilige Schrift bezeichnet Ismael als Sohn der Magd. Sonst sagt sie nichts über ihn in Bezug auf Unfreiheit aus. – So behaupten einige Leute, sie käme von Esau. Jakob wurde zwar von seinem Vater gesegnet und dabei geheißen, Herr über seine Brüder zu sein. Doch weder verfluchte er Esau, noch erwähnte er irgendetwas von seiner Unfreiheit. – Wir haben auch in unserem Recht den Satz, dass sich niemand in die Leibeigenschaft begeben kann, wenn dem sein Erbe widerspricht. Wie konnte da Noah oder Isaak einen anderen in die Leibeigenschaft geben, wenn sich selbst niemand zu Eigen geben kann, wenn sich sein Erbe dem widersetzt? […]
§6. Nach rechter Wahrheit hat Unfreiheit ihren Ursprung in Zwang und Gefangenschaft und rechter Gewalt, die man seit alters zu unrechter Gewohnheit hat werden lassen und die man nun als Recht haben möchte.

Zit. nach Schott, C. (Hrsg.): Eike von Repgow, Der Sachsenspiegel. 3. rev. Aufl. Zürich 1996, S. 189f.

3.3.6 Gemeinsamer Besitz und gleiche Rechte? – Jean Froissart in seiner Chronik (1387)

Im späteren Mittelalter wird immer wieder die Frage aufgeworfen, wie Herrschaft entstanden ist und wodurch sie sich rechtfertigt. Der französische Chronist Jean Froissart (um 1337–1405) äußert einen geradezu revolutionären Gedanken:

Die Dinge können nicht gut gehen, bis es soweit ist, dass aller Besitz gemeinsam wird und es weder Bauern noch Edelleute gibt und wir alle eins sind. Aus welchem Grund sind die, die wir Herren nennen, größere Meister als wir? Und wenn wir alle von einem Vater und einer Mutter, von Adam und Eva, abstammen, inwiefern können sie beweisen, dass sie mit besserem Grund als wir Herren sind?

Zit. nach: Borst, Arno: Lebensformen im Mittelalter. Frankfurt a.M. 1979, S. 273f.

3.4 Ritter und Herren: Adlige Lebenswelten

3.4.1 Leben auf der Burg (1518)

Der Ritter Ulrich von Hutten (1488–1523) schreibt 1518 in einem Brief an einen reichen Nürnberger Kaufmann über das Leben auf Burg Steckelberg:

Die uns ernähren, sind bettelarme Bauern, denen wir unsere Äcker, Weinberge, Wiesen und Wälder verpachten. Der einkommende Ertrag ist, gemessen an der aufgewandten Mühe, geringfügig. [...] Sodann müssen wir uns in den Dienst eines Fürsten stellen, von dem wir Schutz erhoffen. Wenn ich das nicht tue, glaubt jeder, er könne sich alles gegen mich erlauben. [...] Die Burg selbst [...] ist nicht als angenehmer Aufenthalt, sondern als Festung gebaut. Sie ist von Mauer und Gräben umgeben, innen ist sie eng und durch Stallungen für Vieh und Pferde zusammengedrängt. Daneben liegen dunkle Kammern, voll gestopft mit Geschützen, Pech, Schwefel [...]. Überall stinkt es nach Schießpulver; und dann die Hunde und ihr Dreck. [...] Reiter kommen und gehen, darunter Räuber, Diebe und Wegelagerer. Denn fast für alle stehen unsere Häuser offen, weil wir nicht wissen, was das für Leute sind, oder uns nicht groß danach erkundigen. Man hört das Blöken der Schafe, das Brüllen der Rinder. [...] Der ganze Tag bringt vom Morgen an Sorge und Plage. [...] Äcker müssen bestellt, gepflügt und umgegraben werden [...], man muss eggen, säen, düngen, mähen [...]. Wenn aber einmal ein schlechtes Ertragsjahr kommt, wie in dieser mageren Gegend meistens, dann haben wir fürchterliche Not und Armut.

Zit. nach: Borst, Arno: Lebensformen im Mittelalter. Frankfurt a.M. 1979, S. 173-175

3.4.2 Ritterliche Tugend im höfischen Roman: Der „Arme Heinrich“ (kurz vor 1200)

Der „Arme Heinrich“ ist einer der berühmtesten höfischen Romane des Mittelalters. Er stammt neben vier weiteren mittelhochdeutschen Versdichtungen aus der Feder des Dichters Hartmann von Aue (gest. zwischen 1210 und 1220) und ist wahrscheinlich um 1190 entstanden. In den ersten Absätzen führt Hartmann seinen Helden als das Idealbild eines guten Ritters ein:

Mittelhochdeutscher Originaltext:	**Übersetzung:**
Sîn name was gnuoc erkennelich:	Sein Name war weithin bekannt:
er hiez der herre Heinrich	Er hieß der Herr Heinrich,
und was von Ouwe geborn.	und er war von Aue gebürtig.
sîn herze hâte versworn	Er hatte sich geschworen,

valsch und alle dörperheit	nie unredlich oder derb und gewöhnlich zu sein,
und behielt ouch vaste den eit	und er hielt diesen Eid auch
staete unz an sîn ende.	standhaft, solange er lebte.
ân alle missewende	Ohne Makel waren
stuont sîn êre und sîn leben.	seine Gesinnung und sein Lebenswandel.
im was der rehte wunsch gegeben	Er genoss so viel gesellschaftliches Ansehen,
von wertlîchen êren.	wie man sich nur wünschen kann,
die kunde er wol gemêren	und er konnte es noch erhöhen
mit aller hande reiner tugent.	durch seine vielen persönlichen Vorzüge:
er was ein bluome der jugent,	Er war eine Blüte der Jugend,
der werlte fröude ein spiegelglas,	ein Spiegelbild aller Freuden dieser Welt,
staeter triuwe ein adamas,	zuverlässig und beständig wie ein Diamant,
ein ganziu krône der zuht.	und er verkörperte das Ideal adeliger Bildung.
er was der nôthaften fluht,	In Not Geratenen bot er Zuflucht,
ein schilt sîner mâge,	seine Verwandten beschützte er.
der milte ein glîchiu wâge:	Seine Freigiebigkeit war richtig bemessen:
ime enwart über noch gebrast.	Er gab weder zu viel noch zu wenig.
er truoc den arbeitsamen last	Er nahm die Belastung auf sich,
der êren über rücke.	die seine gesellschaftliche Stellung mit sich brachte.
er was des râtes brücke	Er half anderen mit seinem Rat,
und sanc vil wol von minnen.	und er pflegte den Minnesang.
alsus kund er gewinnen	Er erwarb
der werlte lop unde prîs:	die Gunst und die Anerkennung der Leute,
er was hövesch und dar zuo wîs.	weil er eine vornehme Bildung hatte und klug war.

Zit. nach: Henne, Hermann (Hrsg.): Hartmann von Aue. Der arme Heinrich. Mittelhochdeutscher Text und Übertragung. Frankfurt a.M. 1985, S. 10f. (Übers.: H. Henne)

Spielerisches Methodentraining: Fünf Minuten Mittelhochdeutsch

Der „Arme Heinrich" ist ein mittelhochdeutscher Roman, das heißt, er entstammt einer bestimmten Epoche der mittelalterlichen Literatur, die etwa zwischen 1050 und 1350 angesiedelt wird und das Althochdeutsche ablöste. Eigentlich ist Mittelhochdeutsch, wie wir es heute lesen können, eine Kunstsprache, die sich die Literaturwissenschaftler des 19. Jahrhunderts ausgedacht haben, denn das tatsächliche Deutsch, das die Menschen des Mittelalters gesprochen haben, folgte nicht so engen sprachlichen Regeln wie unsere heutige Sprache und kannte eine Vielzahl unterschiedlicher, regionaler Dialekte.

Die Methodenbox „Mittelhochdeutsch lesen" vermittelt die wichtigsten Grundkenntnisse für einen „echt mittelalterlichen" Vortrag. Mittelhochdeutsch ist gar nicht schwer zu lesen – und es macht viel Spaß, wenn man den „Dreh" erst einmal heraus hat:

1. Alle Umlaute (*ae, oe, iu*) und alle Vokale mit einem Zirkumflex (^) werden lang gesprochen, alle anderen Vokale kurz.

2. Ganz wichtig: *iu* wird immer *ü* gesprochen.
3. *c* wird immer wie *k* gesprochen.
4. *h* und *e* sind keine Dehnungszeichen (also *li-e-be* nicht *liibe*).
5. Am Silbenanfang wird *h* gesprochen (also *se-hen*), vor *t* und *s* klingt es ein wenig kehlig, so wie unser *ch* in *Sache*, also z.B. *naht* sprich *nacht*.
6. *z* wird im Anlaut der Silben wie unser heutiges *z* gesprochen, z. B. bei *lieze* oder *daz*, sonst aber als scharfes *s*, z.B. *bezzer* sprich *besser*.
7. Bei *ei*, *öi* und *ou* streiten sich die Gemüter: Man kann sie als Diphthonge (so wie unser *ei*, *eu*, *au*) oder als Doppellaute (*e-i*, *ö-i*, *o-u*) sprechen.
8. Grundsätzlich wird der erste Wortteil betont, aber auch der zweite muss noch gut hörbar sein.

3.4.3 Lampert von Hersfeld: Krieg ist nicht ritterlich! (nach 1070)

Der Chronist Lampert von Hersfeld (vor 1028–1083) berichtete über eine Fehde, die König Heinrich IV. (1053–1106) und Herzog Otto von Northeim 1070 gegeneinander führten:

Ottos Burg Hanstein, aus der gleich zu Anfang des schrecklichen Krieges die Besatzung abgezogen worden war, ließ er [Heinrich IV.] von Grund auf zerstören. Vor eine andere Burg, Desenberg mit Namen, hatte er schon Truppen gelegt. Obgleich sie ihrer Lage wegen uneinnehmbar und mit allen zur Kriegsführung notwendigen Mitteln hinlänglich versorgt war, zogen es ihre Insassen doch vor, sich freiwillig zu ergeben, als das zweifelhafte Kriegsglück zu versuchen. Der König ließ dort eine Besatzung zurück und führte sein Heer weiter, um auch die Besitzungen von Ottos Gemahlin zu verwüsten. Er äscherte viele mit Kostbarkeiten und Gebäuden herrlich ausgestattete Bauernhöfe ein und plünderte sie aus. An Frauen und Kindern – denn die Männer hatten sich in den Bergen versteckt – beging er viele abscheuliche Feindseligkeiten, und so harte und grausame Behandlung erlitten auf diesem Zuge unschuldige und nicht mit dem geringsten Verdacht irgendeines Vergehens belastete Menschen von ihrem eigenen König, dass sie nichts Härteres, nichts Grausameres von Barbaren hätten erleiden können.

Über die Reaktion Ottos von Northeim schreibt der Chronist:

Er machte daher mit 3000 auserlesenen und in allen Künsten der Kriegsführung geübten Männern einen Angriff auf Thüringen, steckte die mit allen Vorräten reich ausgestattete Königshöfe in Brand, machte reiche Beute und köderte gleich zu Anfang seine Krieger, die in der Mehrzahl nur die Hoffnung auf Beute zu dem Kampf gelockt hatte, durch diesen Lohn und sicherte sich dadurch ihre unbedingte Treue. So zog er, alles verheerend, bis über Eschwege hinaus. Hier verteilte er unter die sich um ihn scharenden Bauern seine Güter, denen die Krieger des Königs nichts gelassen hatten als das elende Leben, einen Teil der Beute, ermahnte sie, die Schläge der göttlichen Strafe tapferen Mutes zu ertragen, und forderte sie auf, da sie ja keine Waffen führen könnten, für ihn inbrünstig zu Gott zu beten.

Zit. nach: Althoff, Gerd, u.a.: Menschen im Schatten der Kathedrale. Darmstadt 1998, S. 7f.

3.4.4 Schwertleite und Ritterschlag

Die Erhebung zum Ritter war ein feierliches Zeremoniell. Die ältere Form dieses Rituals war die Schwertleite, bei der dem neuen Ritter seine Waffen ausgehändigt, er mit dem Schwert gegürtet und ihm die Reitsporen angelegt wurden. Sie stammt wohl noch aus der Zeit, bevor das Rittertum zu einem Geburtsstand wurde. Später liest man dann oft von einem Ritterschlag, der durch den knienden Ritter die Lehnsmannschaft gegenüber dem Herrn, der den Ritterschlag verlieh, besonders betont. In der Realität wurden aber oft auch Elemente beider Riten miteinander verbunden, sodass sich Schwertleite und Ritterschlag nicht immer voneinander trennen lassen. In Mitteleuropa hielt sich das alte Ritual der Schwertleite bis zur Mitte des 14. Jahrhunderts, erst dann wurde es vom „französischen" Ritterschlag verdrängt, der dort bereits im 12. Jahrhundert nachweisbar ist.
Sehr knapp berichtet der Eisenacher Stadtschreiber Johann Rothe (gest. 1434) in seinem „Ritterspiegel", einer umfassenden Anleitung zur ritterlichen Lebensführung, vom Ritterschlag:

Zur Ritterschaft gehören sieben ehrenvolle Vorrechte: das erste ist, dass ein würdiger Ritter dem jungen mit einem Schlage das Schwert zuteilt, und ihn heißt, unverzagt zu sein. Dann wird das Schwert gesegnet. Ist der Ritter ein guter Christ und eifrig zum Gottesdienst, so empfängt er mit Freuden und Innigkeit das Schwert aus eines Priesters Hand. Wird er nicht in dieser Weise damit umgürtet, so trägt er es wahrlich mit Schande, denn er soll allezeit Gott zu Ehren damit fechten für die heilige Christenheit und für die Witwen und Waisen; dafür nimmt er den Griff, der dem Kreuze gleicht, in die Hand.

Zit. nach: Lautemann, Wolfgang/Schlenke, Manfred (Hrsg.): Geschichte in Quellen, Bd. 2. München [2]1978, S. 450

3.4.5 Der Ritterschlag im Comic (1930er Jahre)

Abb. 17: Prinz Eisenherz wird Ritter (Comic, 1930er Jahre)

So stellte sich der Comic-Zeichner Hal Foster, der den berühmten Comic-Helden Prinz Eisenherz schuf, in den dreißiger Jahren des 20. Jahrhunderts den Ritterschlag vor.

3.4.6 Der Ritterschlag in der Nachzeichnung einer zeitgenössischen Darstellung

Vorne rechts sehen wir einen Knappen mit Schild und Fahnenspeer. Einem Ritter, links hinter ihm, wird bereits das Panzerhemd (Brünne) angelegt. In der linken Bildhälfte sehen wir, wie ein Fürst oder König einem neuen Ritter das Schwert umgürtet; gleichzeitig werden ihm Sporen angelegt.

Abb. 18: Ritterschlag: Nachzeichnung einer zeitgenössischen Darstellung (1895), aus einer Oxforder Handschrift des Matthäus von Paris, um 1250. Knötel, P.: Bildatlas der Deutschen Geschichte. Bielefeld u.a. 1895

3.4.7 Der Schwertsegen bei der Erhebung eines Knappen zum Ritter

Der Historiker Carl Erdmann mit einer Beschreibung der förmlichen Bekundungen beim Schwertsegen (1953):

Bei der Erhebung wurde ein Schwertsegen gesprochen: „Wir bitten dich, Herr, erhöre unsere Bitten und segne mit der Hand Deiner Majestät dieses Schwert, mit welchem sich Dein Diener zu umgürten wünscht. Segne es, damit es Verteidigung und Schutz für Kirchen, Witwen, Waisen und alle, die Gott dienen, gegen das Wüten der Heiden sein könne. Allen, die ihnen nachstellen, möge es Furcht, Angst und Schrecken einflößen."

Zit. nach Erdmann, Carl: Die Entstehung des Kreuzzugsgedankens. Darmstadt 1953, S. 330

3.4.8 Das Turnier (15. Jahrhundert)

Turniere waren große Ereignisse am adeligen Hof. Der Chronist Georges Chastellain (gest. 1475) berichtet über ein besonders prunkvolles Turnier zwischen burgundischen und französischen Rittern, das Herzog Karl der Kühne von Burgund (gest. 1477) veranstaltete, der für seine prachtvolle Hofführung berühmt war.

Nun kam der von allen Seiten ersehnte Tag. Und der Herzog nahm Platz auf dem Sitz, der auf dem großen Markt für ihn errichtet worden war, reich geschmückt und mit Behängen und Goldstikkereien ausgestattet. Und dorthin kamen beide Parteien, die tapferen edlen Ritter und Knappen, die gegeneinander kämpfen sollten, so schön bewaffnet und beritten, dass niemand jemals ähnliches gesehen hatte, vor allem die Burgunder, die wahrhaftig die Franzosen an Pomp übertrafen. Sie hatten reiche Überwürfe aus Goldstoff und Seide. [...] Und jeder setzte seinen Helm aufs Haupt. Und die Harnische eines jeden und die Schilde und Scharniere wurden geprüft, um zu sehen, ob auch nichts fehlte, damit nicht dadurch ein Unglück geschehen könnte. [...] Und dann, nachdem alles gut bereitet und gerichtet war, schickte man, bevor man anfing, zum Herzog, um zu erfahren, ob es sein Wille sei, dass die Ritter anfingen. Und der Herzog antwortete, dass sie anfangen könnten [...] Nach dieser Nachricht stürmten die beiden Ritter sehr hart und sehr wütig aufeinander zu, und sie ließen ihre Pferde durch das ganze Runde, das sie hatten, laufen und überließen ihren Körper dem Geschick, indem jeder seinem Gegner schwere Wunden zuzufügen und ihn tödlich zu treffen suchte. [...] Am folgenden Tag hatte der Herr von Charny gegen Herrn Philibert von Berssy zu kämpfen. [...] Beim dreizehnten Gang nahm der Herr von Charny ein großes rohes Holz und ein hartes und großes Eisen, und indem er es zu seinem Vorteil anzuwenden gedachte, stürmte er seinem Gegner, dem Ritter, durch die Absperrung entgegen [...] und griff ihn mit aller Gewalt an der Seite seines Visiers an, und zwar mit solcher Wucht, dass der Verschluss des Visiers zerbrach und ebenso ein Scharnier. Und das Eisen drang ihm mitten ins Gesicht ein, so tief, dass Todesgefahr drohte. [...] Und der Herzog ließ Herrn Philibert ehrenvoll begleitet in sein Quartier bringen und befahl, dass man ihn, so gut man nur konnte, bedienen und pflegen sollte. Ähnlich verhielt sich der Herr von Charny, der wohl zeigte, dass ihm sein wütender Stoß leid tat. Und er ging oft zu ihm und besuchte ihn in seinem Quartier. Und unter vielem anderem sagte er ihm: „Meiner Treu, Herr Philibert, es missfällt mir sehr, dass ich Euch so verwundet habe. Das hat das Unglück gemacht, nicht mein böser Wille. Verzeiht mir, ich bitte Euch!" – „Herr von Charny", sagte Herr Philibert, „das sind die Abenteuer der Waffenkämpfe. Man braucht nicht weiter darüber zu reden. Ihr habt mir nichts getan, als was ich nicht gern hätte, dass es mir bei Euch passiert wäre." Und so wechselten sie Worte und andere Scherze und erwiesen sich seitdem viele Male gegenseitig Ehre und Freundlichkeiten.

Zit. nach: Dericum, Christa: Burgund und seine Herzöge in Augenzeugenberichten. München 1977, S. 151-155

3.4.9 Geschichtskultur: ein mittelalterliches Turnier heute (2007)

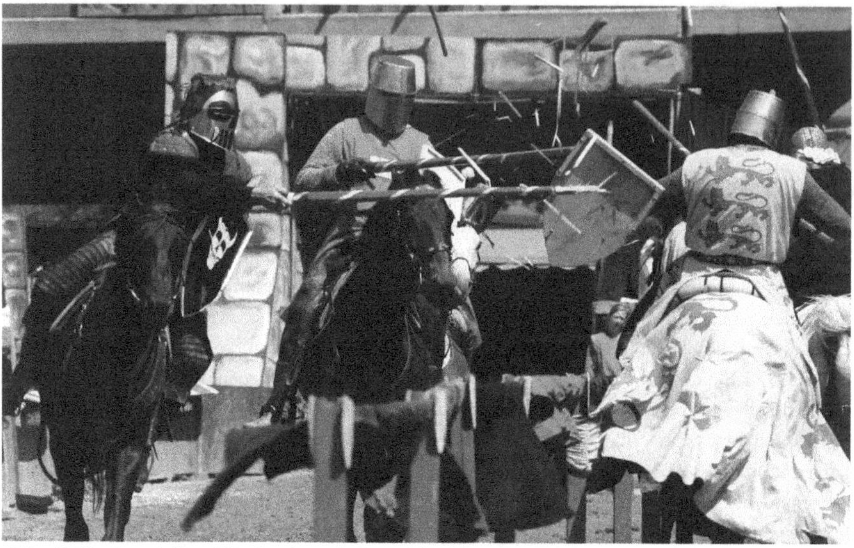

Abb. 19: Nachgestelltes Ritterturnier auf einem Mittelaltermarkt in Horb/Neckar, Juni 2007

3.4.10 Mittelalterliche Darstellung eines Turniers (um 1300)

Abb. 20:
Lanzenstechen (Tjost) *in einer Miniatur aus der berühmten Manesser Liederhandschrift*

3.4.11 Gottfried von Straßburg: Die Erziehung der Königstochter Isolde (um 1210)

In seinem Ritterroman „Tristan", der heute vor allem durch die Oper „Tristan und Isolde" (1859) von Richard Wagner weltberühmt ist, erzählt der Dichter Gottfried von Straßburg (gest. um 1215) von der Erziehung seiner Heldin, der Königstochter Isolde:

Sie beherrschte ihre Muttersprache, Latein und Französisch. Nach französischer Weise wusste sie die Fiedel zu spielen; ihre Finger konnten die Leier rühren und auf der Harfe die Töne führen. Sie konnte auch angenehm singen; ihr Lehrmeister verbesserte noch ihren Gesang. Vor allem aber lehrte er sie moraliteit (richtiges Verhalten): die sollten alle Frauen in ihrer Jugend lernen. Sie lehrt uns nämlich, Gott und der Welt zu gefallen. Denn edle Herzen haben weder Glück noch Ehre, wenn nicht moraliteit sie lehrt. Wenn fremde Ritter am Königshofe waren, wurde Isolde zu ihrem Vater gerufen. Und mit allem, was sie an höfischem Wissen und schöner Sitte kannte, vertrieb sie ihm und den anderen die Zeit: Sie schrieb und las, sang und spielte die Fiedel, auch ganz fremde Lieder nach französischer Art, so schön, dass dadurch manches Herz mit Sehnsucht erfüllt wurde. [...] Sie war in vielem behände, konnte Briefe aufsetzen und Lieder dichten, und sie achtete dabei auf Vers und Reim.

Zit. nach: Sollbach, G.E.: Unterricht Geschichte. Themen, Materialien, Medien. Reihe A, Bd. 6: Spätes Mittelalter. Köln 2002, S. 57

3.4.12 Joseph Grünpeck über Kaiser Maximilian I., den „letzten Ritter" (15./16. Jh.)

Der Humanist Grünpeck (um 1473–um 1532) war den Habsburgern treu ergeben und daher in seiner Geschichte Kaiser Maximilians I. und seines Vaters, Friedrichs III., („Historia Friderici et Maximiliani") wohl nicht immer ganz unvoreingenommen. Für sehr wirklichkeitsgetreu wird Albrecht Dürers Portrait des Kaisers aus späteren Jahren gehalten (3.4.13). Charakteristisch ist besonders die so genannte Habsburgernase, die auch auf Portraits anderer Familienmitglieder, beispielsweise Friedrichs III., sofort ins Auge fällt. Die Nasen erkennt man in Ansätzen auch noch auf dem ziemlich genau einhundert Jahre später geschaffenen Gemälde von Peter Paul Rubens (3.4.13). Sonst aber greift Rubens auf ein Bild des Kaisers zurück, das viel mehr an die Darstellung Grünpecks erinnert.

Seine körperliche Schönheit war in allen Altersstufen ausgezeichnet. Er hatte ein ruhiges und heiteres Antlitz, strahlende Augen von förmlich himmlischem Glanz, in denen ein Zuneigung gewinnender Ausdruck lag, sodass er von allen, Männern wie Frauen, geliebt wurde. Sein Haar war etwas gelockt und fiel bis auf die Schultern herab, so dass es auch noch den Nacken bedeckte. Die Augenbrauen waren schwarz, die Ohren klein. Die Nase, oben schmal zulaufend, nach unten hervortretend; die Gesichtsfarbe war gebräunt und bewegte sich genau in der Mitte zwischen weiß und blutrot. Von geradem Körperbau mit kräftigen Gliedmaßen konnte er eine Lanze von 10 Ellen Länge mit der ausgestreckten Hand ohne Zuhilfenahme der anderen Hand in die Höhe heben und tragen. Er schritt hochgehobenen Nackens einher. In der Unterhaltung war er lebhaft und niemals schweigsam unter seinen Vertrauten, es sei denn, dass irgendeine Angelegenheit zu erledigen war, die notwendig Schweigen erforderte. Fast sein ganzes Leben hindurch erfreute er sich einer glücklichen Gesundheit. Ärzte waren selten an seiner Seite. Seine Brust war behaart, dazu hatte er wunderschöne Hände. Kurz: Er zeichnete sich durch ein solches Ebenmaß aller Gliedmaßen aus, dass keiner der Fürsten seiner Zeit vor ihm hinsichtlich seiner trefflichen Körpergestalt einen Vorzug gehabt hätte.

Zit. nach: Illgen, Theodor (Hrsg.): Joseph Grünpeck, Die Geschichte Friedrichs III. und Maximilians I. Leipzig 1889, S. 67f.

3.4.13 Maximilian I. von Dürer (1519) und von Rubens (1618)

Abb. 21: Albrecht Dürer, Kaiser Maximilian I., Gemälde aus dem Jahre 1519

Abb. 21: Peter Paul Rubens, Kaiser Maximilian I., Gemälde aus dem Jahr 1618

3.4.14 Niccolò Machiavelli: Maximilian I. als Kaiser und Kriegsherr

Der italienische Humanist und Diplomat Niccolò Machiavelli (1469–1527) ist vor allem als politischer Theoretiker bekannt geworden, der in seinem Buch „Der Fürst" („Il principe") aus dem Jahre 1513 die Eigenschaften eines idealen Herrschers umschreibt. Über Maximilian I. weiß er aus eigener Anschauung zu sagen:

Dass der Kaiser viele und gute Soldaten hat, unterliegt keinem Zweifel. Nur wie er sie beisammen zu halten vermag, das liegt im Zweifel. Denn er kann dies einzig durch die Macht des Geldes tun.

Einerseits hat er selbst kaum welches, wenn andere, was man nicht wissen kann, ihn nicht unterstützen; andererseits ist er zu freigiebig, sodass Schwierigkeit sich auf Schwierigkeit häuft. Und obgleich Freigiebigkeit zu den Tugenden eines Fürsten zählt, ist es doch nicht genügend, 1000 Leute zu befriedigen, wenn man auf 20 000 angewiesen ist. Freigiebigkeit hilft nichts, wo die Mittel zum Zweck nicht reichen. Was seine Regierung betrifft, so kann man nicht leugnen, dass er ein Mann von Sorgfalt und im Waffenhandwerk sehr erfahren ist und auch große Anstrengungen nicht scheut und große Erfahrungen darin gemacht hat. Er genießt mehr Ansehen als irgendeiner seiner Vor-gänger seit einhundert Jahren, ist aber ein so guter und menschlicher Herr, dass er leicht zu täuschen ist.

Zit. nach: Brosch, M.: Machiavelli am Hofe und im Kriegslager Maximilians I., in: Mitteilungen des Instituts für Österreichische Geschichtsforschung 24 (1903), S. 87-110, hier S. 99

4. Die Stadt im Mittelalter

Die Frage, was eine mittelalterliche Stadt ausmache, ist schwieriger zu beantworten, als es auf den ersten Blick scheinen mag. Nach langen Kontroversen neigt man heute dazu, statt eines einzelnen ein Bündel von Merkmalen gelten zu lassen. Weitgehend durchgesetzt hat sich dabei Max Webers Idealtypus der „okzidentalen Stadt", die über eine Befestigung, einen Markt, eigene städtische Gerichtsbarkeit und eine zumindest relativ selbstständige Verwaltung verfügt. Die ältesten deutschen Städte gehen auf römische Siedlungen zurück, die sich häufig bereits im Frühmittelalter zu wichtigen Bischofssitzen entwickelten (z.B. Köln, Mainz, Trier, Regensburg). Der Höhepunkt der neuen Stadtgründungen liegt erst im 11. und 12. Jahrhundert. Auch diese Neugründungen entstanden, wie einst die Römersiedlungen, zumeist an wichtigen Knotenpunkten, an Handelswegen, Brücken oder im Umfeld eines Klosters. Viele Städte, die anfangs ihrem Gründer oder dessen Lehnsherrn unterstanden, entwickelten im Verlaufe des späteren Mittelalters eine relative oder sogar vollständige Selbstständigkeit und entschieden dann selbst über Finanzverwaltung und Rechtsprechung. Oft ging das nur in zähen Auseinandersetzungen mit dem Stadtherrn vor sich (z.B. in Worms oder Köln). Manche, etwa die so genannten freien Reichsstädte, wurden vom König mit dieser Selbstständigkeit privilegiert. Andere Städte, z.B. Nürnberg, bauten im Spätmittelalter sogar eigene Territorien auf. Die Verwaltungsspitze der mittelalterlichen Stadt stellten der Rat, manchmal aber auch mehrere Ratsgremien, die sich gegenseitig kontrollierten. Oft gab es zunächst nur einen kleinen Kreis von Familien, die so genannten Patrizier, die ihre Mitglieder in den Rat entsenden durften. Diese Patriziatsverfassung wurde aber in vielen Städten von einer Zunftverfassung abgelöst, in der die wirtschaftlichen Verbände (Zünfte) jeweils Vertreter in den Stadtrat entsandten.

Städte waren nicht nur Zentren des Handels und der Rechtsprechung, sondern auch der Schriftlichkeit und der Kunst. Deshalb sind viele Zeugnisse mittelalterlicher Lebensformen, die uns heute noch erhalten sind, im städtischen Milieu entstanden. Mit dem aufstrebenden Bürgertum des Spätmittelalters schob sich eine neue, selbstbewusste Schicht zwischen Adel und Landbevölkerung, die nicht nur die politische, sondern vor allem auch die kulturelle Entwicklung maßgeblich prägte. Zugleich waren Städte als Zentren gesellschaftlichen Lebens die Orte, in denen Stände, Landbevölkerung, Geistliche und Adelige, Fremde und Ansässige und deren unterschiedliche Lebensformen aufeinander trafen. Sie waren Kommunikations- und Kultur-, oft genug auch Herrschaftszentren. Schließlich hat die kontinuierliche Besiedlung vieler alter Städte, ganz anders als etwa bei vielen Burgen, dazu beigetragen, einen großen Teil der alten Bausubstanz über die Zeiten zu retten, sodass die Faszination mittelalterlicher Architektur noch heute auf uns wirken kann.

Mögliche Leit- und Arbeitsfragen für dieses Kapitel:

- Kennst du mittelalterliche Städte aus deiner Umgebung? Wie kann man sich die charakteristische Architektur einer mittelalterlichen Stadt vorstellen?
- Welche Position nahmen die Städte gegenüber dem Land ein?
- Wie wurde man Bürger einer mittelalterlichen Stadt? Und was hieß das für den Einzelnen? Wie frei macht Stadtluft?
- Welche Rolle nahm die Frau in der städtischen Familie ein? Vergleiche auch mit den Quellen zum Familienleben auf dem Lande.
- Wie organisierten sich die mittelalterlichen Städte? Welche gesellschaftlichen Gruppen versuchten, Einfluss auf die städtische Politik auszuüben?
- Was ist eine Zunft bzw. Gilde? Welche Funktion hatte sie für die Stadtwirtschaft?
- Wie unterscheidet sich deine Erziehung von derjenigen mittelalterlicher Kinder? Welche Unterschiede bestehen zwischen dem Schulunterricht heute und damals?
- Welche Rolle spielten Juden in mittelalterlichen Städten?
- Welche Auswirkungen hatte die Pest für die europäische Geschichte?

4.1 Städte als Zentren im mittelalterlichen Deutschland

4.1.1 Wie groß war eine mittelalterliche Stadt? (1979)

Wie groß war eigentlich eine mittelalterliche Stadt? Wie war das Leben darin geregelt? Und wie viele Menschen wohnten dagegen auf dem Land? Wie groß muss man sich die damalige Bevölkerung Deutschlands, Frankreichs oder eines anderen der uns heute als moderne Staaten bekannten Länder vorstellen? Alle diese Fragen sind nur sehr schwer zu beantworten, weil die wenigen Zahlen, die uns aus der „vorstatistischen Zeit" überliefert sind, immer nur einzelne Regionen, Landschaften oder Städte zu einzelnen Zeitpunkten betreffen; längerfristige oder räumlich umgreifende Erhebungen gibt es nicht. Heinz Stoob, einer der bekanntesten deutschen Städteforscher, vermutet (1979):

[Es] läßt sich mit allem Vorbehalt vielleicht soviel sagen, daß man in Mitteleuropa um 1300 mit etwa 60-70 „Großstädten" von über 10 000 Einwohnern oder mindestens 100 Hektar Fläche rechnen darf, sowie mit etwa 400-450 „Mittelstädten" von 4-5000 Einwohnern und 30-100 Hektar Fläche. Die große Schar der Kleinstädte könnte man in eine untere, zahlenmäßig erheblich stärkere, von 800-2000 Einwohnern aufgliedern. Unter 8 Hektar Fläche und 800 Einwohner begänne dann das Reich der Zwerg- und der Minderformen. Gröber noch als diese [...] Einteilung wäre beim derzeitigen Stand unseres Wissens der Versuch angesetzt, Verhältniszahlen der Gruppen zueinander zu ermitteln. [...] In Verhältniszahlen ausgedrückt, wären am Umkehrpunkte der mittelalterlichen Bevölkerungskurve, also etwa um 1330/40, von den damals anzunehmenden rund 3800 Städten im Untersuchungsgebiet ca. 18,5 Prozent solche mit weniger als 800 Einwohnern gewesen, weitere 47,5 Prozent hätten 800-2000, 21 Prozent 2000-4000, 11,5 Prozent 4000-10 000 und nur 1,5 Prozent über 10 000 Einwohner gezählt. In den gut 500 Groß- und Mittelstädten lebten aber über 40 Prozent, in Kleinstädten fast 56 Prozent, in Zwerg- und Minderformen lediglich knapp 4 Prozent der städtischen Bevölkerung.

Stoob, Heinz: Die Stadt – Gestalt und Wandel bis zum industriellen Zeitalter. Köln u.a. 1979 (= Städtewesen, Bd. 1), S. 159f.

4.1.2 Die Stadt im Krieg (um 1440)

Um 1420 gibt der Nürnberger Rat eine Anweisung in Auftrag, wie man die Wehrtüchtigkeit der Stadt am zweckmäßigsten einrichten möge. Sie ist in einer Münchner Bearbeitung des Jahres 1442 erhalten. Vor allem die neuen Wunderwaffen – die Büchsen – spielen hier eine große Rolle. Große Probleme bereiten den Städten die Söldner, nachdem sie aus dem Solddienst entlassen worden sind.

Ehrsame Herren! Wo nun die neue, wilde Welt sich so viel Gefahren und Hinterlisten ersinnt, die alle den Frommen zu schaden kommen, so kann kein Friede gut genug sein – Vorsicht ist immer viel besser; besonders für die Städte. In manchen Landen wollten die Städte keine Vorsichtsmaßnahmen gegen zukünftige Feinde treffen und mussten deshalb viele klägliche Schäden wegen ihrer Unachtsamkeit hinnehmen, als die Feinde sie angriffen. Hätten sie sich zu rechter, guter Friedenszeit gegen zukünftige Angriffe vorgesehen, wären sie in solche Nöte nicht gekommen und hätten nicht Sold über Sold für fremde Soldaten ausgeben müssen, die ihnen doch keine Sicherheit geben konnten. Denn sobald die Städte den Söldnern kein Geld mehr gaben, da waren sie ohne Hilfe und die Söldner nun der Städte größte Feinde mit großem Verrat, den sich die Städte selbst zuzuschreiben hatten. [...] Vor allem wäre zur guten Sicherheit den Städten viel Büchsenzeug die beste Vorsicht. [...] Aber in vielen Städten findet man viel eigenwilliges Volk, das nichts auf den nützlichen Rat der Ältesten geben will.

Zit. nach: Kümper, Hiram: Regimen von der Wehrverfassung. Ein Kriegsmemorandum aus der Gießener Handschrift 996, zugleich ein Beitrag zum städtischen Militärwesen des 15. Jahrhunderts, Gießen 2005 (= Arbeiten aus der Universitätsbibliothek und dem Universitätsarchiv, Bd. 55), S. 183f.

4.1.3 Piccolomini über die deutschen Städte (1458)

Aeneas Sylvius Piccolomini (1405–1464) war ein großer Gelehrter und bedeutender Humanist. Er reiste unter anderem auch durch Deutschland und hat darüber eine wichtige Reisebeschreibung, die „Germania", verfasst. 1458 wurde er unter dem Namen Pius II. Papst.

Wandern wir ein wenig durch die bemerkenswerten Städte des deutschen Volkes, so wird es deutlicher einleuchten, wie groß der Ruhm und Glanz dieser Nation ist. Nichts Prachtvolleres, Schmuckreicheres findest Du in ganz Europa als jenes Köln [...]. Es ist ausgezeichnet durch seine Kirchen und Bauwerke, hervorragend durch seine Bevölkerung, berühmt durch seinen Reichtum, mit Blei gedeckt, durch Pfalzen geschmückt, mit Türmen befestigt, reizvoll durch den Rheinstrom und die prangenden Fluren ringsum. [...] Die alte Stadt Mainz, durch die Niederlage des Varus berühmt, mit prächtigen Kirchen, privaten und öffentlichen Gebäuden geziert, hat nichts, was man tadeln könnte, außer der Enge der Straßen. Auch Worms, obgleich nicht sehr umfangreich, kann niemand eine große Anmut absprechen. [...] Argentinia aber, Straßburg, zeigt solchen Glanz und Schmuck, daß es nicht ohne Grund seinen Namen trägt. Es ist Venedig ähnlich, indem es von vielen Kanälen durchschnitten ist, auf denen Schiffe in fast allen Straßen fahren, und ist insofern gesünder und lieblicher, als Venedig salzige und übel riechende, Straßburg aber süße und durchsichtige Wasser durchströmen. [...] Alle übertrifft jedoch Lübeck, mit den höchsten Gebäuden und den schmuckreichsten Kirchen ausgestattet. So groß ist das Ansehen, die Macht dieser Stadt, daß auf ihren Wink die drei mächtigen Reiche Dänemark, Schweden und Norwegen Könige einsetzen oder abzusetzen pflegen. [...] Will man daher die Wahrheit sagen, so ist keine Nation in Europa, deren Städte besser eingerichtet sind oder einen erfreulicheren Anblick bieten als die deutschen. Man könnte vielleicht einige von den italienischen Städten vorziehen, wie Venedig, Genua, Florenz oder Neapel, in denen der höchste Glanz und Schmuck sich zeigt. Wenn man aber Nation mit Nation vergleicht, so besteht kein Grund, die italienischen Städte den deutschen vorzuziehen. Das Aussehen Deutschlands ist gewissermaßen neu, und die Städte selbst schienen gleichsam vorgestern erbaut.

Zit. nach: Guggenbühl, Gottfried (Hrsg.): Quellen zur Allgemeinen Geschichte des Mittelalters. Zürich 1946, S. 274f.

Anschlussquelle:

Die mittelalterliche deutsche Stadt im Bild des Nationalsozialismus

Der Nationalsozialismus hat immer wieder versucht, die mittelalterliche deutsche Geschichte für seine Zwecke zu instrumentalisieren. 1938 wurde für den Geschichtsunterricht an höheren Schulen unter anderem empfohlen:

„Rückblick auf den Kampf um die Ostsee seit der urgermanischen Zeit. Fortleben altgermanischen Seefahrergeistes in der Hanse. Ihre Größe, ihre Auseinandersetzung mit den nordischen Mächten. Der hansische Bürger als politischer und soldatischer Mensch. Die politischen Erziehungswerte des mittelalterlichen Bürgertums und ihre altgermanischen Wurzeln (Selbstverwaltung, Genossenschaft, Wehrgeist, Rasseschutz). Die mittelalterliche Wirtschaftsgesinnung, Zunft und Gilde als Lebensgemeinschaften. Werke des mittelalterlichen Kunsthandwerks als Zeugnisse seines Gemeinschaftsgeistes. Verfall der alten Ordnung: Eigennutz der Geschlechter, Zunftkämpfe, Entartung der Zunft."

Erziehung und Unterricht in der höheren Schule. Amtliche Ausgabe des Reichs- und Preußischen Ministeriums für Wissenschaft, Erziehung und Volksbildung. Berlin 1938, S. 95f.

4.1.4 Fastfood, Dolce Vita und Vetternwirtschaft im Rom des frühen 16. Jahrhundert

Aus dem Leben des Bartholomäus Sastrow

Das späte Mittelalter war eine mobile Epoche. Nicht nur zu Studienzwecken reisten viele junge Deutsche durch Europa. Der Greifswalder Kaufmannssohn Bartholomäus Sastrow (1520–1603), dessen Autobiographie zu den bedeutendsten des 16. Jahrhunderts zählt, berichtet über eine Reise nach Rom:

Das Geld und die Wertsachen hinterlegte ich bei Doktor Hoyer und bat ihn, alles bis zu meiner Heimreise nach Deutschland aufzubewahren. Doktor Kaspar Hoyer, dem der liebe Gott eine gnädige Auferstehung geben möge, war ein ehrlicher, aufrichtiger und hilfsbereiter Mann, der sich sehr darum kümmerte, mir Ausgaben zu ersparen und mich bei einem Herrn unterzubringen. Ich bekam eine Anstellung beim Verwalter des St.-Brigitten-Hospitals. Er war ein alter, schwedischer Pfaffe, bei dem viele [Juristen und Beamte] wohnten. Meine Aufgabe war es, zu kochen, zu waschen, Betten zu machen, den Tisch zu decken, das Essen auf- und abzutragen, Wein zu holen und einzuschenken. Dafür versprach er mir eine halbe Krone im Monat. Er und seine Tischgenossen waren mit meinem Kochen recht zufrieden, obwohl ich nicht viel mehr als eine Suppe, die sie Minestrone [Gemüsesuppe] nennen, zu kochen hatte. Die übrigen Gerichte kaufte der Herr aus der Garküche. Denn da in Rom die vielen ehelosen Herren und Knechte [des Vatikans] öffentlich keine Weibspersonen haben durften und auch die vielen Zugereisten [...] keinen beständigen Haushalt und keine Küche hatten, gab es ausgezeichnete und sehr geschickte Garköche [...].

Zit. nach Gernentz, H.J. (Hrsg.): Ritter, Bürger und Scholaren. Aus Stadtchroniken und Autobiographien des 13. bis 16. Jahrhunderts, Berlin 1980, S. 327f.

Aus einem Gesandtschaftsschreiben

Von der anderen Seite der Küchentür berichtet 1513 der Florentiner Gesandte Francesco Vettori über das Leben in den besseren Kreisen Roms. Hier herrscht nicht nur Luxus, sondern werden auch Beziehungen geknüpft und fließen Bestechungsgelder:

Das Haus ist sehr gut und hat viele, wenn auch kleine Gemächer. Es liegt dem Winde von jenseits der Berge zugewendet und ist vollkommen luftig. Aus dem Haus tritt man gleich in die Kirche, die mir, weil ich, wie ihr wisst, sehr fromm bin, sehr gelegen ist. In dem Hause wohne ich mit meinen Dienern, mit einem Kaplan und einem Schreiber und sieben Pferden. Und ich gebe mein ganzes reichliches Gehalt aus. Anfang, als ich hierher kam, lebte ich sehr üppig und fein, lud Fremde zu Tisch, gab drei oder vier Fleischspeisen, aß nur von Silbergeschirr und so weiter. Da merkte ich, dass ich zu viel ausgab [...]. So nahm ich mir vor, niemanden mehr einzuladen und geregelt zu leben. Das Geld, das ich mir geliehen hatte, gab ich meinen Gläubigern zurück, teils um sie nicht mehr [bitten] zu müssen, teils auch, weil sie oft von mir verlangten, dass ich in irgendeiner Angelegenheit für sie bei unserem Herrn vorstellig würde.

Zit. nach Neubing, K.-H. (Hrsg.): Lesewerk zur Geschichte, Bd. 4. München 1967, S. 25

4.2 „Stadtluft macht frei" – Bürgerrechte, Bürgerpflichten

4.2.1 Ein Stadtprivileg für Speyer (1111)

Der Freiheitsbrief Heinrichs V. von 1111 schuf die Voraussetzung für den raschen wirtschaftlichen Aufstieg der Speyerer Bürgerschaft. Der Text wurde über dem Hauptportal des Domes angebracht und 1182 von Friedrich I. nochmals bestätigt. „Bannpfennig" und „Schoßpfennig" waren Abgaben der Bürger an den Stadtherrn, von denen Heinrich die Speyerer in diesem Privileg ausdrücklich befreit.

Wir haben kraft kaiserlicher Gewalt auf den Rat unserer Fürsten beschlossen, die Rechte [dieser Stadt] zu stärken. Wir haben unsere Bürger von jedem Zoll befreit, der in der Stadt bisher gezahlt wurde. Wir haben ihnen jenes Geld erlassen, das in der Volkssprache „Bannpfennig“ heißt, samt dem Geld, das sie „Schoßpfennig“ genannt haben, dazu auch den Pfeffer, der von den Schiffen verlangt wurde. Wir wollen auch, dass keiner unserer Bürger gezwungen werde, außerhalb der Stadtgrenze die Gerichtsverhandlung seines Vogts zu besuchen. [Es soll auch kein Beauftragter] das Schiff seines Bürgers wider dessen Willen mit Gewalt in den Dienst seines Herrn stellen. Wir wollen auch, dass nichts von denen gefordert werde, die eigene Waren auf eigenen oder gemieteten Schiffen verfrachten. Keine Obrigkeit darf auch aus irgendwelchem Grund das Geld leichter oder schlechter machen, außer auf den gemeinsamen Beschluss der Bürger hin. [...] Der Bischof oder eine andere Obrigkeit kann nicht erzwingen, dass eine Gerichtssache, die in der Stadt bereits begonnen ist, außerhalb der Stadt entschieden werde.

Zit. nach: Keutgen, Friedrich (Hrsg.): Urkunden zur städtischen Verfassungsgeschichte. Berlin 1901, S. 15 (Nr. 21b)

4.2.2 Das älteste Straßburger Stadtrecht (um 1150)

Um die Mitte des 12. Jahrhunderts stattete Bischof Burkhard seine Stadt Straßburg mit einem umfangreichen Stadtrecht aus. Darin wird deutlich, welch großer Mitarbeiterstab dem Stadtherrn zur Verwaltung seiner Stadt bereits zur Verfügung stand. Einer dieser Dienstmannen war vielleicht auch Gottfried von Straßburg (gest. um 1215), der den berühmten Versroman „Tristan und Isolde“ verfasst hat.

1. Nach dem Vorbild anderer Städte ist Straßburg mit der Auszeichnung gegründet worden, dass jeder Mensch, er sei Auswärtiger oder Einheimischer, zu jeder Zeit und von allen Leuten Frieden haben soll.
2. Wenn jemand außerhalb der Stadt etwas verbrochen hat und aus Furcht wegen seiner Schuld in die Stadt flüchtet, soll er dort sicher sein. Keiner lege gewaltsam Hand an ihn. Gleichwohl soll er willig und bereit sein, vor Gericht zu erscheinen. [...]
5. Alle Beamten dieser Stadt unterstehen der Gewalt des Bischofs, sodass entweder er selbst oder die, die er ernannt hat, sie einsetzen sollen. Denn die Höheren sollen die Niederen einsetzen, soweit sie ihnen unterstellt sind. [...] Dies aber sind die Ämter im Einzelnen:
10. Der Schultheiß soll richten über Diebstahl und Frevel und Geldschuld gegen alle Bürger der Stadt und alle, die aus diesem Bistum in die Stadt kommen, [...] außer den Ministerialen der Kirche und denen, die zur Hausgenossenschaft des Bischofs gehören und die von ihm mit einem Amt betraut worden sind. [...]
43. Ist der Vogt gestorben oder die Vogtei auf andere Weise ledig, so soll der Bischof keinen Vogt einsetzen ohne die Wahl und Zustimmung der Domherren, der Dienstleute und der Bürger.
44. Zum Amt des Burggrafen gehört es, die Meister fast aller Zünfte der Stadt zu bestellen, nämlich der Sattler, Kürschner, Handschuhmacher, Schuster, Schmiede, Müller, Küfer, Becherer, Schwertfeger, Obsthändler und der Schenkwirte. Auch steht es ihm zu, über diese zu richten, wenn sie in ihren Ämtern eine Verfehlung begangen haben. [...]

47. Ebenso gehört es zum Recht des Burggrafen, bestimmte Zölle einzuziehen, wie die von den Schwertern, die in der Scheide auf dem Markt zum Verkauf gebracht werden. Den Zoll von den anderen aber, die auf Schiffen von Köln oder sonst woher herbeigeschafft werden, soll der Zöllner erheben. [...]
115. Die Müller und Fischer müssen den Bischof auf dem Wasser fahren, wohin er will, von Rust hinab bis zum Velletor. Der Zöllner überlässt ihnen die erforderlichen Schiffe. Sie selbst sollen mit ihren eigenen Rudern in die Schiffe gehen und sie zum Baumgarten des Bischofs zurückbringen, woher sie sie auch geholt haben, auf seine Kosten. Die Fischer aber sollen zwei Männer stellen, die Müller den dritten. Wenn die Schiffe infolge ihrer Fahrlässigkeit verloren gegangen sind, sollen sie sie bezahlen; wenn sie ihnen mit Gewalt weggenommen worden sind, soll sie der Bischof ersetzen. [...]

Zit. nach: Kroeschell, Karl: Deutsche Rechtsgeschichte. 11. überarb. Aufl. Darmstadt 1999, S. 229-231 (Nr. 59)

4.2.3 Konkurrenz um Markt und Brücke: München und Vöhring (1180)

Diese Urkunde Kaiser Friedrichs I. ist für die Geschichte der Stadt München von großer Bedeutung. Spätere Chronisten haben daraus geschlossen, dass im Zuge der Wiederherstellung des Vöhringer Marktes nicht nur die Isarbrücke bei München, sondern die ganze Stadt zerstört worden sei. Das ist aber nie geschehen.

Im Namen der heiligen und ungeteilten Dreifaltigkeit! Wir Friedrich, von Gottes Gnaden römischer Kaiser und jeder Zeit ein Mehrer des Reiches, verkünden: Damit der kaiserliche Wille nicht über die Zeit vergessen oder durch die Intrigen böswilliger Leute verkehrt werde, sollen alle Gegenwärtigen und Zukünftigen wissen, dass unser lieber Bischof Albrecht von Freising zu uns gekommen ist und demütig über den Herzog Heinrich von Braunschweig, zugleich Herzog von Sachsen und Bayern, geklagt hat, weil dieser die Brücke und den Markt zu Vöhring gestört und frevelhaft auf sein Dorf München übertragen hat. Und obwohl wir um die Wahrheit dieser Sache ohnehin wissen, hat er sie auch mit sieben ehrlichen und gerechten Zeugen bewiesen. [...] So haben wir dann in dieser Sache unsere Fürsten um Rat gefragt und beschieden, dass die genannten Taten Heinrichs frevelhaft und ungerecht sind. Und deshalb soll der Markt und die Brücke bei Vöhring mit seinen Rechten wieder hergestellt werden und das dem Bischof von Freising und seinen Nachkommen mit Brief und Siegel auf ewig bestätigt werden. [...]

Übers. nach: MGH DD, Bd. 10/3, S. 366-368 (Nr. 798)

4.2.4 Ein Konflikt mit dem Stadtherrn über die „Schlüsselgewalt" (1307)

In Bischof- und Residenzstädten kam es oft zum Konflikt zwischen den selbstbewussten Führungsschichten und dem Stadtherren über einzelne Befugnisse. Über ein solches Kräftemessen berichtet die Magdeburger Schöppenchronik zum Jahr 1307:

Davor in demselben Jahr war es geschehen, dass die Domherren dem Stadtpförtner die Stadtschlüssel von der Herrenpforte [dem Stadttor hinter dem Dom] abnahmen. Deshalb ging der Bürgermeister Hans Honstein mit den Ratsherren vor das Domkapitel, wo der Bischof mit den Domherren saß, und bat, dass man ihm die Stadtschlüssel wiedergebe. Der Bischof sprach: „Die Pforte ist unser, denn sie nennt sich die Herrenpforte, und wir wollen die Schlüssel behalten." Der Bürgermeister sagte: „Sie heißt die Herrenpforte, aber die Herren der Pforte sind die Bürger. Wollt ihr unserem Pförtner die Schlüssel nicht sofort wiedergeben, so sollt ihr nicht von uns kommen, bevor wir nicht unsere Schlüssel haben." Und er befahl den Stadtknechten, die Glocken von St. Johannis läuten zu lassen. Als der Bischof und die Domherren das hörten, gaben sie ihm die Schlüssel zugleich zurück und sagten, dass sie die Pforte nicht mehr für sich fordern wollten.

Zit. nach: Engel, Evamaria/Jacob, Frank-Dietrich: Städtisches Leben im Mittelalter. Schriftquellen und Bildzeugnisse. Köln u.a. 2006, S. 32

4.2.5 Wie wird man Bürger zu Konstanz? (1378)

Die Neuaufnahme von Bürgern in der der Stadt war an eine Reihe von Bedingungen geknüpft. So sahen die Voraussetzungen 1378 in Konstanz aus:

Einen neuen Bürger soll man wie folgt aufnehmen: Zunächst soll er schwören, dass er bereits fünf Jahre in Konstanz einen Haushalt geführt hat. Ist er irgendeinem Herrn hörig, so löst ihn das Bürgerrecht nicht davon. Und hat er einen alten Streit auszutragen, so hilft man ihm dabei nicht, es sei denn, man tut es gern. [...] Ferner soll ein Mann, der ein Vermögen von 40 Pfund Pfennig besitzt und Bürger wird, seiner Zunft zwei Pfund Pfennig geben sowie eine Armbrust und einen Harnisch stellen, wie es üblich ist.

Übers. nach: Reichmann, H., u.a. (Hrsg.): Ein Jahrtausend deutscher Kultur. Quellen von 800-1800, Bd. 1. Halle 1921, S. 138

4.2.6 Der älteste Frankfurter Bürgereid (1398)

Neue Bürger mussten in der Regel nicht nur eine Reihe von Voraussetzungen erfüllen, sondern auch bei der Erlangung des Bürgerrechts einen Eid schwören, der Stadt die Treue zu halten und sich den Regeln der Gemeinschaft entsprechend zu verhalten. In Frankfurt am Main, das als so genannte Reichsstadt keinem Landesherrn, sondern nur dem Reich selbst untertan war, schwor man nicht nur Treue zur Stadt, sondern auch zu Kaiser und Reich.

Ein jeglicher, der Bürger werden will zu Frankfurt, soll in gutem treuen Glauben und zu den Heiligen schwören, unserem gnädigen Herrn, dem Römischen Kaiser oder König [...] treu zu sein sowie Bürgermeistern, Schöffen und Rat von Frankfurt gehorsam und treu zu sein und vor Gefahren, die ihnen und der Stadt Frankfurt drohen, zu warnen, ihr Bestes zu wollen und nichts zu unternehmen, was zu ihrem Schaden sein könnte. [...] Auch soll einer, der Bürger wird, der Stadt 10 Pfund Heller und 4 Schillinge zahlen und dem Schreiber seinen Lohn. [...] Heiratet jemand eine

Bürgerin oder die Tochter eines Bürgers oder einer Bürgerin, so soll er nicht mehr als 4 Schillinge an die Stadt zahlen, dem Schultheiß ein Achtel des besten Schankweins und dem Schreiber seinen Lohn geben und dann schwören, wie oben beschrieben. Will aber ein Bürgerssohn in das Bürgerbuch eingeschrieben werden, der soll auch schwören wie oben geschrieben steht und nicht mehr geben als dem Schreiber den Lohn.

Zit. nach: Andernacht, Dietrich/Berger, Erna (Hrsg.): Die Bürgerbücher der Reichsstadt Frankfurt 1401-1470. Frankfurt a.M. 1987, S. 1

4.2.7 Öffentliche Ordnung in Köln (um 1400)

Die Sicherung der öffentlichen Ordnung war ein wichtiges Anliegen der Stadtoberen. Eine Polizei im modernen Sinne gab es noch nicht, nur nachts kontrollierten Wachen die Strafen. Auf welche Weise sie für Sicherheit zu sorgen hatten, zeigt beispielsweise diese um 1400 vom Rat der Stadt Köln erlassene Wachordnung:

Zuerst gebieten unsere Herren, dass niemand, kein Pfarrer, Student, Laie, Frau oder Mann, nach 11 Uhr auf die Straße geht, außer denen, die das kontrollieren sollen. Die Strafe soll 10 Mark [= 2 bis 3 Tagelöhne eines Schmieds oder Maurers] betragen. Jeder Wirt soll auf seine Gäste achten und sie informieren. Wer nachts oder tags Aufruhr oder Unruhe in Köln verursacht, der soll Leben, Hab und Gut verlieren, und über den richten unsere Ratsherren. Alle eingesessenen Bürger sollen Frieden halten, wie der Rat es gebietet. Wer gegen Anordnung des Rats Würfel oder solche unehrlichen Sachen in Tavernen spielt, zahlt 50 Mark Buße. [...] Der Rat gebietet, dass niemand in der Stadt ungewöhnlich lange Messer tragen noch ungewöhnliche Eide schwören soll; dass jedermann in Zünften und Gaffeln [politische Vereinigungen von Bürgern in der Stadt Köln] seinen gewählten Meistern gehorsam sein soll; dass niemand eine Gesellschaft gründen darf, die der Verbundbrief nicht ausweist; dass jeder Mann und jede Frau die Straßen reinigen soll. [...] Vier Ratsherren, die Bürgermeister und Gewaltrichter und aus jeder Zunft zwei Mitglieder sollen die Feuerbekämpfung organisieren und dazu allzeit bereit sein. Jeder soll dafür genügend Wasser im Hause haben.

Zit. nach: Zeit für Geschichte, Bd. 2. Hannover 2001, S. 137

4.2.8 Aus der Nürnberger Bettelordnung von 1478

Die mittelalterlichen Städte, vor allem große Handelsmetropolen wie Nürnberg, zogen Bettler aus dem gesamten Umland an. Die städtische Gesellschaft war von einem tiefen Misstrauen gegenüber diesen Personen am Rande der Gesellschaft geprägt. Daher versuchte in vielen Städten der Rat, das Bettelwesen unter seine Kontrolle zu bringen und stark zu reglementieren.

Zum Ersten ordnen unsere Ratsherren an, setzen fest und gebieten, dass weder Bürger noch Bürgerin, weder männlicher Gast noch weiblicher Gast in dieser Stadt Nürnberg weder Tag noch Nacht betteln darf, wenn es ihm nicht von jemanden, der durch den ehrbaren Rat damit betraut und eingesetzt ist, zugestanden und erlaubt ist. [... Diese Leute] tragen an sich offen das Zeichen, das man ihnen aushändigen wird. Wer jedoch ohne Erlaubnis und das Zeichen bettelt, der soll ein Jahr und eine Meile von dieser Stadt fernbleiben. Den Bettlern und Bettlerinnen, die sich schämen, bei Tag zu betteln und nur des Nachts betteln wollen, wird man ein besonderes Zeichen dafür geben. [...] Die Bettler und Bettlerinnen, denen hier zu betteln erlaubt ist und die nicht Krüppel, lahm oder blind sind, sollen an keinem Werktag vor den Kirchen müßig an dem Bettelort sitzen, sondern spinnen oder andere Arbeit, die zu verrichten sie in der Lage sind, ausführen. Wer bei Überprüfung anders angetroffen wird, soll einen Monat lang eine Meile außerhalb der Stadt bleiben. [...] Will ein Student sich hier um das Almosen bewerben, dann soll er nicht zugelassen werden, wenn er nicht pünktlich zur Schule geht und sich als ein gehorsamer Schüler ausweist. Die Schulmeister sollen den Schüler, der sich anders verhält, gebührend bestrafen. [...] Der ehrbare Rat wird hier die Bettler auch besonders beaufsichtigen lassen und sie, wenn sie eines ungebührlichen Verhaltens beschuldigt werden, so bestrafen, wie es der Rat entsprechend der Art ihrer Zuwiderhandlung beschließt. [...]

Zit. nach: Sachße, Christoph/Tennstedt, Florian (Hrsg.): Geschichte der Armenfürsorge in Deutschland, Bd. 1. 2. Aufl. Stuttgart 1998, S. 64-66

4.2.9 Otto von Freising über die italienischen Stadtgemeinden (um 1150)

In Norditalien hatte sich ein besonderer Typus von eigenständigen Stadtgemeinden entwickelt, die von keinem Stadtherrn oder adeligen Schutzpatron abhängig war. Bischof Otto von Freising (um 1112–1158) hat diese Städte selbst gesehen und berichtet darüber in seiner Geschichte der Taten Friedrichs Barbarossas:

Auch in der Verwaltung der Städte und in der Bewahrung der Staatsform ist das Vorbild der Lombarden noch heute die Klugheit der alten Römer. Schließlich lieben sie ihre Freiheit so sehr, dass sie sich jedem Übergriff der Gewalt entziehen und sich lieber von Konsuln als von Herrschern regieren lassen. [...] Um keinen Hochmut aufkommen zu lassen, [werden] diese Konsuln nicht aus einem, sondern aus allen Ständen gewählt, und damit sie sich nicht zur Herrschaft verleiten lassen, werden sie fast jedes Jahr ausgetauscht. So kommt es, dass das Land fast vollständig unter Stadtstaaten aufgeteilt ist. [...] Damit sie über die geeigneten Mittel verfügen, auch die Nachbarn zu unterdrücken, halten sie es nicht für unter ihrer Würde, junge Leute der unteren Stände und auch Handwerker [...] zum Rittergürtel und zu höheren Würden zuzulassen, während die übrigen Völker solche wie die Pest von den ehrenvolleren und freieren Beschäftigungen ausschließen. So kommt es, dass sie an Reichtum und Macht die übrigen Städte der Welt übertreffen. Förderlich war ihnen dabei nicht nur, wie gesagt, ihr tatkräftiger Charakter, sondern auch die Abwesenheit der Herrscher, die sich angewöhnt haben, im Gebiet jenseits der Alpen zu bleiben.

Zit. nach: Schmidt, A. (Übers.): Otto von Freising, Gesta Fiderici – Die Taten Friedrichs. 2. Aufl. Darmstadt 1974 (= Freiherr vom Stein-Gedächtnisausgabe, Bd. 17), S. 309-311 (II, 14)

4.3 Frauen- und Familienleben in mittelalterlichen Städten

4.3.1 Ein schweres Kindsbett (1115)

Wegen der mangelhaften hygienischen Bedingungen und der oft schlechten Versorgung durch Hebammen oder gar Mediziner war die Todesrate während der Geburt bei Müttern und Kindern durch das gesamte Mittelalter hindurch ausgesprochen hoch. Geburten waren zwar häufig, aber mit hohen Risiken verbunden. Der Geschichtsschreiber und Theologe Guibert von Nogent (1053–1124) berichtet in seiner Lebensbeschreibung auch über seine eigene Geburt.

Beinahe die gesamte Fastenzeit hatte meine Mutter mit außergewöhnlichen Schmerzen im Kindbett zugebracht. [...] Schließlich kam der Karsamstag, der Tag vor Ostern, heran. Sie war von andauernden Schmerzen gequält, und als ihre Stunde nahte, verstärkten sich die Wehen noch. Als man dem natürlichen Verlauf nach meinen konnte, ich käme nun heraus, wurde ich nur noch höher in ihren Leib hineingepresst. Zu diesem Zeitpunkt ergriff den Vater, Freunde und Verwandte große Trauer über uns beide, denn das Kind brachte die Mutter dem Tode nahe, und der drohende Tod des Kindes, dem der Ausgang versperrt war, gab gleicher Weise für alle Anlass zu Mitleid. Es war dies ein Tag, an dem außer einem Gottesdienst, der zur festgelegten Zeit gefeiert wird, gewöhnlich keine Messen für persönliche Anliegen gelesen werden. In dieser Notlage fasste man den Entschluss und eilte zum Altar der Gottesmutter und brachte ihr, der einzigen, die gebar und doch für alle Zeit Jungfrau blieb, das Gelübde dar und legte es statt einer Gabe auf den Altar der Gnadenherrscherin: Falls ein Knabe geboren werden sollte, so sollte er Gott und ihr dienen und zum Kleriker bestimmt werden; würde das geringere Geschlecht geboren, sollte es einem geeigneten Orden übergeben werden. Bald darauf kam ein schwächliches Wesen, das eher einer Fehlgeburt glich, zur Welt; und weil das Neugeborene ein so lebensunwertes Geschöpf schien, freute man sich nur über die Entbindung der Mutter.

Zit. nach: Arnold, Klaus: Kind und Gesellschaft in Mittelalter und Renaissance. München 1980, S. 103f.

4.3.2 Philipp von Novara über kindlichen Eigensinn (um 1260)

Philipp von Novara (1195–ca. 1265) verbrachte die meiste Zeit seines Lebens im Mittleren Osten. Er war Jurist, Poet, Schriftsteller und nicht zuletzt auch Kriegsmann. Bekannt ist er uns vor allem durch seine Memoiren. An einer Stelle betont er die Wichtigkeit der Strenge in der Kindererziehung:

Die Natur veranlasst einen Vater oder eine Mutter, dem Kind seinen Willen zu tun; doch sollten sie vorher überlegen, ob dies vernünftig ist oder nicht. Denn Eigensinn darf keinesfalls die Vernunft verdrängen; Vernunft soll vielmehr über den Willen herrschen. Richtig handelt, wer sein Kind streng bestraft; doch sanft, solange es noch klein ist. Zu Recht sagt man häufig: Man muss die Rute biegen, solange sie noch dünn und zart ist; denn wenn man sie biegen will, nachdem sie dick und hart geworden ist, bricht sie. Wenn die Kinder weinen, weil sie gezüchtigt werden, darf man das nicht wichtig nehmen, denn es ist besser, wenn sie zu ihrem eigenen Guten weinen, als wenn später die Eltern über ihre Schlechtigkeit weinen.

Zit. nach: Meier, Frank: Mit Kind und Kegel. Kindheit und Familie im Wandel der Geschichte. Ostfildern 2006, S. 133

4.3.3 Albrecht von Eyb über Kindererziehung (1479)

Albrecht von Eyb (1420–1475) war einer ersten deutschen Humanisten, die die antiken Autoren wiederentdeckten und deren Ideen wieder aufgriffen. In seinem „Ehebüchlein" behandelt er auch Fragen der Familienführung.

Kinder sollen weder zu streng noch zu milde erzogen werden. Denn durch Strenge werden sie unwillig und ungehobelt, hassen das Lernen und verzweifeln. Weil sie alle Dinge fürchten, können sie auch nichts Gutes schaffen. Aber durch übergroße Sanftmut glauben die Kinder, sie täten stets das Richtige und ihnen sei alles erlaubt. [Deshalb ist es besser,] sie mit Scham, mit Freiheit und mit Gutherzigkeit zu erziehen als mit Furcht. Aber dennoch sollen sie auch mit mäßigem Drohen erzogen werden, damit sie kein Unrecht, sondern Recht tun und nicht boshaft, sondern ehrbar handeln. Sie sollen auch in guter, steter Obhut gehalten werden, denn die Jugend neigt zur Bosheit, Unkeuschheit und Wollust. [...] So kommt es aber trotz allen Fleißes und trotz aller guten Obhut zuweilen vor, dass die Kinder übel geraten. Denn sie werden eher groß und wachsen an Bosheit als am Körper und tun eher Unrecht als sie das Wort „Unrecht" verstehen. Und will dann der Vater das Kind strafen, will es die Mutter entschuldigen und dem Kind helfen. Ebenso hilft zuweilen der Vater dem Kind, beispielsweise wenn es dem Schulmeister die Tafel an den Kopf geschlagen hat und die Klage vor den Vater kommt. [...] Vater und Mutter sollen vermeiden, dass ihnen die Missetat des Kindes angelastet werde. Hast du also gute, fromme Kinder, so bist du in steter Furcht, dass sie nicht vom rechten Pfade abkommen. Sind deine Kinder aber böse und ungeraten, so hast du beständig Last und Kummer. Und weil zweifelhaft ist, wie sie geraten mögen, so ist auch deine Hoffnung in Zweifeln, und du bist mit großer Sorge beladen.

Zit. nach: Kümper, Hiram: Albrecht von Eyb. Das Ehebüchlein, nach dem Inkunabeldruck der Offizin Anton Koberger, Nürnberg 1472. Aus dem Frühneuhochdeutschen übertragen und eingeleitet. Stuttgart 2008

4.3.4 Christine de Pizan über die mangelnde Mädchenbildung (1405)

Schreibende Frauen hat es durch das gesamte Mittelalter hindurch gegeben, auch wenn viel weniger von ihnen bekannt ist als von ihren männlichen Kollegen. Christine de Pizan (1365–um 1430) war die erste „Berufsautorin" des französischen Mittelalters, die von zahlungskräftigen Mäzenen (Kulturförderern) finanziell unterstützt wurde. Zu ihren berühmtesten Werken zählt „Die Stadt der Frauen" (La Cité des Dames, 1404/05), das die Frau als intellektuell dem Mann ebenbürtigen Menschen beschreibt. Über die Mädchenbildung heißt es:

Wenn es üblich wäre, dass die kleinen Mädchen eine Schule besuchen und sie im Anschluss daran, genau wie die Söhne, die Wissenschaften erlernten, dann würden sie genauso gut lernen und die letzten Feinheiten aller Künste und Wissenschaften ebenso mühelos begreifen wie jene. [...] Weißt du denn, weshalb Frauen weniger wissen? [...] Ganz offensichtlich ist dies darauf zurückzuführen, dass Frauen sich nicht mit so vielen verschiedenen Dingen beschäftigen können, sondern sich in ihren Häusern aufhalten und sich damit begnügen, ihren Haushalt zu versehen. [... So] verlieren sie den Mut und behaupten, sie taugten zu nichts anderem, als dazu, Männer zu umarmen und Kinder auszutragen und zu erziehen. Und dabei hat sie Gott mit einem scharfen Urteilsvermögen versehen, um sie, wenn sie es nur wollen, in allen Bereichen einzusetzen, in denen die ruhmreichen und hervorragenden Männer wirken.

Zit. nach Liebertz-Grün, U.: Christine de Pizan und die „Stadt der Frauen", in: Beck, R. (Hrsg.): Streifzüge durch das Mittelalter. Ein historisches Lesebuch. 5. Aufl. München 2001, S. 296-303, hier S. 298f.

Querverweis! Eine andere Quelle zur Erziehung (adeliger) Mädchen findet sich in Kap. 5, S. 132

4.3.5 Ursula, eine Meisterin des Kochlöffels (1486)

Paolo Santonino war als Sekretär des Bischofs von Caorle (Norditalien) viel auf Reisen. Über einen Aufenthalt in Villach (Kärnten) berichtet er begeistert (1486):

Am 26. September [1486] hatten wir ein Mahl im Hause des Villacher Bürgers Kaspar, der mit Zunamen Merendech heißt. Dieses veranstalteten die Herren [...] zu Ehren des Herrn Bischofs [von Caorle] und seiner Begleitung. Bei diesem Mahle wurden zehn Gänge aufgetragen und einer immer besser und würdiger als der vorangehende. Diese Mahlzeit bereitete Frau Ursula, die Gattin desselben Kaspar, eine stattliche und züchtige Hausfrau, mit solcher Feinheit, dass man hätte glauben können, die Speisen seien mitten aus Florenz hergebracht. Darunter gab es drei, welche anderswo nicht vorkamen: Fische aus Milch, Eiern und Mandeln geformt, in einer Schüssel überdeckt mit gezuckerten Mandelkernen, Rosinen und Anis. Zweitens ein ausgezeichnetes, mühsam herzustellendes und erfrischendes Gericht aus gestoßenem Hühnerfleisch mit einer Beimischung von Zimt und Wacholder. Drittens gebratene Krammetsvögel [Wacholderdrosseln] neben einer Folge von gebratenen Hühnern und anderem Fleisch. Wahrlich, es war ein sehr opulentes Essen, an dem wir uns sozusagen für drei Tage bestens gestärkt haben. Nach der Danksagung kam Frau Ursula selbst, um Vergebung zu heischen, wenn bei der Bereitung der Speisen etwas gefehlt hätte. Da sie ihr Bestes geleistet und keine Fehler begangen hatte, wurde ihr leicht von allen nicht nur Vergebung, sondern Lob und Empfehlung zuteil.

Zit. nach: Egger, R. (Übers.): Die Reisetagebücher des Paolo Santonino (1485-1487). Aus dem Lateinischen übertragen. Klagenfurt 1947, S. 126f.

4.3.6 Kramhändlerinnen im Goslarer Recht (1281)

Das Marktleben einer mittelalterlichen Stadt bot zahlreiche Anlässe für Konflikte. Vieles regelten die Handwerker- und Händlergesellschaften (Zünfte) untereinander unter dem Vorsitz ihres Vorstehers (Zunftmeister).

Beschimpfen sich zwei Frauen aus unserer Kramer-Gesellschaft gegenseitig, so soll diejenige, die mit dem Streit begonnen hat, dem Zunftmeister einen kleinen Schilling zahlen und der ganzen Zunft mit fünf kleinen Schillingen büßen. [...]
Wenn ein Mann oder eine Frau aus unserer Zunft den anderen vor dem Vogt oder einem anderen Stadtrichter beklagt und nicht vor unserem Zunftmeister, dann soll er dem Meister deswegen einen kleinen Schilling zahlen.
Wenn ein Mann oder eine Frau mit jemandem einen Kaufvertrag wegen gewisser Waren abschließt und dabei ein, zwei oder mehr unserer Zunftbrüder dazukommen, so dürfen diese Hinzugekommenen das Geschäft nicht mit Worten oder Zwischenreden behindern, damit die Ware nicht teurer gekauft oder verkauft wird. [...]
Wenn eine Frau ohne Mantel ihr Kramgeschäft verlässt, soll sie unserem Zunftmeister einen kleinen Schilling dafür zahlen.

Zit. nach: Bode, G. (Hrsg.): Urkundenbuch der Stadt Goslar, Bd. 2. Halle 1905 (= Geschichtsquellen der Provinz Sachsen, Bd. 32), S. 307-309 (Nr. 292)

4.3.7 Aus dem Amtsbrief der Kölner Seidenmacherinnen (1469)

Die mittelalterliche Zünfte waren streng reglementierte Gesellschaften, die in eigenen Ordnungen das Verhältnis ihrer Mitglieder zueinander, die Ausbildung des Nachwuchses, Qualitäts- und Preisstandards sowie Regelung für den Konfliktfall zwischen Zunftmitgliedern festhielten.

§1. Zum ersten soll sich in dieser Stadt keine Frau als Meisterin oder selbständige Seidenmacherin niederlassen oder damit ihren Lebensunterhalt verdienen, wenn sie nicht zuvor drei Jahr lang dieses Gewerbe gelernt und darin gearbeitet hat. Diese Lehrzeit soll sie bei den Meisterinnen absolvieren, die es jetzt sind oder später werden, und zwar dergestalt, dass sie, wenn sie sich mit ihrer Meisterin nicht verträgt, die Lehre bei einer anderer fortsetzen kann. [...]
§4. Jede Meisterin darf zugleich vier Lehrtöchter im Haushalt haben, wenn sie will, und keine mehr, ausgenommen die eigenen Kinder. [...]
§23. Jedes Jahr sollen von den Meisterinnen zwei Männer und zwei Frauen aus ihrer Gemeinschaft zu Zunftvorsteher und Zunftvorsteherinnen gewählt werden; doch immer so, dass nicht ein Mann und seine Ehefrau gleichzeitig das Amt innehaben. Und nach jeder Amtszeit sollen sie zwei Jahre warten, bis sie wieder Zunftmeister werden können. Die Gewählten sollen ehelich geboren sein, die Wahl annehmen und ihren Obliegenheit getreulich nachkommen. Und wer das nicht tut, der soll beim ersten Mal vier Schilling, beim zweiten acht Schilling und beim dritten Mal eine Mark Buße zahlen. Die Zunftmeister und -meisterinnen sollen alle vierzehn Tage unter Eid zusammenkommen und die anstehenden Angelegenheiten besprechen und nach ihrer Erfordernis entscheiden. Und dafür soll jeder von ihnen alle vierzehn Tage vier Schilling Anwesenheitsgeld bekommen. [...]

Zit. nach: Loesch, H. (Hrsg.): Die Kölner Zunfturkunden nebst anderen Kölner Gewerbeurkunden bis zum Jahre 1500, Bd. 2. Bonn 1907 (= Publikationen der Gesellschaft für Rheinische

Geschichte, Bd. 22, 2), S. 425-428; umfassendere Auszüge dieser Quelle in hochdeutscher Übertragung findet sich auch bei Sonnleitner, Käthe: Frauengeschichte des Mittelalters im Unterricht, Teil 1. Graz 1997 (= Grazer Gender Studies, Bd. 3), S. 42f.

4.3.8 Die Straßburger Weber beschweren sich über Konkurrenz durch Frauen (15. Jahrhundert)

In den Städten traten im Verlauf des späteren Mittelalters immer mehr Frauen selbständig im Berufsleben in Erscheinung. Oftmals übernahmen Witwen den Betrieb ihres verstorbenen Mannes, manchmal machten sie sich aber auch mit eigenen Geschäften selbstständig. Das konnte manchmal auch zu Konflikten mit den eingesessenen männlichen Kollegen führen. In Straßburg beispielsweise beschwerte man sich:

Liebe Herren! Zum ersten ist es unsere Meinung, dass fortan keine Frauen, seien es weltliche oder geistliche Beginen, oder sonst jemand, etwas anderes weben dürfen als Trauerschleier und Schleier. Sie sollen kein Halbtuch oder Meisterwerk mehr weben, denn das Halbtuch ist das Haupterzeugnis, von dem sich die meisten Weber ernähren müssen. Auch ist es unsere Meinung, dass, wenn solche Frauen, die Trauerschleier und Schleier weben, dazu Lehrtöchter anstellen wollen, so sollen sie diese Lehrtöchter vor das Zunftgericht bringen und dort den Lehrvertrag unterzeichnen und bestätigen lassen, damit sie wissen, was man sie lehren soll. Sonst lernen sie am Ende Halbtuch, Mitteltuch und Meisterwerk zu machen, können aber nicht, was sie können sollten oder was ihnen gebührt. Außerdem schicken die Weberinnen ihre Lehrtöchter oft herum, sodass sie nichts Rechtes lernen. Und dann gibt es niemanden, der sich um sie kümmert und vor dem sie das klagen können. Wenn nun aber der Vertrag vor dem Gericht gemacht wird, dann kann man im Streitfall darüber leicht entscheiden.

Zit. nach Sonnleitner, Käthe: Frauengeschichte des Mittelalters im Unterricht, Teil 1. Graz 1997 (= Grazer Gender Studies, Bd. 3), S. 44f.

4.4 Handel, Handwerk, Lohnarbeit

4.4.1 Markt, Zoll und Stadt im „Statutum in favorem principum" (1232)

In der ersten Hälfte des 13. Jahrhunderts gab es zwei große Zugeständnisse deutscher Könige an die Fürsten. Das erste war die „Confoederatio cum principibus ecclesiasticis" (Vereinbarung mit den geistlichen Fürsten, 1220) Friedrichs II. Das zweite war das „Statutum in favorem principum" (Statut zugunsten der Fürsten, 1232) Heinrichs (VII.). Es wurde 1232 von Friedrich bestätigt. Besonders auffällig darin ist der Versuch, den wachsenden Einfluss der Städte einzudämmen.

1. Wie schon unser königlicher Sohn, so gestehen auch wir den Reichsfürsten für immer zu, dass keine neue Burg oder Stadt auf geistlichem Gebiet, sei es auch unter dem Vorwand der Vogtei, von uns oder einem anderen Fürsten errichtet werden darf, ganz gleich unter welchem Vorwand.
2. Neue Märkte sollen alte in keiner Weise stören.

3. Niemand darf gegen seinen Willen zum Besuche eines Marktes gezwungen werden.
4. Alte Straßen sollen nicht ohne den Willen der Benutzer verlegt werden. [...]
10. Die Bürger, die man „Pfahlbürger"[1] nennt, sollen ganz und gar vertrieben werden. [...]
12. Eigenleute der Fürsten, Edlen, des Dienstadels und der Kirchen sollen in unseren Städten keinen Schutz mehr finden. [...]
16. Unsere Städte sollen nicht wissentlich einen Landschädling oder gerichtlich Verurteilten oder einen Geächteten aufnehmen; bereits Aufgenommene sollen ausgewiesen werden.
17. Im Lande eines Fürsten wollen wir keine neue Münze schlagen lassen, durch welche die Münze des Fürsten im Werte gemindert werden könnte.
18. Unsere Städte sollen ihre Gerichtsbarkeit nicht über ihren Umkreis hinaus ausdehnen, es sei denn, dass uns eine Sondergerichtsbarkeit zukommt. [...]
21. Zu städtischen Arbeiten könne nur Leute gezwungen werden, die durch das Recht dazu verpflichtet sind.
22. Bewohner unserer Städte sollen von ihren außerhalb der Städte gelegenen Gütern ihren Herren und Vögten die schuldigen und gewohnten Abgaben leisten, aber nicht mit ungebührlichen Betreibungen belästigt werden.

Zit. nach: Lautemann, Wolfgang/Schlenke, Manfred (Hrsg.): Geschichte in Quellen, Bd. 2. München [2]1978, S. 568

4.4.2 Preise und Löhne im mittelalterlichen Dortmund (1436)

Die Preise für Lebensmittel und andere lebenswichtige Gebrauchsgüter wurden vom Rat streng kontrolliert. Der Großteil des Verdienstes eines Handwerkers wurde von den laufenden Lebenshaltungskosten verzehrt, nur wenige konnten sich bescheidene finanzielle Rücklagen schaffen. Bei den abhängigen Lohnarbeitern, vor allem den Tagelöhnern, war selbst diese minimale Existenzgrundlage nicht immer gesichert und viele mussten von Tag zu Tag erneut darum kämpfen, sich und ihren Familien den Lebensunterhalt zu sichern. Über die Festsetzung von Preisen und Löhnen sind wir oftmals aus Ratsbüchern oder aus Notizen in der städtischen Geschichtsschreibung unterrichtet. So verzeichnet der Dortmunder Chronist Dietrich Westhoff für das Jahr 1436 die Preise der folgenden Grundnahrungsmittel:[2]

1 Scheffel Roggen [ca. 40 kg]	4 Schillinge [1 Schilling = 12 Pfennige]
1 Scheffel Gerste [ca. 35 kg]	3 Schillinge
1 Pfund Butter	6 Pfennig
1 Pfund Käse	3 Pfennige
1 Pfund Speck	5 Pfennige
1 Huhn	7 Pfennige
1 halber, kleiner Schweinskopf	5 Pfennige
1 halbes Lamm	12 Pfennige
4 Eier	1 Pfennig

Ein Tagelöhner verdiente in Dortmund in diesem Jahr 5 Pfennige pro Tag, wenn er von seinem Arbeitgeber nicht verköstigt wurde.

Zit. nach: Hansen, J. (Hrsg.): Die Chronik des Dietrich Westhoff 750-1550. Leipzig 1887 (= Die Chroniken deutscher Städte, Bd. 20), S. 310f.

4.4.3 Drei Stadtfamilien (ca. 1505/1510)

Die folgenden drei Portraits des französischen Malers Jean Bourdichon (1457/59–1521) zeigen Szenen aus dem Familienleben in einer mittelalterlichen Stadt (Handwerker, Bürger, Tagelöhner). Eigentlich handelt es sich dabei um einen Vier-Zyklus mit dem Titel „Die vier Zustände der Gesellschaft". Das erste Bild, „Eine Familie von wilden Menschen", ist hier ausgespart, weil es keine wirklich erlebte, sondern eine bloß vor-gestellte Familiensituation darstellt.

Abb. 22: Familienleben in der mittelalterlichen Stadt

4.4.4 Handwerk in der Genossenschaft: Statuten der Beutel- und Gürtelmacher von Danzig (1412)

Mittelalterliche Zünfte waren streng gegliederte Gemeinschaften, die auf die Qualität und die Gleichförmigkeit der Leistungen, die ihre Mitglieder erbrachten, größten Wert legten. Entsprechend hart waren auch die Aufnahmebedingungen für neue Bewerber, die der Zunft beitreten wollten:

Begehrt ein Beutler oder Gürtler, unser Genosse zu werden, so soll er das Bürgerrecht und die Aufnahme in unsere Zunft erwerben. Er soll uns gute Briefe aus seinem Geburtsort bringen, dass er ehelich geboren sei, so wie es die heilige Kirche fordert. Ist er in einem Dorf geboren, so soll er das Zeugnis der Gerichtsversammlung, besiegelt vom Dorfherren, vorbringen. Auch soll er Briefe bringen von seinem Handwerk, von dem Meister, bei dem er seine Lehrjahre gedient hat und wo er zuletzt gearbeitet hat. Ein jeder Bruder, der das Handwerk der Beutler gewinnen will, der soll in der Werkstatt des Zunftmeisters ein Paar Lederhosen und ein Paar gefütterter und mit Seide verzierter Handschuhe machen. Dieses Werk soll er dem Zunftmeister vorlegen, und vollbringt er es nicht, so soll er weiterwandern und lernen bis zum nächsten Jahr. Macht ein Bruder eine falsche Arbeit, so sollen sie ihm die Zunftmeister fortnehmen und sie auf dem Rathaus abliefern, die Arbeit soll vernichtet werden, und derjenige, der sie gemacht hat, dem Rat so viel Strafe zahlen wie die Arbeit wert war.

Zit. nach: Starke, Dieter (Hrsg.): Herrschaft und Genossenschaft im Mittelalter. Stuttgart [2]1971, S. 100f. (Nr. 133)

4.4.5 Qualitätskontrolle der Schuster in Frankfurt am Main (1335)

Wo nicht die Zünfte selber über eigene Zunftgerichte die Qualität ihrer Waren kontrollierten, fühlte sich häufig der Rat zuständig, darüber zu wachen:

Sollte es der Fall sein, dass an dem Leder oder an den Schuhen, die von den beiden Ratsabgeordneten kontrolliert werden, ein Mangel gefunden wird, so soll darüber nach alter Gewohnheit geziemend gerichtet werden. Die Gerber sollen an den Markttagen genug von ihrem Leder auf ihren Verkaufsbänken auslegen, das so trocken sein soll, dass, wenn es der Käufer über seine Finger biegt, kein Mangel daran erkenntlich ist. Sollte es aber passieren, dass von den Ratsabgeordneten schlechte Schuhe oder gänzlich falsches Leder auf dem Markt oder in den Häusern gefunden würde, das soll auf dem Markt vor allen Leuten öffentlich verbrannt werden. Aber der Verkäufer soll das und nicht mehr als Bestrafung erleiden.

Übersetzt nach: Reichmann, H., u.a. (Hrsg.): Ein Jahrtausend deutscher Kultur. Quellen von 800-1800, Bd. 1. Halle 1921, S. 219

4.4.6 Ein Streik im Aachener Wollgewerbe (um 1477)

Preise und Löhne gehörten zu den ständigen Konfliktherden zwischen Rat, Unternehmern und Bürgern in den Städten des Spätmittelalters. Nicht nur die Zünfte oder einzelne Gewerbetreibende, sondern manchmal auch die abhängigen Lohnarbeiter bildeten dabei Interessengemeinschaften, die sich gemeinsam Gehör zu verschaffen suchten. Mit dem „Aachener Gesellstreik" 1477 ist uns eine besonders interessante Quelle solcher Lohnkämpfe überliefert, die zugleich einen Einblick in die wirtschaftliche und soziale Lage städtischer Lohnarbeiter aus deren eigener Perspektive bietet.

Da wir sehr schwere Arbeit zu verrichten haben und der Lohn dafür so niedrig ist, dass wir uns keinerlei Hausrat anschaffen können, haben wir, liebe Herren, die Arbeit niedergelegt und verlangen, dass man unseren Lohn aufbessere, damit wir uns aus dieser Not befreien. Ferner, verständige, liebe Herren, haben uns die Werkmeister zu verstehen gegeben, der Rat sei übereingekommen, dass niemand für einen anderen Tuch weben solle, außer in ihren [der Werkmeister] Häusern, und dass niemand Tuch für einen anderen weben solle, außerhalb, in anderen Häusern, was unser Einkommen sehr geschmälert hat. Deshalb, liebe Herren, bitten wir, dass dies abgestellt wird, damit wir unser Brot verdienen können, wie es immer Brauch gewesen ist. Ferner, liebe Herren, bitten wir, dass man das Bier wieder für 3 Heller [6 Pfennige je ¼ Liter] kaufen kann, wie es vorzeiten üblich gewesen ist. Wäre die Stadt mit einer Schuld belastet, so wollten wir uns allesamt bereit finden, nach unseren Möglichkeiten, ihr die Last abzunehmen. [...] Ferner, verständige, weise, ehrbare Herren, dünkt uns, dass das Brot entsprechend dem Marktpreis für Getreide zu teuer angeboten wird. Dann bitten wir noch freundlich, weise, liebe Herren, dass ihr unser Ansinnen recht verstehen wollt, denn wir sind in großer Sorge, durch eine solche Not zu armen Landstreichern zu werden. Und wir bitten euch, liebe Herren, es uns nicht zu verdenken, denn wir wollen in all den genannten Punkten keinen eigenen Willen haben, sondern dass die Weisheit unserer Herren für uns sorge, so wie es wohl Not ist.

Zit. nach: Engel, Evamaria/Jacob, Frank-Dietrich: Städtisches Leben im Mittelalter. Schriftquellen und Bildzeugnisse. Köln u.a. 2006, S. 395

4.5 Die Hanse

Querverweis! Zum Einfluss der Hansestadt Lübeck vgl. auch S. 103.

4.5.1 Ein Vertrag zwischen Hansekaufleuten und dem Fürsten von Smolensk (1229)

Durch geschickte Bündnispolitik konnten die Hansegesellschaften ihre wirtschaftliche Vormachtstellung festigen und ausbauen. Den folgenden Vertrag schlossen 1229 der Fürst von Smolensk und die deutschen Kaufleute aus Riga, Gotland und anderen Hansestützpunkten:

5. Gibt ein deutscher Gast seine Ware in Smolensk auf einen Schuldschein und ist der Russe einem anderen Russen durch solche Schuld verpflichtet, so hat zuerst der Deutsche das Seine zu empfangen. [...]
17. Jeder deutsche Gast in der Stadt hat der Fürstin ein Stück Tuch und dem Amtmann ein Paar gotländische Fingerhandschuhe abzugeben. [...]
19. Jeder deutsche Gast darf in der Stadt Smolensk seine Ware verkaufen ohne jegliche Behinderung. [...]
20. Will ein Deutscher mit seinem Gut in eine andere Stadt ziehen, so sollen das weder der Fürst noch die Bürger von Smolensk behindern. [...]
21. Kauft ein Russe einem Deutschen eine Ware ab und trägt er sie aus dem Hof, so darf er sie nicht zurückgeben, sondern muss sie bezahlen [und umgekehrt]. [...] Ein Russe darf einen Deutschen nicht vor ein allgemeines Gericht fordern, sondern nur vor dasjenige des Fürsten von Smolensk; begehrt aber der Deutsche das allgemeine Gericht, so soll ihm das gestattet werden. [...]
31. Der Deutsche braucht keinen Zoll zu zahlen von Smolensk bis Riga und von Riga bis Smolensk. Umgekehrt braucht der Russe keinen Zoll zu bezahlen vom gotischen Ufer bis Riga und von Riga bis Smolensk. [...]

37. Gott verhüte es! Wenn aber einem das Ungemach ergreift und sein Boot strandet, sei es ein russisches oder ein deutsches, so mag er ohne jede Behinderung sein Gut an das Ufer schaffen. Wenn er aber zu wenig Leute zu Hilfe hat und noch andere zur Unterstützung annehmen muss, so sollen sie nicht mehr erhalten als den versprochen Lohn. [...]

Zit. nach: Kleinknecht, Wolfgang/Krieger, Herbert (Hrsg.): Das Mittelalter. Materialien für den Geschichtsunterricht. 4. überarb. Aufl. Berlin u.a. 1972, S. 289f.

4.5.2 Handelssperre gegen Flandern: Der Lübecker Hansetag (1358)

1358 wurde Lübeck Haupt des Hansischen Städtebundes. Auf dem ersten dort veranstalteten Hansetag beschließen die versammelten Städteabgeordneten wegen der wiederholten Verstöße gegen Handelsprivilegien eine Handelssperre gegen Flandern:

Wir haben das Folgende beschlossen, weil der Kaufmannschaft der deutschen Hanse in Flandern mancherlei Unrecht [...] geschehen ist:
Jede Stadt soll dafür sorgen und einstehen, dass keiner ihrer Bürger oder deren Genossen oder sonst irgendjemand von der Hanse näher an Brügge in Flandern heransegelt als bis an die Maas. Auch soll er das Gut, das er heranführt, an keinen Flamen und weder nach Mecheln noch nach Antorf verkaufen [...]
Auch haben wir festgesetzt, daß alle deutschen Kaufleute der Hanse zwischen jetzt und dem 1. Mai 1358 Flandern, Mecheln und Antorf räumen und von dannen ziehen sollen und so lange fortbleiben, bis wir es sie einträchtig wissen lassen. [...]
Handelt ein Mann der deutschen Hanse gegen dieses Gesetz, flüchtet in eine andere Hansestadt, wird dort ergriffen und schuldig befunden, so soll ihm dort kein Geleit gegeben werden, sondern die Stadt soll über ihn richten und er alles Gut, was er mitgebracht hat, oder dessen Wert verlieren, und das soll man an die Stadt zahlen, deren Bürger er ist.
Wollte sich eine Hansestadt [...] von diesem Gesetz ausschließen und weigert sie sich, es zu halten, so soll sie ewiglich aus der Hanse ausgestoßen sein und am Recht der Deutschen keinen Anteil haben.

Zit. nach Moeglin, J.-M.; Müller, R. A. (Hrsg.): Deutsche Geschichte in Quellen und Darstellung, Bd. 2. Stuttgart 2000, S. 230f.

4.5.3 „Global Playing“ im späten Mittelalter: Ein Hansekaufmann schreibt von Venedig nach Brüssel (15. Jh.)

Anfang des 15. Jahrhunderts gründeten zwölf Kaufleute in Venedig die so genannte „Venedische Gesellschaft“, die wertvolle Waren von Venedig in den Norden handelten. Zu diesen Kaufleuten gehörte auch der zu dieser Zeit in Brügge und Brüssel, später in Lübeck ansässige Hansekaufmann Hildebrand Veekinghusen (um 1370–1426). Der Mitgesellschafter Peter Karbow schreibt aus Venedig nach Brüssel:

Freundlichen Gruß zuvor! Wisst, lieber Hildebrand, wie ich Euch von den 1000 Dukaten geschrieben habe, die ich bei Hans Reme aus Augsburg aufgenommen habe, so habe ich Euch wohl mitgeteilt, was Ihr ihm zum 19. März dafür zu zahlen habt. Ich bitte Euch um aller Freundschaft willen, dass Ihr ihm dies pünktlich zahlt, da ich ihm Bürgschaft gestellt und ihm darüber hinaus noch Briefe mit dem Siegel unserer Gesellschaft gegeben habe. Wenn ihm ein Schaden entsteht, müssten ich selbst und meine Gesellschafter ihm dafür aufkommen.
Ich teile Euch ferner mit, dass ich vor acht Tagen für 10 000 Dukaten Gewürze, nämlich indischen und arabischen Ingwer, Muskatnüsse und Muskatblüten, Gewürznelken und was ich sonst noch am günstigsten erhandeln konnte, von hier abgeschickt habe und in den nächsten acht Tagen noch weiter abschicken werde. Dazu benötige ich Geld, wenn ich die Rosenkränze, Tuche und Hermelinpelze nicht bis auf St. Jacobi stehen lassen will. [...]
Was ferner die Pelzsendung betrifft, die Ihr mir geschickt habt, so habe ich 2000 Stück gezählt. Es sollten Luchspelze sein – aber das ist eine viel schlechtere Ware. Schreibt mir, wie es sich damit verhält.

Zit. nach Dollinger, Philippe: Die Hanse. 4. erw. Aufl. Stuttgart 1989, S. 568f.

4.5.4 Die Hanse führt Krieg gegen Dänemark und Norwegen (1367)

Nachdem dänische und norwegische Schiffe vielfach Hansekaufleute ausgeraubt hatten, wurde auf dem Kölner Hansetag 1367 ein Bündnis mit Holland und Zeeland geschlossen, die ebenfalls unter solchen Überfällen litten. Warum sechs der genannten Städte sich hier und in vielen anderen Zeugnissen „wendische Städte" nennen, ist bis heute ein Streit unter Historikern. Das Gebiet des damaligen Livlands gehört heute zum größten Teil zu Estland und Lettland.

Wir bekennen, dass wir übereingekommen sind, dass wir wegen mancherlei Unrecht und Schaden, die die Könige von Dänemark und von Norwegen dem gemeinen Kaufmann zufügen, ihre Feinde werden und einander auf folgende Weise getreulich dienen wollen: Nämlich dass wir, die wendischen Städte Lüneburg, Hamburg, Wismar, Rostock, Stralsund und Greifswald, mit den livländischen Städten zehn Koggen aussenden sollen, bemannt mit tüchtigen Bewaffneten. [...] Falls eine Stadt nicht befolgen will, was von den übrigen Städten bestimmt ist, sollen ihre Bürger und Kaufleute mit allen den Städten, die diesem Bündnis angehören, keine Gemeinschaft mehr haben. Man soll ihnen dann weder etwas abkaufen noch verkaufen. [...] Nachdem wir gemeinsam mit den oben erwähnten Königen Frieden geschlossen haben, soll dieses Bündnis noch drei Jahre lang uneingeschränkt in Kraft bleiben.

Zit. nach: Dollinger, Philippe: Die Hanse. 5. erw. Aufl. Stuttgart 1998, S. 517-520

4.5.5 Hans Holbein: Der Hansekaufmann Georg Gisze (1532)

Dieses Gemälde des berühmten Künstlers Hans Holbein des Jüngeren (1497–1543) zeigt den Danziger Hansekaufmann Georg Gisze, der um 1532 in London tätig war. Wir sehen viele Gerätschaften aus dem alltäglichen Leben eines Kaufmannes seiner Größenordnung – vor allem Bücher. Neben gebundenen Büchern (oben links, unten rechts) sehen wir auch, an der

Abb. 23: Der Danziger Hansekaufmann Georg Gisze. Gemälde von Hans Holbein d.J. aus dem Jahr 1532

Wand aufgehängt, eine Reihe von Urkunden, teils mit roten Siegeln (Mitte, rechts). Auf dem Tisch findet sich im Vordergrund ein Stempel, mit dem der Kaufmann selbst sein Siegel aufdrücken konnte. Links oben am Regal hängen Messgeräte herab. Im Vordergrund sehen wir ein kleines Rosmarin-Sträußlein, dem damals vorbeugende Wirkung gegen die Pest nachgesagt wurde.

4.5.6 Rechnen nach Adam Riese (1492–1559)

Noch heute sind Ergebnisse „nach Adam Riese" sprichwörtlich. Der seit 1518 in Erfurt lebende Rechenmeister Adam Ries hat mit seinen beiden weit verbreiteten und oft nachgedruckten Rechenbüchern für lange Zeit den Rechenunterricht geprägt. Eines seiner Rechenbeispiele lautet:

$$\begin{array}{r} 78312 \\ +\ 87547 \\ \hline 165859 \end{array}$$

Beginne von rechts und zähle die ersten beiden Ziffern (im Original: *Figuren*) zusammen. Kommt eine Zahl heraus, die du mit einer (einzigen) Ziffer schreiben kannst heraus, so setze sie sofort darunter. Kommt aber eine Zahl mit zwei Ziffern dabei heraus, so schreib nur die erste der beiden Ziffern (von rechts) darunter und behalte die andere (im Sinn). Dann zähle die nächsten beiden Ziffern zusammen und gibt die Ziffer dazu, die du aus der letzten Addition im Sinn behalten hast. Und so machst Du weiter mit jeder einzelnen Ziffer bis zur letzten.

Nach dem Original bei Kunkel, A.: Formelbuch 78312 | 87547, in: Jeismann, Michael (Hrsg.): Das 16. Jahrhundert. Freiheit und Glauben. München 2000, S. 56-58

4.6 Schulen und Universitäten

4.6.1 Bittlied eines Scholaren aus den „Carmina Burana" (11./12. Jh.)

Die „Carmina Burana" sind ein Liederzyklus aus rund 250 Einzelstücken, der im 11. oder 12. Jahrhundert entstanden ist. Berühmt geworden ist er heutzutage vor allem durch die Vertonung einiger Texte durch Carl Orff in den Jahren 1935 und 1936. Im folgend wiedergegebenen Lied bittet ein fahrender Scholar (Student) um Unterstützung durch einen Gönner. Ein viaticum ist eine Wegzehrung (lat. via = Weg), für N.N. kann ein beliebiger Name eingesetzt werden.

Bin ein fahrend' Schülerlein,
muss mich müh'n und palgen.
Sauer wird mir's oft und viel,
nur mich durchzuschlagen.

Dem gelehrten Studium
möchte' ich gerne leben;
leider, dass der Mangel mich
zwingt, es aufzugeben.

Ach, was ist mein Mäntelein
dünne zum Erbarmen,
bitt're Kälte steh' ich aus,
kann oft kaum erwarmen.

Nicht einmal beim Gottesdienst
halt' ich aus so lange,
bis die Vesper oder Mess'
kam zum Schlussgesange.

Wertgeschätzer Herr N. N.,
dürft' ich wohl mit Sitten
um ein klein Viaticum
Euer Gnaden bitten?

Von St. Martins Vorbild lasst
Euern Sinn erwecken:
Reicht dem Fremdling ein Gewand,
um seinen Leib zu decken,

dass in seinem Himmel einst
Gott euch heisse wohnen
und mit ew'ger Seligkeit
möge reichlich lohnen.

Zit. nach: Borst, E. (Hrsg.): Carmina Burana. Heidelberg ^{5}1974, S. 47f.

4.6.2 Eine mittelalterliche Klosterschule (15. Jh.)

Abb. 24: Unterricht in einer mittelalterlichen Klosterschule (15. Jahrhundert)
Brückmann, A., u.a. (Hrsg.): Geschichte und Geschehen, Sekundarstufe I, Bd. 2. Leipzig 2004, S. 40

Bevor sich im späteren Mittelalter in den Städten eigene, städtische Schulen durchzusetzen begannen, war das Kloster der wichtigste und oft einzige Ort, um eine grundlegende Ausbildung in Lesen, Schreiben und Rechnen zu erhalten.
Der Unterricht umfasste die sieben Freien Künste sowie als theologischen Lehrkursus das Bibelstudium und weiter die Erlernung kirchlicher Ordnungen und Regeln. Die sieben Freien Künste umfassten das Trivium (Grammatik, Rhetorik und Dialektik) wie auch das Quadrivium (Musik, Arithmetik, Geometrie und Astromonie). Sie bildeten den Lehrstoff für die später entstehenden Bildungsstätten und waren somit eine Vorstufe zur mittelalterlichen Universität.
Diese Miniatur aus dem 15. Jahrhundert zeigt eine Szene aus dem mittelalterlichen Schulunterricht.

4.6.3 Studentenleben im 15. Jahrhundert

Ganz anders als die „Carmina Burana" (s. S. 106) stellt ein Holzschnitt des 15. Jahrhunderts das Studentenleben in den Wohnstätten der Studenten (Bursen) dar:

Abb. 25: Studentenleben im 15. Jahrhundert
Fick, R. (Hrsg.): Auf Deutschlands hohen Schulen. Berlin u.a. 1900, S. 17

Querverweis! Manche Studenten mussten durch Betteln für ihren Lebensunterhalt sorgen (vgl. S. 106).

4.6.4 Mittelalterliche Universitätsgründungen

Abb. 26: Universitätsgründungen im mittelalterlichen Europa

Brockhaus Atlas zur Geschichte. Epochen, Territorien, Ereignisse. 2. überarb. und akt. Aufl. Mannheim u.a. 2006, S. 135

4.6.5 Eintritt in die „Gutenberg-Galaxie" – der Buchdruck in Deutschland (um 1450)

Die „Erfindung" des Buchdruckes wird häufig mit dem Namen des Mainzers Johannes Gutenberg zusammengebracht. Tatsächlich ist die Technik bereits viel älter, und der Streit um ihren „Erfinder" durchzieht noch heute die Wissenschaft. Schon die Zeitgenossen haben Gutenberg als den Erfinder der „schwarzen Kunst" gefeiert. Abt Trithemius von Sponheim (1462–1516) berichtet:

Zu dieser Zeit wurde in Mainz [...] jene wunderbare und früher unerhörte Kunst, Bücher mittels Buchstaben zusammenzusetzen und zu drucken, durch Johannes Gutenberg, einen Mainzer Bürger, erfunden und ausgedacht. Nachdem er beinahe sein ganzes Vermögen für die Erfindung dieser Kunst aufgewendet hatte, vollbrachte er [...] doch endlich mit dem Rate und den Vorschüssen des Johann Fust, ebenfalls [ein] Bürger von Mainz, die angefangene Sache. Demnach druckten sie zuerst das unter dem Namen „Catholicon" [bekannte] Wörterbuch [...]. Und in der Tat, wie ich vor beinahe dreißig Jahren [...] hörte, hatte die Buchdruckerkunst von Anfang ihrer Entstehung an große Schwierigkeiten zu bekämpfen. Als sie nämlich beschäftigt waren, die Bibel zu drucken, hatten sie schon mehr als viertausend Gulden ausgegeben, bevor sie auch nur das dritte *Quaternium* [d.h. die Bögen 9 bis 12] zustande brachten.

Zit. nach Guggenbühl, G., Weiss, O. (Hrsg.): Quellen zur allgemeinen Geschichte des Mittelalters, Zürich 1946, S. 265f.

4.6.6 Geistige Veränderungen durch den Buchdruck (um 1500)

Bereits der Humanist Jakob Wimpheling (1450–1528) hebt in seiner Schrift „Über die Buchdruckkunst" (De arte impressoria) die geistige Veränderungen hervor, die der Buchdruck bewirkte:

Auf keine Erfindung oder Geistesfrucht können wir Deutsche so stolz sein wie auf die des Bücherdrucks, die uns zu neuen geistigen Trägern der Lehren des Christentums, aller göttlichen und irdischen Wissenschaften und dadurch zu Wohltätern der ganzen Menschheit erhoben hat. Welch ein anderes Leben regt sich jetzt in allen Klassen des Volkes, und wer wollte nicht dankbar der ersten Begründer und Förderer dieser Kunst gedenken, auch wenn er sie nicht, wie dies bei uns und unseren Lehrern der Fall ist, persönlich gekannt und mit ihnen verkehrt hat.

Zit. nach Wierisch, R., Bürck, G. (Hrsg.): Von der Urzeit bis zum Zeitalter des Absolutismus. München u.a. 1972 (= Grundzüge der Geschichte, Oberstufe, Quellenband, Bd. 1), S. 267

4.6.7 Humanistische Schulbildung (frühes 16. Jh.)

Die Humanisten des ausgehenden 15. Jahrhunderts entdeckten nicht nur das klassische Altertum und seine Sprache, Literatur und Kultur, sondern damit auch viele Fragen der Naturwissenschaft wieder neu für sich. Der französische Schriftsteller François Rabelais (um 1494–1553) gibt in seinem humorvollen Roman über die beiden Riesen Gargantua und Pantagruel folgenden Brief eines Vaters an seinen Sohn wieder:

Alle Künste und Wissenschaften sind bei uns wieder heimisch, vorab das Griechische, ohne das kein Gelehrter bestehen kann, und mit ihm das Hebräische und das Lateinische. [...] Darum ermahne ich dich, geliebter Sohn, deine Zeit ersprießlichen Studien zu widmen, und wünsche mir, dass du diese Sprachen vollständig lernst. Im Griechischen bilde deinen Stil an Platon, im Latein an Cicero. Vervollkommne dich in Geometrie, Arithmetik und Musik, erforsche auch die Astronomie. [...] Vertiefe dich ernsthaft in die Naturkunde, damit dir kein Fisch, kein Gewässer, kein Vogel, Baum, Busch, Gesträuch, Metall und Edelgestein fremd bleibt.

Zit. nach: Hegaur, Engelbert (Übers.): François Rabelais, Gargantua und Pantagruel. München [2]1955, S. 327 (Biederstein, Übers.: E.Hegaur und Dr. Owlglass)

4.7 Juden in mittelalterlichen Städten

4.7.1 Das 4. Laterankonzil über die Tätigkeit der Juden als Geldverleiher (1215)

Die Laterankonzile waren große Versammlungen in Rom, auf denen unter Beteiligung von Vertretern der ganzen Christenheit über grundsätzliche Fragen des Glaubens und der Kirchenpolitik entschieden wurde. Insgesamt hat es zwischen 1123 und 1517 fünf solcher Konzile gegeben, das vierte Laterankonzil im Jahre 1215 war das bedeutendste unter ihnen.

Je mehr die Christenheit im Zinsnehmen beschränkt wird, desto stärker wächst die Treulosigkeit der Juden ihnen über den Kopf, sodass in kurzer Zeit das Vermögen der Christen erschöpft wird. Wir wollen also in dieser Hinsicht für die Christen sorgen, damit sie nicht maßlos durch die Juden beschwert werden. Wir bestimmen daher [...], dass, wenn unter irgendeinem Vorwand die Juden von Christen unmäßige Zinsen erpressen, ihnen der Verkehr mit den Christen entzogen werde, bis sie ihnen wegen der unmäßigen Belastung eine angemessene Genugtuung gegeben haben. [...] Mit derselben Strafe haben wir beschlossen, die Juden anzuhalten, dass sie den Kirchen Genugtuung wegen der Zehnten und Opferpfennige geben, die die Kirchen von den Christen für Häuser und andere Besitztümer zu bekommen pflegten, bevor letztere an die Juden unter irgendeinem Rechtstitel gekommen sind, damit auf diese Weise die Kirchen schadlos gehalten werden.

Zit. nach Höxter, Julius (Hrsg.): Quellenbuch zur jüdischen Geschichte und Literatur, Bd. 4. Zürich 1983, S. 15f.

4.7.2 Friedrich II. über die „Kammerknechtschaft" der Juden (1236)

Der Großvater Friedrichs II., Friedrich I. „Barbarossa", hatte bereits 1157 ein Privileg für die Wormser Juden erlassen, in dem der Schutz mit den Worten „da sie unserer Kammer zugehören" begründet wurde. Auf dieses Privileg bezieht sich die Bezeichnung „Kammerknechte".

Wenn auch die Hoheit der kaiserlichen Würde den schützenden Arm zu allen Untertanen des Römischen Reiches ausstrecken muss und [...] die Christen mit besonderer Gunst umfangen soll, so ist sie dennoch, weil sie [vor allem anderen] zur Wahrung der Gerechtigkeit eingesetzt ist, den

Ungläubigen schuldig, sie wie ein ihr besonders anvertrautes Volk getreulich zu regieren und gerecht zu schützen, damit sie nicht [...] mit Gewalt unterdrückt werden. Es soll daher durch diese Schrift jedermann, jetzt und in Zukunft, wissen, dass all unsere Kammerknechte aus ganz Deutschland uns gebeten haben, ihnen das Privileg unseres Großvaters Friedrich [...], das für die Wormser Juden und ihre Genossen erlassen worden ist, gnädig für alle Juden Deutschlands zu bestätigen.

Zit. nach: Ehrlich, Ernst-Ludwig: Geschichte der Juden in Deutschland. Düsseldorf [3]1960, S. 24f. (sprachlich vereinfacht)

4.7.3 Ein jüdischer Arzt (1487)

Jüdische Ärzte waren oft hoch geschätzte Spezialisten. In den Schriften jüdischer Gelehrten wurde unter anderem auch die fortschrittliche arabische Fachliteratur übermittelt und weiterentwickelt. So zählte die medizinische Versorgung zu den wenigen Berufen, die den Juden zur Ausübung gestattet wurden. Dieser Holzschnitt (Augsburg 1487) zeigt die Geschichte von der Heilung des Bischofs Basilius von Cäsarea (ca. 330–378) durch den jüdischen Arzt Ephraim. Er ist an seinem spitzen Judenhut erkennbar, so wie der Bischof selbst auf dem Krankenbett durch seine Mitra (Bischofsmütze) identifiziert werden kann. Im Hintergrund sehen wir einen (offenbar christlichen) Gehilfen mit einem Kolbenglas, vielleicht einer Urinprobe.

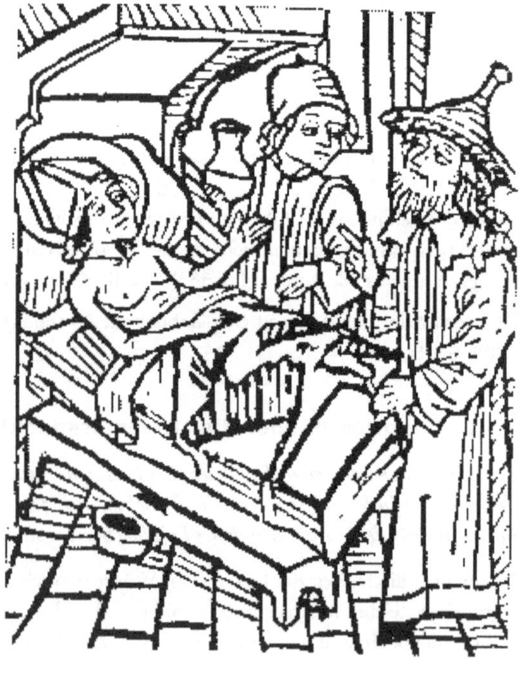

Abb. 27: Die Heilung des Bischofs Basilius von Cäsarea durch den jüdischen Arzt Ephraim. Holzschnitt, 1487

Rooch, A.; Schultheis, N.: Blickwinkel Mittelalter. Unterrichtsmaterialien zur Ausstellung „Vergessene Zeiten. Mittelalter im Ruhrgebiet" im Ruhrlandmuseum Essen. Essen 1990, S. 60

4.7.4 Die Legende vom Ritualmord an Simon von Trient (1475)

Das christliche Mittelalter hatte große Vorurteile gegenüber den Juden. Vor allem wurde ihnen immer wieder vorgeworfen, die Juden hätten den Heiland Jesus Christus getötet. Immer wieder wurde ihnen auch unterstellt, Christen, vor allem Kinder, in grausamen Ritualen zu ermorden und deren Blut zu genießen. Eine der berühmtesten dieser Schauergeschichten handelt im spätmittelalterlichen Trient. So erzählt Hartmann von Schedel in seiner berühmten „Weltchronik" von 1493 die Geschichte:

Am 21. März 1475 ist das selige Kindlein Simon in der Stadt Trient von den Juden getötet und ein Märtyrer Christi geworden. Als die dortigen Juden Ostern nach ihren Sitten begehen wollten, aber kein christliches Blut zur Herstellung ihres ungesäuerten Brotes zur Verfügung hatten, da stahlen sie das Kind. Und das ereignete sich so: Während die Eltern fort waren, ging am dritten Tag vor Ostern der jüdische Verräter Tobias zur Vesperzeit zu dem Kind, das nicht einmal zehn Monate alt war, redete ihm gut zu und trug es in das Haus des Juden Samuel. Als nun die Nacht hereinbrach, trafen sich Samuel, Tobias, Vitali, Moses, Israel und Mayer vor der Synagoge und freuten sich sehr über das Vergießen christlichen Blutes. Sie entblößten das Kind und schnürten ihm den Hals ab,

Abb. 28: Die Legende vom Ritualmord an Simon von Trient (1493)

damit es nicht schreien konnte. Dann schnitten sie ihm manche Körperglieder ab und stachen es mit spitzen Gegenständen, während sie es an Armen und Beinen festhielten. [...] Und als sie nun das Blut auf so grausame Art gesammelt hatten, da begannen sie einen Lobgesang auf ihren Gott und fingen an, über das Kind zu spotten. [...] Darüber starb das unschuldige Kind. Die Juden gingen zum Nachtmahl und aßen ungesäuertes Brot mit dem Blut des Kindes zur Schande unseres Heilands Jesus Christus und warfen den Leichnam in einen Bach nahe bei ihrem Haus. Die armen Eltern suchten ihr Kind und fanden es drei Tage später bei dem Bach. Als diese Tat nun an den edlen Juristen Johann von Salis aus Brixen, dem obersten Pfleger jener Gegend, gelangte, wurden alle Juden auf sein Geheiß hin gefangen und unter der Folter verhört, damit sie aussagten, auf welche Weise sie diese Missetat begangen hätten. Und daraufhin wurden sie als gebührliche Strafe alle ausgetilgt.

Zit. nach: Schedel'sche Weltchronik. Kolorierte Gesamtausg. 1493 [Faksimile], Blatt CCLIIII verso

4.7.5 Nachleben der Legende: Das „Anderl von Rinn" (1816)

1475 wurden die Gebeine eines Kindes in die Pfarrkirche des Nordtiroler Dorfes Rinn überführt, das wie Simon von Trient einem jüdischen Ritualmord zum Opfer gefallen sein sollte. Seit dem 17. Jahrhundert entwickelte sich am „Judenstein" bei Rinn eine rege Wallfahrt, 1755 wurde das Kind von Papst Benedikt XIV. selig gesprochen. Erst 1953 wurde der Festtag aus dem kirchlichen Kalender für Innsbruck getilgt, 1985 die Gebeine aus der Kirche entfernt und schließlich 1994 der Kult um den Judenstein vom Innsbrucker Bischof Reinhold Stecher trotz starker Proteste offiziell verboten. Die Brüder Grimm haben die Volkserzählung vom „Anderl" in ihre berühmte Märchensammlung aufgenommen.

Im Jahre 1462 ist es zu Tirol im Dorfe Rinn geschehen, dass etliche Juden einen armen Bauer durch eine große Menge Geld dahin brachten, ihnen sein kleines Kind hinzugeben. Sie nahmen es mit hinaus in den Wald und marterten es dort auf einem großen Stein, seitdem der Judenstein genannt, auf die entsetzlichste Weise zu Tod. Den zerstochenen Leichnam hingen sie darnach an einen nahe einer Brücke stehenden Birkenbaum. Die Mutter des Kindes arbeitete gerade im Feld, als der Mord geschah; auf einmal kamen ihr Gedanken an ihr Kind, und ihr wurde, ohne dass sie wusste, warum, sehr bange; dabei fielen auch drei frische Blutstropfen nacheinander auf ihre Hand. Voll Herzensbangigkeit eilte sie heim und begehrte nach ihrem Kind. Der Mann zog sie in die Kammer, gestand, was er getan, und wollte ihr nun das schöne Geld zeigen, das sie aus aller Armut befreie, aber es war alles in Laub verwandelt. Da ward der Vater wahnsinnig und grämte sich tot, aber die Mutter ging aus und suchte ihr Kindlein. Und als sie es an dem Baum hängend gefunden, nahm sie es unter heißen Tränen herab und trug es in die Kirche nach Rinn. Noch jetzt liegt es dort und wird vom Volk als ein heiliges Kind betrachtet. Auch der Judenstein ist dorthin gebracht. Der Sage nach hieb ein Hirt den Baum ab, an dem das Kindlein gehangen, aber als er ihn nach Haus tragen wollte, brach er ein Bein und musste daran sterben.

Zit. nach: Grimm, Jacob/Grimm, Wilhelm (Hrsg.): Deutsche Sagen, Bd. 1. Berlin 1816 (Nr. 353)

Anschlussquelle:

Vatikan-Kongregation zur Ritualmordlegende (1989)
„Unterstützung aus dem Vatikan hat jetzt der Innsbrucker Diözesanbischof Dr. Reinhold Stecher bei seinem Eintreten gegen die Legende vom jüdischen Ritualmord am ‚Anderl von Rinn' erhalten. In einem Schreiben vom 7. April 1989 teilte die ‚Kongregation für Gottesdienst und Sakramente' dem Bischof von Innsbruck mit, daß sie aufgrund einer Beschwerde, die von Oberösterreich aus an den Papst gerichtet worden war, dem Beschwerdeführer eine Klarstellung zukommen ließ. Darin brachte sie zum Ausdruck, daß die Angelegenheit ‚Anderl von Rinn' zunächst als Sache der Diözese Innsbruck zu betrachten sei. Der Heilige Stuhl unterstützt jedoch voll die Maßnahmen des Bischofs von Innsbruck.
Es müsse, schrieb die Kongregation, ‚auch ganz klar gesagt werden, daß es nie einen jüdischen Ritualmord gegeben hat'. Der heutige Christ müsse eine solche Behauptung ‚als eine tief anstößige und schandbare Verleumdung gegen das jüdische Volk eindeutig verurteilen'. Es sei ganz und gar undenkbar, ‚daß die Verbreitung und Förderung einer solchen Unwahrheit auf irgendeine Weise oder in irgendwelchen Umständen dem Willen Gottes dienen könnte', hieß es in dem Schreiben aus Rom."

Allgemeine Jüdische Wochenzeitung vom 5.5.1989, S. 1

4.7.6 Judenpogrome am Oberrhein (1348)

Der Chronist Mathias von Neuenburg berichtet von den Judenverfolgungen am Oberrhein während der Pestepidemie der Jahre 1348/49. In Straßburg führte der Versuch, die Ausschreitungen aufzuhalten, zu einer Stadtrevolte.

(1348) Den Juden wurde nachgesagt, dass sie diese Pest gemacht oder gefördert hätten, indem sie Gift in die Quellen und die Brunnen getan hätten. [Nach den ersten Pogromen in Basel, Freiburg und Straßburg] kamen zahlreiche bessere Boten der drei genannten Städte zusammen, denen es am Herzen lag, die Juden zu behalten, doch sie fürchteten das Geschrei des Volkes. [...] Ein Tag wurde nach Benvelt im Elsass einberufen, wo der Bischof, die Herren und Barone und die Stadtboten zusammentrafen. Als aber die Boten Straßburgs sagten, sie wüssten nichts Schlechtes über ihre Juden, wurden sie gefragt, weshalb denn dann die Trinkgefäße von ihren Brunnen entfernt worden seien. Das ganze Volk nämlich hetzte gegen sie. Der Bischof, die elsässischen Herren und die Reichsstädte beschlossen, keine Juden mehr haben zu wollen. Und so wurden sie bald am einen Ort, bald am anderen verbrannt. Aus einigen Orten wurden sie vertrieben. Die, die das Volk zu fassen bekam, verbrannte es, andere tötete es, andere ertränkte man in den Sümpfen.

Zit. nach: Schmieder, Felicitas: Die mittelalterliche Stadt, Darmstadt 2005, S. 107f. (Übers. nach MGH, Script. rer. Germ., N.S., Bd. 4, 1, S. 264-286)

Querverweis: Zu den Judenpogromen nach den Pestjahren 1348/49 siehe auch S. 117

4.7.7 Das Judenverbot von Hattingen (1498)

Juden wurden während des Mittelalters nicht nur immer wieder von aufgebrachtem Pöbel verfolgt, beraubt oder sogar getötet, sondern zudem häufig auch von der städtischen oder landesherrlichen Obrigkeit ausgewiesen. So beispielsweise 1498 im westfälischen Städtchen Hattingen (bei Bochum):

Wir, Johann, von Gottes Gnaden Herzog von Kleve und Graf von der Mark, tun öffentlich kund, dass wir unserer lieben Stadt Hattingen [...] kraft dieser Urkunde bestätigen, dass weder wir noch unsere Nachfolger von heute an keinen Juden innerhalb besagter Stadt Hattingen Aufenthalt oder Anstellung erlauben wollen in irgendeiner Weise. Und wenn gegenwärtig ein Jude hier wohnt oder seit einiger Zeit hier wohnen sollte, worüber sich die Bürger der Stadt wiederholt bitter beklagt haben, dann sollen sich jene Bürger sofort von diesem Juden befreien, in der Weise, dass er innerhalb eines Monats aus der Stadt gezogen sein und außerhalb bleiben soll. [...] Und zur Beurkundung der Wahrheit dieses Schriftstückes haben wir uns Siegel daran hängen lassen. Ausgestellt im Jahr unseres Herrn 1498, am Tag unserer lieben Frau Conceptionis [= 12. August].

Zit. nach: Freisewinkel, Paul: Urkunden der Hattinger Archive, Bd. 2: 1471-1500. Hattingen 1957 (= Hattinger Heimatkundliche Schriften, Bd. 5), S. 66 (Nr. 97)

4.7.8 Eine jüdische Hochzeit in Mainz (um 1420)

Das christlich-jüdische Zusammenleben war nicht nur von Konflikten gekennzeichnet. Es gab auch Raum für reiche kulturelle Entfaltung. Der Mainzer Rabbiner Jakob ben Moses ha-levi Molin („Mahari,l 1355–1427) berichtet über die Hochzeitsbräuche der rheinischen Juden:

Am Hochzeitstage [...] wird die Gemeinde durch den Synagogendiener zum Gottesdienste zusammengerufen [...] eingeladen. Der Rabbiner, unter Vorantritt des Bräutigams, und die ganze Gemeinde begeben sich, von Fackelträgern und Musik begleitet, nach dem Synagogenhofe. Das Geleite kehrt dann zurück, um die Braut, die von ihren Freundinnen umgeben ist, dem Bräutigam zuzuführen. Ist der Zug an der Pforte des Synagogenhofes angelangt, begibt sich der Bräutigam [...] hin zur Braut, ergreift ihre Hand, und alle Anwesenden bestreuen das Brautpaar mit Weizenkörnern und rufen ihnen dreimal zu: „Seid fruchtbar und mehret euch!“ Hand in Hand gehen nun Braut und Bräutigam zur Synagogentür. [...]. Die Braut wird sodann heimgeleitet, um sich mit den Hochzeitsgewändern zu schmücken, über welche sie das Serganeum [Totengewand] anzieht, dann ihr Gesicht mit einem Schleier verhüllt und statt des Mantels die Kürsen [ein mit Pelz verbrämtes Gewand] anlegt. Der Bräutigam dagegen, in sabbatliche Gewänder gekleidet, mit der Mitra [einer Art Kapuze], die er, zur Erinnerung an die Zerstörung des Tempels, in einer von der gewohnten Art abweichenden Form trägt, auf dem Kopfe, begibt sich nach der Synagoge, und nachdem er neben der heiligen Lade an der nordöstlichen Seite Platz genommen, beginnt der Morgengottesdienst in gewohnter Ordnung [...].

Zit. nach: Höxter, Julius: Quellenbuch zur jüdischen Geschichte und Literatur, III. Teil. Nachdruck, Zürich 1983, S.110 f.

4.8 Die Pest

4.8.1 Pest und Geißler in Limburg (1349)

Die Limburger Chronik des Tilemann Elhen von Wolfhangen erzählt unter anderem auch von den Geißlerzügen, die sich als Reaktion auf die ganz Deutschland verheerende Pest bildeten. So werden auch die Pilgerströme nach Rom im Jahr 1350 erklärt. Alle fünfzig Jahre wurde ein solches Jubeljahr ausgerufen, während dessen man durch eine Pilgerfahrt nach Rom einen besonderen Ablass für seine Sünden erlangen konnte. Das erste Jubeljahr wurde 1300 unter Bonifaz VIII. gefeiert.

Als man 1349 Jahre schrieb, kam ein großes Sterben in die deutschen Lande, das das erste große Sterben genannt wurde. Man starb an einer Drüsenkrankheit. Der, den es traf, starb im Allgemeinen am dritten Tage. Es starben in den großen Städten Mainz und Köln fast jeden Tag etwa hundert Menschen; und in kleinen Städten wie Limburg täglich etwa zwanzig bis dreißig. Das dauerte in einigen Städten und Ländern mehr als Dreiviertel des Jahres. So starben in Limburg mehr als zweitausendvierhundert Menschen, die Kinder nicht mitgerechnet. Als das Volk den großen Jammer des Sterbens auf dem Erdreich sah, fielen die Leute allgemein in eine große Reue für ihre Sünden und suchten Buße. Das taten sie von sich aus, ohne den Papst und die heilige Kirche um Rat und Hilfe zu bitten. Das war aber eine große Dummheit und führte viele zur Verdammung ihrer Seelen. In den Städten und im Lande sammelten sich die Männer in großen Gruppen, und es machten sich immer etwa hundert, zweihundert oder dreihundert als Geißler auf. Ihr Leben war so, dass sie in Gruppen dreißig Tage von einer Stadt zur anderen zogen und dabei wie in der Kirche Kreuze und Fahnen sowie Kerzen und Fackeln mitführten. Nachdem die Geißler im Sommer abgezogen waren, begann am folgenden Weihnachtsfest das Jubeljahr [1350], das man auch das „Goldene Jahr" nannte. Nun strömten die Leute nach Rom, die vorher mit den Geißlern gegangen waren. Aber die, die von Rom zurückkamen, waren häufig verkommener, als sie es vorher gewesen waren. In demselben Jubeljahr, als das Sterben aufhörte, wurden die Juden überall in diesen deutschen Landen erschlagen und verbrannt. Das geschah durch die Fürsten, Grafen, Herren und Städte. Nur der Herzog von Österreich schützte seine Juden. Man warf den Juden vor, sie hätten den Christen Gift gegeben, und daher seien so viele gestorben. So verwirklichte sich ihr Ausruf vom heiligen Karfreitag, den man in der Passionsgeschichte liest: „Sanguinis eius super nos et super filios nostros!" Das ist Latein und heißt: „Sein Blut komme über uns und unsere Kinder!"

Zit. nach: Gementz, Hans-Joachim (Hrsg.): Ritter, Bürger und Scholaren. Aus Stadtchroniken und Autobiographien des 13. bis 16. Jahrhunderts. Berlin 1980, S. 142f.

4.8.2 Die Geißler in Doornik (1349)

Diese Miniatur aus der Chronik des Abtes Aegidius Li Muisis (1272–1352/3) zeigt einen Geißlerzug im flandrischen Tournai (niederl. Doornik; gehört heute zu Belgien). Die Geißler laufen barfuss und mit nacktem Oberkörper, während sie sich selbst mit Riemen und Peitschen geißeln, um ihre Sünden zu büssen (Abb. 29, S. 118).

Abb. 29: Geißlerzug in Tournai (Doornik), 1349

Anmerkung

1 Pfahlbürger: im frühen und hohen Mittelalter Bezeichnung für Bürger, die zwar außerhalb der Stadtmauern, jedoch innerhalb der aus Palisaden (Pfählen) und Gräben bestehenden Außenwerke und der Bann- und Gerichtspfähle der Stadt lebten. Sie standen gewöhnlich unter dem Schutz und der Gerichtsbarkeit der Stadt, hatten hierfür jedoch eine eigene Steuer zu entrichten und Kriegsdienst zu leisten.

5. Mittelalterliche Religiosität

Religiosität und religiöse Vorstellungen gehören zu den wohl bestimmendsten Triebkräften der mittelalterlichen Gesellschaft. Das hat dieser Epoche im Bild der weitgehend säkularen Nachwelt sehr unterschiedliche Interpretationen eingetragen: Während manche das Mittelalter als besonders integrative Zeit idealisieren, die dem Menschen ein hohes Maß an Sicherheit über die eigene Position in einer relativ stabilen, damit aber auch verlässlichen Weltordnung geben konnte, herrscht zumeist das Bild eines dunklen, unaufgeklärten Zeitalters dumpfer Glaubenshörigkeit vor, das erst von den Ideen der Aufklärung (engl. „Enlightment") geistig erleuchtet und in die Moderne überführt worden ist. In diesem weit verbreiteten Mittelalterbild erscheinen die Institution Kirche und die praktische, gelebte Religiosität der Zeitgenossen als deckungsgleich, erscheint „die Kirche" (meist als ein solcher personifizierter Kollektivsingular) als Machtinstitution mit teils mafiösen, teils geheimbündelnden Strukturen, die die Gläubigen in einem perfiden Netz von Unterdrückungsmechanismen aus geistiger Bevormundung und offener, physischer Gewalt gefangen hielt. Gewürzt wird eine solche Vorstellung oftmals durch schillernde Ausmalungen von Schlagworten wie „Inquisition" oder „Hexenverfolgungen".

Tatsächlich sind mittelalterliche Vorstellungen von der Welt, der Gesellschaft und dem Leben von religiösen Vorstellungen tief geprägt. Gelebte Religion und institutionalisierte Kirche waren aber ebenso wenig deckungsgleich wie sie es heute sind. So kam es nicht nur zu großen, wirkmächtigen Glaubensbewegungen, wie dem Katharismus oder den Geißlerzügen, die von päpstlicher Seite als Häresie bekämpft wurden. Auch das religiöse Alltagsleben kannte viele Formen von eigenständiger, oft genug von der kirchlichen Lehre abweichender Frömmigkeit. Auseinandersetzungen über einzelne Glaubensinhalte und Riten fanden nicht nur in der lateinisch geprägten Elitenkultur der Klöster und theologischen Fakultäten statt, sondern wurden auch ganz praktisch „mit den Füßen entschieden".

Gerade weil die mittelalterliche Gesellschaft so durchdrungen war von religiösem Gedankengut, müssen viele religiöse auch als soziale Bewegungen wahrgenommen werden. Das gilt für den Katharismus ebenso wie für die böhmische Hussitenbewegung wie später auch für die Reformation. Aber nicht nur die Veränderungen und die unerfüllten Wünsche im Zuge großer Bewegungen können nicht ohne ein Bild von der Religiosität des mittelalterlichen Menschen verstanden werden. Auch die monumentalen und Ehrfurcht gebietenden Kirchenbauten mittelalterlicher Städte und Klöster und die bedrückenden alten Höllendarstellungen auf ihren Altären sind auf diesem Fundament entstanden. Es waren keine dubiosen Ablassgeschäfte und zweifelhaften Machenschaften des apostolischen Stuhles, die diese Monumente mittelalterliche Religiosität geschaffen haben, sondern es waren vielfach Stiftungen, Spenden und die Sorge der Zeitgenossen um ihr Seelenheil, mit denen sie finanziert wurden. Auch das Wohlfahrtswesen ist aus diesem

Gedanken geboren worden. Gesellschaft und Religion sind für die mittelalterliche Geschichte untrennbar miteinander verbunden.

Mögliche Leit- und Arbeitsfragen für dieses Kapitel:
- Welche Rolle spielte Religiosität im Mittelalter verglichen mit unserer heutigen Zeit?
- Wie konnte Religiosität zum Ausdruck gebracht werden?
- Welche Ideale verfolgte das mittelalterliche Mönchtum? Wie unterschieden sich diese Ideale bei den Bettelorden?
- Welche kulturellen Leistungen verbinden wir besonders mit der mittelalterlichen Klosterkultur?
- In welchem Zusammenhang standen Glaube und Gesellschaftslehre des Mittelalters?
- Welche soziale Funktion konnte Glaube, Religion oder Frömmigkeit im Mittelalter erfüllen?
- Welches Frauenbild vermittelt die mittelalterliche Theologie?
- Was ist eigentlich ein Ketzer?
- In welchem Zusammenhang standen Glauben und Wissenschaft?
- Welche Bedürfnisse, Ängste und Hoffnungen verbanden sich mit der ausgeprägten mittelalterlichen Religiosität?

Literaturhinweis
Zur Behandlung von Religiosität in ihren historischen Dimensionen – vor allem mit Blick auf das Mittelalter – liegt ein ausgesprochen aufschlussreicher Tagungsband vor: *Waltraud Schreiber (Hrsg.): Die religiöse Dimension im Geschichtsunterricht. Ein interdisziplinäres Forschungsprojekt, Neuried 2000 (= Bayerische Studien zur Geschichtsdidaktik, Bd. 2).*

5.1 Klöster als Lebenswelten

5.1.1 Ein Kind wird an ein Kloster übergeben (10. Jahrhundert)

Oft kamen Kinder schon sehr früh ins Kloster, um auf ein Leben als Mönch vorbereitet zu werden. Diese Szene zeigt, wie ein Vater seinen Sohn ins Kloster bringt. Die Inschrift lautet: „Florus übergibt seinen Sohn. Es kommt zu einer Zusage [des Abtes]. Er [Florus] übergibt Ländereien." Weil das Kloster von nun an für die Versorgung des Novizen (des neu Aufgenommenen) sorgte, war es üblich, dass die Eltern beim Eintritt in das Kloster der Gemeinschaft einen Teil ihrer Ländereien abtraten (Abb. 30).

5.1.2 Aus der Regel des Heiligen Benedikt (6. Jahrhundert)

Die nach dem Heiligen Benedikt von Nursia (um 480–547) benannte Ordensregel aus dem 6. Jahrhundert gehört neben der franziskanischen zu den einflussreichsten des Mittelalters. Dort wird unter anderem bestimmt:

Abb. 30: Ein Vater übergibt seinen Sohn einem Kloster (10. Jahrhundert)

Brückmann, A., u.a. (Hrsg.): Geschichte und Geschehen, Sekundarstufe I, Bd. 2. Leipzig 2004, S. 38.

33. Niemand darf etwas Eigenes besitzen, weder ein Buch noch eine Schreibtafel noch einen Griffel. Denn es ist keinem Mönch erlaubt, über seinen Körper oder über seinen Willen frei zu entscheiden. Alles Nötige, so sollen die Mönche hoffen, würden sie vom Vater des Klosters bekommen. Und „alles sei allen gemeinsam“, wie es geschrieben steht.[1] [...]
48. Müßiggang ist der Feind der Seele. Daher müssen sich die Brüder zu bestimmten Stunden wie die Apostel mit ihrer Hände Arbeit, zu bestimmten Stunden aber mit heiliger Lesung beschäftigen. Während der Fastentage ist Lesezeit von nach dem Gebet der ersten Stunde bis um 9 Uhr und von 10 Uhr bis 12 Uhr. Vor der Fastenzeit erhalte jeder ein Buch aus der Bibliothek, das er während dieser Tage von Anfang an ganz lesen soll. Sonntags ist außer den Gebetszeiten den ganzen Tag über zu lesen. Während der Lesezeit sollen zwei ältere Brüder durch das Kloster gehen und darauf achten, dass keiner träge ist und schwätzt. [...]
50. Das Kloster muss so angelegt sein, dass sich Wasser, Mühle und Garten und die Werkstätten noch in seinem Bereich befinden, damit für die Mönche keine Notwendigkeit entstehe, auswärts umherzuschweifen, was für die Seele nicht förderlich ist.

Zit. nach: Bihlmeyer, P. (Hrsg.): Ausgewählte Schriften des hl. Gregor von Nazianz. Kempten 1874 (= Bibliothek der Kirchenväter, Bd. 20), S. 69ff.

5.1.3 Beda Venerabilis: Leben für das Studium (8. Jahrhundert)

Der englische Mönch und Chronist Beda Venerabilis („der Ehrwürdige“, um 673-735) hat neben seiner berühmten „Englischen Kirchengeschichte“ („Historia Ecclesiastica gentis Anglorum“) und einer Geschichte seines Heimatklosters Wearmouth und Jarrow zahlreiche Lebensbeschreibungen von Heiligen und Märtyrern, Bücher über die Zeitrechnungen und eine Anzahl von Bibelkommentaren geschrieben. Gegen Ende seiner Kirchengeschichte blickt er auch auf sein eigenes Leben zurück:

Ich, Beda, bin ein Diener Christi und Priester im Kloster Wearmouth und Jarrow, das den heiligen Aposteln Petrus und Paulus geweiht ist. In der Nähe des Klosters wurde ich auch geboren. Als ich sieben Jahre alt war, gab mich meine Familie in die Obhut des ehrwürdigen Abtes Benedikt und später dann dem Abt Ceolfried, um mich zu erziehen. Seitdem habe ich im Kloster gelebt. Stets hat meine ganze Kraft dem Studium der Schriften gegolten. Den Regeln des Klosters habe ich mich stets gewissenhaft unterworfen und am täglichen Gesang in der Kirche teilgenommen. Besondere Freuden aber haben mir Lernen, Lehren und Schreiben bereitet. Mit 19 Jahren wurde ich zum Diakon, mit 30 Jahren dann zum Priester geweiht. [...] Von dieser Zeit an bis zu meinem 59. Lebensjahr habe ich mich stets bemüht, aus den Schriften der Kirchenväter zur eigenen Belehrung und zur Belehrung meiner Mitbrüder Auslegungen der Heiligen Schrift zusammenzustellen oder eigene Kommentare zu verfassen.

Zit. nach: Colgrave, B./Mynors, R.A.B. (Hrsg.): Beda's Ecclesiastical History of the English People. Oxford 1969, S. 566

5.1.4 Petrus Damiani: Das Leben im Kloster Cluny (um 1063)

Das alltägliche Leben im Kloster war sehr beschwerlich. In manchen Reformklöstern, so auch in dem berühmten französischen Kloster Cluny, wurden besondere Schweigezeiten eingehalten, in denen die Mönche nicht miteinander sprachen. Hierzu der Bendiktinermönch und einflussreiche Geistliche Petrus Damiani (um 1006–1072):

Was soll ich sagen von der strengen Abtötung der Sinne, von der Disziplin im Einhalten der Regel, von der Ehrfurcht vor dem Kloster und vom Stillschweigen? Außer im Notfall wagt es niemand, zur Zeit des Studiums, der Arbeit oder der geistlichen Lesung im Kreuzgang umherzugehen oder zu reden. Die gottesdienstlichen Handlungen füllen derart den Tag aus, dass neben den notwendigen Arbeiten den Brüdern kaum eine halbe Stunde zu ehrbarer Unterhaltung und zu den notwendigen Besprechungen übrig bleibt. Sie reden selten. Während des nächtlichen Silentiums aber, und in bestimmten Räumen auch während des Tages, spricht man nur durch Zeichen, die so gewählt und ernst sind, dass der Leichtsinn dabei keinen Zugang findet. Die gemeinsamen Räume, wie Kreuzgang, Schlafsaal, Speisesaal und Bibliothek sind ausgedehnt und würdig, doch ohne Prunk und bei aller Geräumigkeit bemerkenswert durch Ernst und würdevolle Einfachheit.

Migne's Patrologia, series latina, Bd. 144; Übersetzung nach: Lautemann, Wolfgang (Hrsg.): Geschichte in Quellen, Bd. 2. München ²1978, S. 225f. (Übers.: U. Zeller)

5.1.5 Leben der Mönche im Kloster Cluny (15. Jh.)

Diese Miniatur stammt aus einer Handschrift des „Speculum historiale" des Vincent de Beauvais, einer der berühmtesten Enzyklopädien des Mittelalters. Sie zeigt typische Szenen aus dem Leben der Mönche des Klosters Cluny (15. Jahrhundert, Chantilly, Musée Condé).

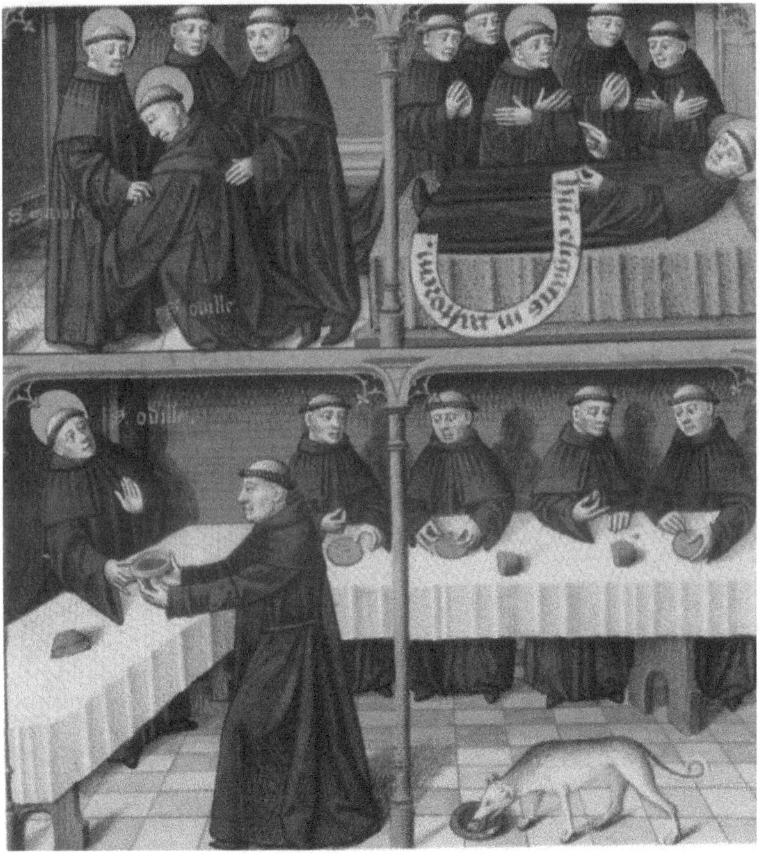

Abb. 31: Szenen aus dem Leben der Mönche von Cluny (15. Jh.)
Salvèque, J.-D., u.a.: Cluny. Abbatiale bénédictine, XIe-XIIe siècle. Paris 1988, S. 18

5.1.6 Das Skriptorium (um 1039/40)

Dieser Ausschnitt einer Miniatur aus dem Kloster Echternach (1039/40) zeigt einen Laien und einen Mönch bei der Schreibarbeit. Bis in das späte Mittelalter hinein waren Klöster die wichtigsten Schreibstätten, in denen viele Bücher in mühevoller Arbeit kopiert wurden (s. Abb. 32).

Abb. 32: Scriptorium im Kloster Echternach (1039/40)
Brückmann, A., u.a. (Hrsg.): Geschichte Geschehen, Sekundarstufe I, Bd. 2.. Leipzig 2004, S. 40

5.2 Ketzer und Reformer

5.2.1 Buße für die Sündhaftigkeit der Welt: Die Heilige Klara (Mitte 13. Jh.)

In den Lebensbeschreibungen der Heiligen und anderer, besonders charismatischer Gläubiger wird oft von Kasteiungen gegenüber dem eigenen Körper berichtet, um für die eigenen Sünden und die Sünden der Welt vor Gott Buße zu tun. Von der Heiligen Klara erzählt Thomas von Celano (gest. 1260):

Sie verließ also Haus, Stadt und Verwandte und eilte nach St. Maria von Portiunkula. [...] Dort legte sie durch der Brüder Hand ihr Haupthaar ab und verzichtete auf ihren mannigfaltigen Schmuck. [...] Als aber die Kunde hiervon die Verwandten erreichte, verdammten sie blutenden Herzens den Entschluss der Jungfrau. Sie rotteten sich zusammen, eilten an den Ort und versuchten, sie in ihre Gewalt zu bringen – was aber nicht gelang. [...] Sie redeten Klara zu, von solch schimpflicher Preisgabe Abstand zu nehmen, die weder ihrem Geschlecht zieme noch ein Beispiel im Umkreis habe. Klara aber ergriff das Altartuch, entblößte ihr geschorenes Haupt und blieb fest entschlossen, sich unter keinen Umständen vom Dienste Christi abbringen zu lassen. [...] Man sollte vielleicht über Klaras außerordentliche Abtötung des Fleisches lieber schweigen als reden, da sie Taten vollbrachte, bei denen die erstaunten Zuhörer an deren Wirklichkeit Zweifel bekommen könnten [...] Die heilige Jungfrau hatte sich nämlich ein Kleid aus Schweinshaut besorgt, das sie, mit den rauen Borsten gegen das Fleisch gewendet, heimlich unter dem Gewande trug. Zuweilen benützte sie auch ein hartes, aus Rosshaaren knotig geflochtenes Bußkleid, das sie mit rauen Stricken an den Körper schnürte. [...] Der blanke Boden und bisweilen Reisig von Weinstöcken waren ihr Ruhebett. Ein hartes Holz diente ihrem Haupt als Kissen. [...] Nachdem ihren so streng behandelten Körper eine langwierige Krankheit zu befallen begann, benützte sie auf Geheiß des seligen Franziskus einen Strohsack.

Zit. nach: Grau, Engelbert (Übers.): Leben und Schriften der heiligen Klara. 6. Aufl. Werl 1988 (= Franziskanische Quellenschriften, Bd. 2), S. 40ff. und S. 49ff.

5.2.2 Waldensische Predigerinnen (um 1170)

Gegen Ende des 12. Jahrhunderts gründete sich um den Lyoner Kaufmann Petrus Valdus eine kirchliche Reformbewegung, die sich vor allem durch die Ablehnung der Kindstaufe und die Befürwortung der Laienpredigt – auch durch Frauen – von der päpstlichen Kirche abhoben und daher als Ketzer verfolgt wurden. Heute gehören die Waldenser zu den reformierten protestantischen Kirchen; die meisten Gemeinden gibt es in Italien. Über die Frühzeit der Waldenserbewegung berichtete Zisterzienserabt Gottfried von Auxerre (1115–1188):

Lyon als der vornehmste Bischofssitz Galliens brachte neue Apostel hervor und errötete nicht vor Scham, sich ihnen anzuschließen. [...] Sie maßten sich das Predigtamt an, waren dabei gänzlich oder doch fast ganz ungebildet, ja mehr noch, ohne Geist, [...] zogen in Städten und Dörfern umher unter dem Vorwand der Armut und der Vorspiegelung von Predigt und lebten ohne Handarbeit schamlos vom Brot der anderen. [...] Ihre unsinnigen Aussagen verschärften sie mit lügnerisch erfundenem Tadel und Herabwürdigung der Kleriker. Der erste Urheber der Sekte, der nach seinem Herkunftsort Wandesius [Petrus Valdus] hieß, schwor auf einem Konzil in Lyon seine gottlose Anmaßung ab. [...] Als er aber rückfällig geworden war, ließ er nicht ab, Schüler zu sammeln und auszusenden, unter denen auch armselige Dirnen nicht fehlten, die in fremde Häuser eindrangen. Sie waren dabei so beflissen und wortreich, zudringlich, boshaft und unverschämt wie die zwei, die vor nahezu 15 Jahren im Gefolge eines der Übeltäter gefunden wurden, die den Bischof beleidigten. [...] Die beiden beschimpften ihn, dass er sie einst, als er sie in seiner Diözese als Predigerinnen aufgegriffen habe, mit Drohungen und Überredung gezwungen habe, sich von der Sekte loszusagen. Deswegen lästerten sie ihn boshaft, stießen Schmähungen aus und verkündeten öffentlich: „Als wir predigten, aßen wir nachher stets reichlich, wählten uns für einzelne Nächte neue Liebhaber, brachten die Zeit hin, niemand unterworfen, ohne Sorgen, ohne Mühsal und ohne Gefahr für unser Leben, während wir jetzt als Mägde von Herren täglich in Gefahr sind zu sterben und als erbarmungswürdige Frauen verschiedenen Drangsalen ausgesetzt sind."

Zit. nach: Fearns, James (Hrsg.): Ketzer und Ketzerbekämpfung im Hochmittelalter. Göttingen 1968, S. 42

5.2.3 Die Verbrennung des Jan Hus in Konstanz (1415)

Der böhmische Prediger Jan Hus wurde auf dem Konstanzer Konzil (Kirchenversammlung) am 6. Juli 1415 wegen Ketzerei verbrannt. Nach ihm ist die reformatorisch-revolutionäre Bewegung der Hussiten benannt, die sich nach seiner Verbrennung zu einer gewaltsamen Freiheitsbewegung ausdehnte, gegen die das Reich unter König Sigismund zwischen 1420 und 1434 durchgängig und meistenteils erfolglos in Form kleinerer Scharmützel Krieg führte. Erst die innere Spaltung der Bewegung führte schließlich zu ihrem Ende. Die wichtigsten Forderungen der Hussiten waren: Das freie Recht zu predigen und das Abendmahl zu spenden, die Abschaffung weltlicher Macht durch Kirchenfürsten und die Befreiung von ungerechter weltlicher Macht. Das machte die Bewegung vor allem für weniger privilegierte Unterschichten interessant. Die Bewunderung für den charismatischen Hus, ebenso das Misstrauen gegenüber dem reichen Klerus spricht auch aus dem Zeitzeugenbericht des Peter von Mladoniowitz, der selbst bei der Verbrennung dabei gewesen ist:

Als [Hus] zur Hinrichtungsstätte kam, beugte er die Knie und betete mit ausgebreiteten Händen und mit zum Himmel empor gerichteten Augen inbrünstig Psalmverse. [...] Einige dabei stehende Laien sagten: „Wir wissen nicht, was er früher getan oder gesprochen hat. Jetzt aber sehen und hören wir, dass er heilige Worte betet und redet." Und andere sprachen: „Es wäre gewiss gut, wenn er einen Beichtvater hätte, damit er gehört werde." Ein Priester aber, der in einem grünen, mit roter Seide verbrämten Gewande zu Pferde saß, sprach: „Er braucht nicht gehört zu werden, und man braucht ihm auch keinen Beichtvater zu geben, denn er ist ein Ketzer." [...] Dann zündeten die Henker [Hus] an. Er sang darauf mit lauter Stimme [...] Und als er zum dritten Male begonnen hatte, zu singen, schlug ihm alsbald der Wind die Flamme ins Gesicht, und also in sich betend und Lippen und Haupt bewegend, verschied er im Herrn.

Zit. nach: Ritter, Adolf Martin, u.a. (Hrsg.): Kirchengeschichte in Quellen, Bd. 2. 5. Aufl. Neukirchen-Vluyn 2001, S. 229f.

5.3 Die Frau, das schwache Geschlecht? Frauen im christlichen Weltbild des Mittelalters

5.3.1 Clemens von Alexandria über die menschliche Natur (Ende 2. Jh.)

Der Kirchenvater Clemens von Alexandria (um 150–um 215) wurde vor allem im Hochmittelalter viel gelesen. Seine philosophischen Darlegungen hat er „Teppiche" genannt. Im Kapitel 60 des vierten Buches heißt es (Ende des 2. Jahrhunderts):

[...] Insofern also das Weib aber etwas vom Mann Verschiedenes ist, nämlich hinsichtlich der Eigentümlichkeit des Körpers, wird es zur Schwangerschaft und zur Verwaltung des Hauswesens bestimmt sein. „Denn ich will", sagt der Apostel, „dass ihr wisst, dass das Haupt eines jeden Mannes Christus ist, das Haupt des Weibes aber der Mann. Denn der Mann stammt nicht vom Weibe, sondern das Weib vom Mann. Indes ist weder ein Weib etwas ohne den Mann noch ein Mann etwas ohne das Weib in dem Herrn." [...] Darum sollen auch die Frauen ebenso wie die Männer Philosophie treiben, wenn auch die Männer überlegen sind und in allen Dingen den Vorrang einnehmen – außer, wenn sie verweichlicht sind.

Zit. nach: Des Clemens von Alexandrien Ausgewählte Schriften, Bd. 3 und Bd. 5. München 1936/38 (= Bibliothek der Kirchenväter, Reihe 2, Bd. 17 und Bd. 20), S. 46ff.

5.3.2 Augustinus über den Nutzen der Frau (5. Jh.)

Augustinus (354-430), wohl einer der wichtigsten Kirchenväter für das Mittelalter, führt zu Beginn des 5. Jahrhunderts über den Nutzen der Frau in der göttlichen Schöpfung aus:

Wenn nun gefragt wird, wozu diese Hilfskonstruktion [= die Frau] nötig war, ergibt sich wahrscheinlich nichts anderes als die Hervorbringung von Kindern, so wie die Erde die Hilfe für den Samen ist, damit aus beiden die Pflanze wachse. [...] Wenn die Frau nicht zur Hilfeleistung, um Kinder hervorzubringen, dem Manne gemacht worden ist, zu welcher Hilfe ist sie dann gemacht worden? Sollte sie zugleich mit ihm den Boden bestellen [...], dann wäre, selbst wenn es nötig gewesen wäre, eine männliche Hilfskraft besser gewesen. Das gleiche gilt auch, wenn man von ihr als Trostgeberin sprechen würde, in der Annahme, dass Adam seiner Einsamkeit überdrüssig geworden wäre. Ist es dann für ein Zusammenleben und Miteinandersprechen nicht zuträglicher, wenn zwei Freunde zusammen wohnen als ein Mann und eine Frau? Wenn es nun bei einem solchen Zusammenleben nötig war, dass der eine befahl, der andere gehorchte, damit nicht entgegengesetzte Willen den Frieden [...] störten, so hätte zur Aufrechterhaltung dessen sicher nicht die Ordnung gefehlt, die dem früher Erschaffenen das Befehlen, dem Späteren das Gehorchen zuteilte, zumal wenn der Spätere aus dem Früheren erschaffen worden ist, wie das bei der Frau der Fall war. Oder wollte einer sagen, es wäre für Gott nicht möglich gewesen, wenn er gewollt hätte, aus der Rippe des Menschen nicht bloß eine Frau, sondern auch einen Mann zu machen? Ich finde also keine andere Funktion, für die dem Mann ein Weib erschaffen würde, als die, zu gebären.

Augustinus: Über den Wortlaut der Genesis, Bd. 2. Paderborn 1964, S. 93ff. (Übers.: Carl J. Perl)

5.3.3 Frauen als Priesterinnen? Eine Beschwerde aus dem 9. Jahrhundert

Im Jahre 829 beschweren sich Bischöfe gegenüber Kaiser Ludwig dem Frommen über Frauen, die sich anmaßen, Aufgaben des Klerus wahrzunehmen:

Den unerlaubten Zutritt von Frauen zum Altar haben wir auf jede nur mögliche Weise zu verhindern gesucht. Da wir durch einen Bericht zuverlässiger Leute erfahren haben, dass in manchen Provinzen im Widerspruch zum göttlichen Gesetz und zur kirchlichen Anweisung Frauen sich in den Altarraum hineinbegeben, geweihte Gefäße ohne Scheu anfassen, priesterliche Gewänder den Priestern reichen und – was noch ungeheuerlicher, ungeziemender und unpassender ist als all das – dem Volk den Leib und das Blut des Herrn reichen und anderes tun, was in sich unanständig ist, haben wir es zu verhindern gesucht, damit man es sich nicht weiter herausnimmt.

Zit. nach: van der Meer, Haye: Priestertum der Frau? Eine theologiegeschichtliche Untersuchung. Freiburg i. Br. 1969 (= Questiones disputatae, Bd. 42), S. 118

5.3.4 Warum gibt es mehr Hexen als Zauberer? Der Hexenhammer (1487)

Der „Hexenhammer" Jakob Sprengers und Heinrich Institoris aus dem Jahre 1487 ist das berühmteste und berüchtigste Buch des ausgehenden Mittelalters über die Hexerei. Bis weit in das 17. Jahrhundert hinein ist es immer wieder nachgedruckt worden. Unter anderem erörtern Institoris und Sprenger auch die Frage, warum mehr Frauen als Männer sich dem Verbrechen der Hexerei hingeben:

Bezüglich des ersten Punktes, warum sich unter dem schwachen Geschlecht mehr Hexen finden als unter den Männern, ist es unangemessen, Argumente für das Gegenteil anzuführen, denn neben schriftlichen Zeugnissen macht auch das Urteil glaubwürdiger Männer diesen Befund unzweifelhaft. Wir werden im Folgenden, ohne das Geschlecht zu verachten, in dem Gott stets Großes schuf, um Starkes zu verwirren, von den Gründen dafür sprechen. Deshalb ist dieser Stoff auch geeignet, ihn den Weibern selbst zur Ermahnung zu predigen. [...] Einige Gelehrten geben diesen Grund an: Sie sagen, es gebe dreierlei in der Welt, was im Guten und Bösen kein Maß zu halten weiß; die Zunge, der Geistliche und das Weib. [...] Von der Bosheit der Weiber aber wird [auch in der Heiligen Schrift] gesprochen. [...] Und neben anderem, was dort über das nichtsnutzige Weib bemerkt wird, heißt es am Schluss: „Klein ist jede Bosheit gegen die Bosheit des Weibes." [...] Andere sagen [...], dass es drei Gründe seien[, warum mehr Frauen als Männern Hexerei praktizieren]: Der erste ist der, dass sie leichtgläubig sind. [...] Der zweite Grund ist, weil sie von Natur wegen [...] leichter zu beeinflussen sind und zur Aufnahme von Eingebungen durch den Eindruck besonderer Geister [neigen]. [...] Der dritte Grund ist, dass ihre Zunge schlüpfrig ist und sie das, was sie durch schlechte Kunst erfahren, ihren Genossinnen kaum verheimlichen können.

Zit. nach: Jerouschek, Günter (Hrsg.): Nürnberger Hexenhammer 1491. Faksimile der Handschrift von 1491 aus dem Stadtarchiv Nürnberg, Nr. D 251 von Heinrich Kramer. Hildesheim 1992

5.4 Gelehrte Theologie und alltägliche Frömmigkeit

5.4.1 Warum feiern wir Mariä Himmelfahrt? Aus der „Goldenen Legende" (ca. 1270)

Die „Goldene Legende" („legenda aurea"), ein religiöses Volksbuch, war im Mittelalter ein Bestseller. Es diente vor allem als Anleitung zur Besinnung an Festtagen wie als erbauliche täglich Lektüre. Um 1270 in Frankreich entstanden hat es sich über ganz Europa verbreitetet und ist bereits früh in fast alle europäischen Volkssprachen übersetzt worden. Es handelt sich dabei um eine Sammlung von Heiligengeschichten, die der Verfasser, Jacob von Voragine, auf der Grundlage der Bibel und zahlreicher anderer Quellen zunächst in lateinischer Sprache zusammenstellte. In die unterschiedlichen volkssprachlichen Versionen flossen aber auch immer lokale Heiligengeschichten ein, sodass unzählige Versionen der „Legenda" überliefert sind. Zum festen Geschichtenschatz gehört die Erzählung über den Tod und die Himmelfahrt Marias. In vielen europäischen Ländern, in Deutschland nur noch im Saarland und in den meisten bayerischen Gemeinden, ist der 15. August („Mariä Himmelfahrt") noch heute ein gesetzlicher Feiertag.

Es geschah aber, als Johannes zu Ephesos predigte, dass eine weiße Wolke mit Donner vom Himmel kam und den Apostel aufhob und ihn vor die Türe der Maria führte. Er klopfte an und ging hinein; mit großer Andacht grüßte da der Jungfräuliche die Jungfrau. Als Maria ihn sah, erschrak sie und weinte vor lauter Freude und sprach: „Lieber Sohn Johannes, denk an die Worte deines Meisters, als er mich dir zur Mutter anvertraute, und solltest mein Sohn sein. Siehe, nun ruft mich der Herr, denn ich soll sterben; und befehle meinen Leib in deine Obhut. Und wisse, ich habe gehört, dass die Juden untereinander Rat hielten und sprachen: ‚Lasst uns zusehen, wann jene stirbt, die Jesus geboren hat. Dann wollen wir ihren Leichnam rauben und mit Feuer verbrennen.' Darum lass diesen Palmzweig vor der Bahre hertragen, wenn ihr meinen Leib zu Grabe geleitet." Da sprach Sankt Johannes: „Ach, wollte Gott, dass meine Brüder, die Apostel, alle hier wären, damit wir dich mit großen Ehren bestatten könnten und dich mit Lobgesang ehren." Und als er das sprach, wurden zur selben Stunden die Apostel von all den Stätten, wo sie predigten, von Wolken aufgehoben und vor die Tür der Maria geführt. Als nun die heilige Jungfrau die Apostel alle versammelt sah, da lobte sie Gott und setzte sich mitten unter sie bei brennenden Lichtern und Lampen. Nachts um die dritte Stunde kam Jesus mit dem himmlischen Heer der Engel und Patriarchen, der Märtyrer und Bekenner der Jungfrauen; die standen alle um Marias Bett und fingen herrlich zu singen an. Und Jesus selbst sprach: „Ich bin gekommen, meine Auserwählte, um dir die Zierde meines Thrones anzulegen; denn der König begehrt nach deiner Schönheit." Darauf antwortete Maria: „Herr, mein Herz ist bereit, es ist bereit." [...] So schied Marias Seele aus ihrem Körper und flog in die Arme ihres Sohnes. Da sprach der Herr zu den Aposteln: „Ihr sollt den Leichnam meiner Mutter in das Tal Josaphat tragen. Dort findet ihr ein frisches Grab, darein sollt ihr sie begraben und mich erwarten, bis ich wieder zu euch komme in drei Tagen." [...] Danach nahmen die Apostel den Leib mit großer Ehrfurcht [...] und legten ihn in das Grab; und saßen daneben, wie es ihnen der Herr geboten hatte. Am dritten Tag kam Christus mit der Menge der Engel, grüßte sie und sprach: „Friede sei mit euch." Sie antworteten: „Ehre sei dir, Herr Gott, der du allein große Wunder wirkst." Und der Herr sprach zu den Aposteln: „Welche Gnade und Ehre meint ihr, sollte ich nun meiner Mutter tun?" Sie antworteten: „Herr, deinen Knechten will scheinen, du könntest, ebenso wie du selbst den Tod besiegt hast und ewig regieren wirst, auch deiner Mutter Leib auferwecken und zu deiner Rechten setzen in Ewigkeit." Da nickte der Herr und alsbald war der Erzengel Michael da und brachte Marias Seele vor den Herrn. Der sprach: „Stehe auf, du meine Nächste, meine Taube, du Tabernakel der Ehren, du Gefäß des Lebens und himmlischer Tempel. So wie du bei meiner Empfängnis nicht von der fleischlichen Sünde befleckt worden bist, so soll auch dein Leib keine Verwesung im Grabe erleiden." So fuhr Marias Seele in den Leib und erstand aus dem Grab auf und fuhr gen Himmel, geleitet von der Menge der Engel.

Zit. nach: Benz, R. (Übers.): Jacobus de Voragine, Legenda Aurea, Bd. 2. Berlin 1921, Sp. 2-8

Querverweis
Diese Quelle kann auch mit Blick auf das Bild des Judentums im christlichen Weltbild des Mittelalters gelesen werden.

5.4.2 Die zweifache Gotteslehre des Thomas von Aquin (frühes 14. Jh.)

Thomas von Aquin (um 1225–1274) gehörte zu den wirkmächtigsten Philosophen und Theologen des christlichen Mittelalters. In seiner Schrift gegen die Heiden (Summa contra gentiles, Buch 1, Kapitel 3) überlegt Thomas, was der Mensch von Gott wissen kann:

In allem, was wir von Gott bekennen, gibt es eine doppelte Art der Wahrheit. Einige Wahrheiten nämlich, die wir von Gott bekennen, überschreiten alle Fähigkeiten der menschlichen Vernunft: so die Lehre vom dreieinigen Gott. Einige Wahrheiten aber gibt es, welche auch die natürliche Vernunft erreichen kann: so die Wahrheit, dass es einen Gott gibt, dass Gott einer ist, und andere ähnliche Dinge. Diese Wahrheiten haben auch die Philosophen mit ihrem Gottesbeweis gebilligt, geleitet durch das Licht der natürlichen Vernunft.

Zit. nach Schuster, Hermann, u. a. (Hrsg.): Quellenbuch zur Kirchengeschichte. Neuausgabe, Bd. 2. Berlin u.a. ⁴1962, S. 65

5.4.3 Die Kunst zu Sterben: Guter und schlechter Tod (frühes 15. Jh.)

Das mittelalterliche Weltbild war erfüllt von der Sorge um das Seelenheil im Jenseits. Die eigentliche Todesstunde nahm dabei einen wichtigen Platz im Übertritt vom diesseitigen in das jenseitige Leben ein, denn hier sah man nicht nur die letzte Möglichkeit, durch Reue und Buße für das eigene Seelenheil zu sorgen, sondern auch für den Teufel die letzte Chance gegeben, die menschliche Seele vom rechten Weg abzubringen. Entsprechend stark und Furcht einflößend stellten sich die Zeitgenossen die Anfechtungen des Teufels in der Sterbestunde vor. So mischten sich in mittelalterlichen Vorstellungen vom Tod immer beides: Angst und Hoffnung. Das Bußschrifttum (Katechese) hat sich schon immer mit der Frage nach dem richtigen Leben und auch Sterben im Hinblick auf das Seelenheil beschäftigt. Seit dem ausgehenden 14. Jahrhundert entstand außerdem eine spezielle Literaturgattung, die sich mit Fragen der „Sterbekunst" (lat. ars moriendi) auseinandersetzte. Sie war sehr verbreitet, nicht nur in Klöstern, sondern auch in Städten und in Adelskreisen, und meist in der Volkssprache gehalten.

Wie uns die Lehren der Heiligen Schriften beweisen, ist ein unvorbereiteter Tod grausam und sehr zu fürchten. Doch ist der Tod – nicht allein derjenige der Märtyrer und anderer Heiligen, sondern der Tod aller Menschen – edel, köstlich und selig, wenn sie in einer wahren Buße, Reue und Beichte nach rechtem Christenglauben verscheiden und in ihrem Ende sich den Anfechtungen des Teufels und der Angst weise und voller Trost mit Hilfe Gottes widersetzen. Darum ist es auch eine besondere Kunst und Weisheit, die den Menschen schon bei Lebzeiten das rechte Sterben lehrte. Und so soll der Mensch den Tod auch nicht zu sehr fürchten, denn der heilige Johannes verheißt in der Offenbarung: „Selig sind die Toten, die in Gott gestorben sind."[2]

Höre nun, was der Tod ist: Der Tod ist nichts anderes als ein Ausgang der Seele aus dem schnöden Körper, ein Ende aller Hilfsbedürftigkeit, ein Ablegen der schweren Bürde, einen Körper tragen zu müssen, ein Ende aller Krankheit und allen Übels, ein Fliehen vor allem Schaden, die Bezahlung aller natürlichen Schuld, ein Heimkehren in unser aller Vaterland, ein Eingang in das ewige Leben und in die ewige Herrlichkeit. Dorthin kann kein Mensch gelangen, es sei denn durch den Tod. Salomon spricht: „Der Tag des Todes ist besser als der Tag der Geburt." Das gilt für alle gerechten und also auserwählten Menschen, denn für die bösen Menschen ist auch der Tod immer ein böser, denn für sie folgt der ewige Tod.

Darum ist es eine edle Kunst, dass der Mensch das rechte Sterben lernen sollte. Denn wenn die Zeit reif ist, dass Gott den Menschen zu sich holt, dann soll dieser sich willig dareingeben und sich dem Willen Gottes unterordnen. So spricht ein Weiser: „Gern sterben ist gut sterben." Denn dem Tod kann keiner entfliehen; und alle Menschen müssen diesen Weg gehen, den uns Gott aus väterlicher Liebe zu gehen aufgibt zu unserem eigenen Wohle.

Ein weiser Meister spricht: „Derjenige Mensch, der die wahre Kunst und Lehre, recht zu sterben, erlernt hat, der hat jederzeit ein vorbereitetes Herz und eine ebenso vorbereitete Seele, die begierig auf das Himmelreich wartet, und ist so vorbereitet und von allen irdischen Dingen frei, wenn der Tod kommt, genau so, wie man einen Freund begierig erwartet." In dieser Kunst sollen sich deshalb alle Menschen täglich üben, denn am Ende wird alle Kunstfertigkeit nichtig sein und ebenso alle Weisheit, Herrschaft und Reichtum.

Übers. nach: Kümper, Hiram: Tod und Sterben. Deutsche und lateinische Sterbeliteratur des Spätmittelalters. Berlin u.a. 2007, S. 134 f.

5.4.4 Weder Ehe noch Kloster: Beginen (um die Mitte 13. Jh.)

Als Beginen (weibl.) und Begarden (männl.) wurde im Mittelalter eine besondere Form des Zusammenlebens in der christlichen Gemeinschaft bezeichnet, die zwischen Laien und Ordensgemeinschaften angesiedelt waren. Der Benediktinermönch Matthäus von Paris (ca. 1199–1259) beschreibt diese Lebensform in seiner „Chronica maiora" so:

Um diese Zeit nahmen einige ein Ordenskleid, aber ein leichtes, indem sie Enthaltsamkeit und einfaches Leben in privatem Gelübde versprachen. Sie beschlossen es jedoch nicht unter der Regel eines heiligen Mannes und waren auch in keinem Kloster geboren. Und ihre Zahl vermehrte sich in kurzer Zeit so sehr, dass man in der Stadt Köln und der Umgegend zweitausend fand.

Der Franziskaner Gilbert von Tournay schrieb einige Jahrzehnte später (1273):

Es gibt bei uns Frauen, die sich Beginen nennen, und einige von ihnen beherrschen Spitzfindigkeiten und freuen sich über Neuerungen. Sie haben die Geheimnisse der Schriften, die selbst für Leute, die in der heiligen Schrift bewandert sind, kaum zu ergründen sind, in der französischen Volkssprache interpretiert. Sie lesen dies gemeinsam unehrerbietig in verborgenen Winkeln und öffentlichen Plätzen. Ketzerei und Irrtümer [...] können durch den geringen Umfang dieses Papiers nicht erfasst werden.

Zit. nach: Ketsch, Peter (Hrsg.): Frauen im Mittelalter. Quellen und Material, Bd. 2, Düsseldorf 1984, S. 346-349

5.4.5 Eine Ordnung für einen Beginenkonvent (um 1309)

Wie im Kloster herrschte auch im Beginenkonvent eine strenge Ordnung. Diese hier wurde zu Beginn des 14. Jahrhunderts für den Konvent „Auf dem Sande" in Wesel aufgestellt:

1. Es sollen nur brave und ehrsame Personen mit Genehmigung ihrer Eltern aufgenommen werden, keine unehelich geborenen Schwestern, [...], keine persönlich Unfreien.
2. Jede aufgenommene Schwester soll zum Lebensunterhalt Renten oder Vermögen besitzen oder ein Handwerk beherrschen, um sich ihren Lebensunterhalt zu garantieren.
3. Entsteht Zwietracht unter Schwestern des Hauses, so muss diese vor dem Schlafengehen von der Vorsteherin in Frieden und Liebe beigelegt werden.
4. Keine Schwester des Hauses soll ohne Erlaubnis der Vorsteherin ausgehen und nie alleine, sondern stets zu zweien, nicht vor Sonnenaufgang und nicht nach Sonnenuntergang, es sei denn, dass die Vorsteherin ihr dieses wegen redlicher Ursachen gestattet.
5. Vor Sonnenaufgang und nach Sonnenuntergang soll das Haus allen männlichen Personen verschlossen sein. [...]
8. Eine Schwester, die sich unmanierlich und ungeistlich verhält, und deswegen zweimal verwarnt worden ist, soll aus dem Hause entfernt werden und alle Ansprüche gegenüber diesem verlieren.
9. Geld und Gut, das der Gemeinschaft gehört, soll nicht unter den Einzelnen verteilt werden, sondern dem gemeinsamen Nutzen des Hauses zu Gute kommen. [...]

Zit. nach: Krimm, Herbert (Hrsg.): Quellen zur Geschichte der Diakonie, Bd. 1. Stuttgart 1960, S. 128f.

5.4.6 Konrad von Megenberg über den Verfall der Geistlichkeit (1337/38)

Konrad von Megenberg (1309–1374), der in Paris und Wien lehrte bevor er sich 1359 als Dompfarrer zu St. Ulrich in Regensburg niederließ, war ein viel gelesener Autor, der nicht nur theologische, sondern auch naturwissenschaftliche Werke verfasste. In seinem „Klagelied der Kirche" (Lacrimae ecclesiae) wettert er gegen die Verkommenheit des Klerus, vor allem aber gegen die Bettelorden:

Und, Meister, ich behaupte [...], es gibt Mönche, deren Bäuche sind wahre Bacchuskannen [= Kannen des röm. Weingottes Bacchus]; sie schmausen und prassen ohne Maß, das macht ihren Bauch zu angeschwollenen Drüse. Die Missgunst der Mönche kennt keine Grenzen; es herrscht der Ämterschacher, und die Kutte [...] ist wahrlich geradezu eine Landplage. [...] Ganz allgemein sagen die Laien und die Leute im Volke: „Die heutigen Priester, glaube mir, haben ihre Freude daran, wenn wir am Boden liegen. [...]" Die folgenden Vergehen kreiden die Laien, Leute aus den gehobenen Ständen wie Leute aus dem Volke, dem ganzen Stande der Geistlichkeit an: Zehn Pfründen [...] möchte jeder für sich haben, zehn fette Seelsorgerpfründen, nicht zum Gebrauch, sondern vielmehr zum Missbrauch. Vielen entehren sie ihre Frauen, auch die keuschen Jungfrauen entehren sie. [...] Die Geistlichen strotzen von Verfehlungen. Alle Fehler, über die du weinst,

Deutschland, die du beklagst, sagt man den Geistlichen nach. Ach, wenn es doch nicht wahr wäre, was man von ihnen sagt!

Zit. n. Kusch, H. (Hrsg.): Konrad von Megenberg, Klagelied der Kirche über Deutschland. Berlin 1956

5.4.7 Neue Laienfrömmigkeit im Spätmittelalter: Thomas von Kempen über die Nachfolge Christi (um 1418)

Neben der Bibel ist kein Buch des Mittelalters so oft abgeschrieben und später dann gedruckt worden wie die „Nachfolge Christi" („Imitatio Christi") des niederrheinischen Mystikers Thomas von Kempen (1380–1472). Das beginnende 15. Jahrhundert sieht eine ganz neue Frömmigkeit und Einkehr der Menschen, nun auch der Laien, wie sie zuvor fast nur von Geistlichen geübt wurde. Die „Imitatio" und ihr ungeheurer Erfolg ist eindrucksvoller Ausdruck dieser neuen Frömmigkeit. Aber auch nach der Reformation ist sie von beiden Konfessionen als wichtiges Erbauungsbuch anerkannt und noch vielfach nachgedruckt worden. An einer Stelle führt Thomas aus:

Zwei Schwingen erheben den Menschen über das Irdische: Einfalt und Reinheit. Einfalt muss im Streben, Reinheit in dem Gefühl sein. Einfalt trachtet nach Gott, Reinheit findet und fühlt ihn. Keine gute Tat wird dir schwer werden, wenn du innerlich frei bist von unordentlichen Begierden. Wenn du nur nach dem Wohlgefallen Gottes und dem Nutzen deines Nächsten trachtest, so wirst du innerlich frei sein. Wenn dein Herz recht beschaffen wäre, dann würde jedes Geschöpf dir ein Spiegel des Lebens und ein Buch voll heiliger Lehre sein. Es ist kein Geschöpf so klein und gering, dass es die Güte Gottes nicht offenbare. Wenn du innerlich gut und rein wärest, dann würdest du alles ohne Hindernis schauen und wohl begreifen. Ein reines Herz durchschaut Himmel und Hölle. Je nach seiner inneren Beschaffenheit beurteilt jeder das Äußere. Wenn es eine Freude gibt in der Welt, so besitzt sie unleugbar der, welcher reinen Herzens ist. Wenn es aber irgendwo Not und Angst gibt, so gibt es das vor allem in dem bösen Gewissen. Wie das Eisen im Feuer den Rost verliert und durch und durch glühend wird, so wird der Mensch, der sich ganz zu Gott wendet, von aller Unehrlichkeit befreit und in einen neuen Menschen verwandelt.

Zit. nach: Schuster, Hermann, u.a. (Hrsg.): Quellenbuch zur Kirchengeschichte. Neuausgabe, Bd. 2. Berlin u.a. [4]1962, S. 81

5.5 Wissenschaft und Theologie – Verwandte oder Konkurrenten?

5.5.1 Hugo von St. Viktor über Grundlagen und Zweck der Wissenschaft (ca. 1130)

Abt Hugo von St. Viktor (um 1097–1141) gehörte zu den wichtigsten Theologen des Hochmittelalters. Als solcher hat er sich sehr um die „Verwissenschaftlichung" der Theologie bemüht. Er hat sich aber auch ganz grundlegend über den Charakter und den Zweck von Wissenschaft Gedanken gemacht:

Bei allen menschlichen Handlungen und Bestrebungen, die von der Weisheit bestimmt werden, sollten Ziel und Zweck darauf ausgerichtet sein, entweder die Unversehrtheit unserer Natur wiederherzustellen oder die Schwächen zu mildern, denen unser gegenwärtiges Leben notwendig unterworfen ist. [...] Das ist unsere ganze Aufgabe: Die Wiederherstellung unserer Natur und die Beseitigung unserer Mängel. Die Unversehrtheit des menschlichen Lebens wird auf den zwei Wegen des Wissens und der Tugend erreicht. [...] Dreierlei Arten von Werken gibt es, nämlich Gottes Werk, das Werk der Natur und das des Schaffenden, der die Natur nachahmt. [...] Unter diesen Werken passt auf die menschliche Tätigkeit die Bezeichnung mechanisch, das heißt nachahmend, weil sie nicht Natur ist, sondern die Natur nachahmt. [...] Nicht ohne Grund wurde der Mensch waffenlos und nackt geboren, während alle Lebewesen von Natur aus ihre Bewaffnung mitbringen. Es musste nämlich die Natur für sie vorsorgen, die das nicht für sich selbst können. Dem Menschen wurde aber dadurch umso mehr Gelegenheit zum Entdecken gegeben, nämlich das, was andere von Natur aus besitzen, mit Hilfe des eigenen Verstandes zu erfinden. Der Verstand strahlt durch diese Erfindungstätigkeit umso klarer hervor, als wenn er das Erfundene schon besessen hätte. Auf diese Weise nämlich sind alle jene herrlichen Künste entstanden, an denen du heute den Eifer der Menschen sich bestätigen siehst.

Zit. nach: Alter, Peter, u.a.: Grundriss der Geschichte. Dokumente, Bd. 1. Stuttgart 1985, S. 62 f.

5.5.2 Unvereinbarkeit von Ehe und Gelehrtenleben (ca. 1135)

Petrus Abaelard (Pierre Abaillard, 1079–1142) war ein sehr berühmter und nicht minder umstrittener französischer Theologe und Philosoph. Zeit seines Lebens war er in Auseinandersetzungen mit anderen Theologen und Philosophen, unter anderen auch mit Bernhard von Clairvaux, verwickelt. Vielen ist er heute aber hauptsächlich wegen seiner Liebesaffäre mit seiner Schülerin Heloïse im Gedächtnis geblieben, die Abaelard bereits kurz nach der Heirat selbst ins Kloster schickte. Heloïses Vater Fulbert hatte den unliebsamen Schwiegersohn daraufhin überfallen und entmannen lassen. Abaelards Ansichten zum Thema Ehe und ihrer Unvereinbarkeit mit dem Gelehrtenleben mögen für uns verschroben klingen, sind aber später von den Humanisten und selbst noch im 19. Jahrhundert immer wieder aufgegriffen worden.

Bedenke, wie es sich mit dieser ehrsamen Lebensweise (in der Ehe) verhält. Wie soll das zusammengehen: Scholaren mit Zofen, Studierzimmer mit Wiege, Bücher oder Schreibtafeln mit Spinnrocken,[3] Schreibrohre oder Griffel mit Spindeln? Wer, der über die heiligen oder über philosophische Texte meditiert, kann schließlich das Geplärre der Kinder, den Singsang der Ammen, die sich zu beruhigen suchen, und die lärmende Schar des männlichen und weiblichen Gesindes aushalten? Wer könnte auch die garstigen und unaufhörlichen Schmutzereien der Kleinkinder ertragen? Die Reichen können es, wirst Du sagen, deren Paläste und Häuser ausreichende Räumlichkeiten haben, deren Reichtum große Ausgaben nicht spüren läßt und die von Alltagssorgen nicht gequält sind. Aber, so sage ich, die Lage der Philosophen ist eine andere als die der Reichen; nur wer nicht nach Wohlstand strebt oder sich in die Sorgen dieser Welt verstrickt, wird Muße haben für göttliche oder philosophische Probleme.

Zit. nach: Arnold, Klaus: Kind und Gesellschaft in Mittelalter und Renaissance. Paderborn u.a. 1980, S. 106

5.5.3 Wachen über die Lehrmeinung: Die Inquisition (1246)

Im Hochmittelalter etablierte sich mit der Inquisition (lat. Untersuchung) eine besondere Form des kirchlichen Gerichtsverfahrens, durch das die Verbreitung von Lehren, die der offiziellen, päpstlichen Lehrmeinung widersprachen, verhindert werden sollte. Solche Lehren nannte man Ketzerei. Auf dem Konzil von Béziers (Frankreich) wurden beispielsweise folgende Anweisungen für die Inquisitoren beschlossen:

Die Inquisitoren sollen jeweils an einem Ort ihren Sitz nehmen und von da aus ihre Inquisitionsgewalt über die ganze Gegend ausüben. Sie sollen die Geistlichkeit und das Volk zusammenrufen, ihnen ihre Vollmacht [des Papstes] vorlesen und befehlen, dass jeder, der in die Ketzerei gefallen ist oder von Ketzern weiß, vor ihnen erschiene und die Wahrheit bekenne.
1. Die Inquisitoren geben ihnen einen gewissen Zeitraum an, der Gnadenfrist heißt. Wer innerhalb dieser Frist aus eigenem Antrieb und reumütig erscheint und die volle Wahrheit über sich und die anderen bekennt, der wird weder mit dem Tod noch mit ewiger Kerkerhaft noch mit der Einziehung seines Besitzes bestraft. [...]
3. Die Namen der Zeugen werden geheim gehalten.
4. Bei dem Verbrechen der Ketzerei werden als Ankläger und Zeugen auch Straftäter, Ehrlose und Mittäter bei Verbrechen zugelassen.
5. Die Ketzer werden im Geheimen [...] durch die Inquisitoren verhört. Die Inquisitoren drängen die Ketzer, sich zu bekehren. Wenn die Ketzer darin einwilligen, soll man sie mit Milde behandeln.
6. Diejenigen Ketzer, die es ablehnen, sich zu bekehren, soll man aber nicht sofort verurteilen. Man soll sie stattdessen noch mehrere Male zur Bekehrung auffordern. Wenn sie jedoch hartnäckig in ihrer Boshaftigkeit verharren, werden sie gezwungen, ihren Irrglauben öffentlich zu bekennen. Danach verurteilen die Inquisitoren sie und liefern sie der weltlichen Gewalt aus.

Gekürzt nach Sollbach, G. E.: Spätes Mittelalter, Köln 2002 (= Unterricht Geschichte. Themen – Materialien – Medien, Reihe A, Bd. 6), S. 74

5.5.4 Seelenheil für Geld? Der Ablassprediger Tetzel in Annaberg (1508/10)

Der Handel mit Ablässen – mit päpstlich abgesegneten Briefen also, die die Vergebung einzelner Sünden zusicherten – war im ausgehenden Mittelalter weit verbreitet und wurde später zu einem der besonders bekannten Kritikpunkte des Reformators Martin Luther an der katholischen Kirche. 1508 kam der Ablassprediger Johann Tetzel in das sächsische Annaberg. Der Lateinschüler Friedrich Mecum, der später ein großer Anhänger Luthers wurde, erinnert sich rückblickend, wie er selbst damals – noch bevor sich die konfessionelle Spaltung der Kirche abzeichnete – versuchte, einen solchen Ablass zu erwerben:

Johann Tetzel aus Pirna in Meißen, ein Dominikanermönch, war ein gewaltiger Verkünder des Ablasses des römischen Papstes. Er war zwei Jahre in Annaberg und betörte das Volk so sehr, dass alle glaubten, es gebe keinen anderen Weg, Vergebung der Sünden und das ewige Leben zu erlangen: [...] wir müssten uns den päpstlichen Ablass kaufen. [...] Um Pfingsten 1510 [...] wurden an die Türen und Mauern der Kirche öffentliche Briefe [des Papstes] angeschlagen, worin befohlen wurde, dass der Ablass, um dem deutschen Volk für seine Andacht Dank zu beweisen, von nun an [...] nicht mehr so teuer verkauft werden sollte. Und am Ende des Briefes stand auf Lateinisch geschrieben: Den Armen [...] soll man die Ablassbriefe umsonst geben, ohne Geld, um Gottes willen. [...] Mein Vater hatte mich die Zehn Gebote gelehrt, das Vaterunser und den christlichen Glauben, und zwang mich, dass ich immer beten musste. Denn wir hätten, so sagte er, alles allein von Gott, umsonst. [...] Von dem römischen Ablass sagt er, das seien nichts als Netze, womit man den Einfältigen das Geld abfische und aus dem Beutel nehme. [...] Weil ich nun in den Predigten täglich nichts anderes hörte, als das große Lob des Ablasses, blieb ich im Zweifel, wem ich mehr glauben sollte, meinem lieben Vater oder den Priestern als Lehrer der Kirche. Ich stand im Zweifel, glaubte aber doch mehr den Priestern. [... Denn] mir gefiel über die Maßen der Satz: „Den Armen soll der Ablass umsonst gegeben werden, um Gottes willen." Nach drei Tagen nun trieb es mich, zu den [päpstlichen] Kommissarien zu gehen und sie um die Briefe von der Vergebung der Sünden zu bitten aus Gnade für die Armen. Ich gab auch an, ich sei ein Sünder und arm, und bedürfe der Vergebung, die aus Gnaden geschehe. [...] [Tetzel aber antwortete], „dass klar in des Papstes Briefe stehe, dass die der reichsten [...] Verdienste Christi teilhaftig werden, die mit der Hand helfen, also Geld geben." [... Man schlug mir vor, ich solle weniger geben. ...] Ich aber blieb beständig, dass mir die Briefe von dem, der Macht habe, sie zu schenken, umsonst geschenkt werden sollten; wenn nicht, so wolle ich die Sache Gott befehlen und ihm anheim stellen. So wurde ich ziehen gelassen. [...] Da empfand ich, dass mein ganzes Herz verwandelt war; ich hatte einen Verdruss über alle Dinge in der Welt und das Leben gründlich satt. Nur das eine begehrte ich: Gott zu loben und ihm zu gefallen.

Sprachl. modernisiert und gekürzt nach Richter, A.: Quellenbuch für den Unterricht in der deutschen Schule, 3. verm. Aufl. Leipzig 1893, S. 144-149

5.5.5 Girolamo Savonarola über die Gefahren des Humanismus für die Kirche (1493)

Der italienische Dominikanermönch Girolamo („Hieronymus") Savonarola (1452–1498) gehört zu den prominentesten Predigern des ausgehenden Mittelalters. Gegen Ende seines Lebens war sein Ruf so groß, dass er in Florenz die bestimmende politische Größe wurde, nachdem 1494 – vor allem auf sein Betreiben – die Herrscherfamilie der Medici aus der Stadt vertrieben worden waren. Zu den Erscheinungen des Sittenverfalls innerhalb der Kirche zähle Savonarola auch die Zuwendung zu den antiken, nicht-christlichen Autoren durch den Humanismus:

Die Säulen, die aus Porphyr[4] zu bestehen scheinen und aus Holz sind, sind die Lehren der Dichter, Redner, Astrologen und Philosophen. Auf diese Säulen gestützt, hält sich die Kirche aufrecht und regiert. Geh nach Rom und überall in der Christenheit in die Häuser der großen Prälaten [kirchliche Würdenträger] und Doktoren: Man achte nur auf die Dichtung und die Redekunst. Geh nur und schau nach: Du wirst sie mit humanistischen Büchern in der Hand finden. Und sie geben zu verstehen, mit Vergil, Horaz und Cicero [klassische römische Schriftsteller] die Seelen führen zu können. [...] Unsere Prediger haben ebenfalls die Heilige Schrift liegen lassen und sich der Astrologie und Philosophie hingegeben, und diese verkünden sie auf den Kanzeln und erheben sie zur Königin. Die Heilige Schrift benutzen sie als Magd, weil sie die Philosophie predigen, um gelehrt zu scheinen, und nicht, weil sie ihnen zu Auslegung der Bibel dient.

Zit. nach Grütter, W., u.a. (Hrsg.): Der geschichtliche Weg unserer Welt bis 1775, Paderborn u.a. 1969 (= Zeiten und Menschen, Reihe G, Bd. 1), S. 282

Anmerkungen

1 Apostelgeschichte 2, 44 und 4, 32.

2 In der Offenbarung des Johannes heißt es, Kapitel 14, Vers 13: *„Selig sind die Toten, die in dem Herrn sterben von nun an. Ja, der Geist spricht, daß sie ruhen von ihrer Arbeit, denn ihre Werke folgen ihnen nach.“* (Einheitsübersetzung).

3 Ein Spinnrocken ist das senkenrechte Seitenteil, auf dem das Spinnmaterial befestigt wird.

4 Besonders dekorativer, purpurfarbener Baustein.

6. Europa und die Fremden

Ist die Vorstellung vom mittelalterlichen Leben oft mit einer festen Bindung an den direkten Lebensraum verbunden und mit Konzepten wie der „stabilitas loci“[1] von Mönchen oder dem Gedanken an den Bauern, der „an die Scholle gebunden“ ist, so darf man dennoch nicht die Rolle unterschätzen, die Reisen im mittelalterlichen Leben spielten. Nicht nur Könige bereisten ihr Reich, sondern auch Bischöfe und Äbte unter-nahmen Reisen in ihre Sprengel oder zu Synoden; Handwerker und Künstler wanderten auf der Suche nach Arbeit durch das Land, und Pilger unternahmen oft mehrmals im Jahr Reisen zu nahe und auch fern gelegenen Wallfahrtsorten. Viele von ihnen berichteten von den Orten, die sie bereisten, und von den Menschen, denen sie dabei begegneten, und sorgten so für eine Verbreitung des Wissens über fremde Orte bei den Daheimgebliebenen.

Besonders die Beschreibungen von Pilgerfahrten nach Jerusalem konfrontierten abendländische Christen mit der fremden Kultur des Heiligen Landes.

Das seit der Jahrtausendwende wärmer gewordene Klima, größerer Wohlstand und der Ausbau von Infrastruktur wie Brückenbau, die Gründung von Hospizen an belebten Pässen und Flussübergängen sowie die Gründung von Bruderschaften, die es sich zur Aufgabe machten, Reisenden zu helfen, begünstigten weitere Reisen. So wurden Fahrten von Skandinaviern nach Island, Grönland und Nordamerika unternommen, und seit dem Spätmittelalter gingen Pilgerfahrten mehr und mehr in Bildungsreisen über. Alle Reisenden berichteten anschließend von ihren Erfahrungen und prägten so die Vorstellungen des christlichen Abendlandes vom Fremden.

Hinzu kam, dass bereits seit der Spätantike hellenistische Romane mit Reisebeschreibungen einen starken Einfluss auf die christliche Literatur hatten und Romane wie die pseudo-clementinischen „Recognitiones“ zur Verbreitung der „mirabilia orientis“, der Wunder des Orients, führten. Auch durch Apostelviten, besonders den Zyklen des Heiligen Philippus, Barnabas, Thomas und Andreas, wurden Erzählungen über Erlebnisse bei wilden Völkern und geographische Beschreibungen fremder Länder verbreitet.

Seit dem 14. Jahrhundert mehrten sich die Beschreibungen von Fernreisen, die oft in der Volkssprache verfasst wurden. Das wohl prominenteste Beispiel eines solchen Reiseberichtes stellt die „Devisement du monde“ von Marco Polo dar, die weite Verbreitung fand. Zwar können viele Elemente dieser wie auch ähnlicher Reisebeschreibungen aus heutiger Sicht in den Bereich der Fabel verwiesen werden, doch haben diese Schriften das mittelalterliche Wissen um „die Fremde“ geprägt.

Neben den weit verbreiteten mittelalterlichen Beschreibungen fremder Länder waren es vor allem die direkten Begegnungen mit Angehörigen fremder Kulturen, durch die Wissen um „die Fremden“ erlangt wurde. Zu nennen sind hier an erster Stelle die Kreuzzüge, bei denen es erstmalig zu einer direkten und umfassenden Konfrontation mit der islamischen Welt kam.

In den Jahren zwischen dem ersten Aufruf Papst Urbans II. im Jahre 1095 und dem endgültigen Verlust des Heiligen Landes mit dem Fall Akkons im Jahre 1291 fanden jedoch nicht nur unzählige grausame Kämpfe zwischen Christen und Muslimen um die Vorherrschaft über die heiligen Stätten statt, sondern es ist auch eine vorsichtige Annäherung beider Völker außerhalb des Schlachtfeldes und ein – begrenzter aber immerhin vorhandener – kultureller Austausch sowie Wissenstransfer in verschiedenen Bereichen der Wissenschaften wie z.B. der Medizin zu bemerken.

Nicht vergessen werden darf in diesem Zusammenhang, dass es nicht nur Kreuzzüge im Heiligen Land, sondern auch im baltischen Raum gegeben hat, während derer ähnliche kulturelle Begegnungen stattfanden. In diesem Bereich war es vor allem der Deutsche Orden, der die Interessen des Papsttums gegenüber den heidnischen Völkern vertrat.

Die wohl tiefgreifendste Begegnung des christlichen Abendlandes mit der islamischen Kultur fand während der muslimischen Besetzung von el-Andalus statt. Seit 712 bis 715 ganz Spanien und sogar Teile Südwestfrankreichs von Muslimen erobert worden waren, kann die iberische Halbinsel wohl am treffendsten mit dem Begriff „Schmelztiegel der Kulturen“ bezeichnet werden. Die Bevölkerung Andalusiens war eine Mischung aus Arabern, Berbern, romanisch sprechenden Christen und Juden, die alle im regen kulturellen Austausch miteinander standen. Es kam sogar zu zahlreichen Übertritten von Christen zum Islam. Während dieser muslimischen Besatzungszeit gelangten viele Städte Spaniens zu ihrer Blütezeit. So war Cordoba im 10. Jahrhundert der intellektuelle Mittelpunkt Europas, und Toledo wandelte sich ein Jahrhundert später zum Zentrum kultureller Kontakte. Hier konnten auch nach der Rückeroberung durch die Christen im Jahre 1085 sowohl Muslime als auch Juden weiterhin ihrer Religion nachgehen. Die Übersetzerschulen Toledos wurden weltbekannt; hier wurden griechische und arabische Werke aus der Medizin, der Mathematik und der Philosophie ins Lateinische übertragen und somit ihr Wissen dem Abendland zugänglich gemacht.

Dieser für beide Kulturen außerordentlich fruchtbare Wissensaustausch war jedoch nicht von Dauer, denn mit der Reconquista wurde jeglicher Einfluss des Arabischen konsequent zurückgedrängt, und nur wenige Jahre nach der Rückeroberung Granadas, der letzten islamischen Bastion, im Jahre 1492 unter den katholischen Königen Ferdinand und Isabella wurde Spanien ein katholisches Königreich.

Mögliche Leit- und Arbeitsfragen für dieses Kapitel:

- Eine weit verbreitete Vorstellung vom Mittelalter ist, dass die Menschen nur sehr wenig von dem wussten, was außerhalb ihres direkten Lebensumfeldes geschah. Wie beurteilt ihr diese Ansicht vor dem Hintergrund der Quellen?
- Welche Gründe gab es für die Ausrufung des ersten Kreuzzuges?
- Untersucht die Sprache der Berichte über den Aufruf Papst Urbans II. Mit welchen Worten werden Christen und Heiden beschrieben?
- Nach dem ersten Aufruf Papst Urbans II. sind sehr viele Menschen aus ganz Europa aufgebrochen, um den „glorreichen Krieg gegen die Heiden zu führen“. Wie stellte sich für sie die Realität des Kreuzzuges dar?

- Beurteilt die Bezeichnung der Kreuzzüge als „heilige Kriege" vor dem Hintergrund der Berichte über die Gewalttaten der Kreuzfahrer.
- Vergleicht die Berichte abendländischer und islamischer Chronisten über die Eroberung Jerusalems.
- Wie wird das Zusammenleben von Kreuzfahrern und Arabern in den eroberten Gebieten geschildert?
- Beurteilt das Zusammenleben von Christen und Muslimen im mittelalterlichen Spanien.
- Warum bemühten sich Fürsten um die Gründung von Ansiedlungen in Osteuropa?
- Wie beurteilt ihr das Vorgehen des Deutschen Ordens in Osteuropa?
- Vergleicht die beiden Berichte über die Schlacht bei Tannenberg. Was fällt euch auf?

6.1 Die große Reise – Pilger, Händler, Abenteurer

6.1.1 Die Ebstorfer Weltkarte (13. Jh.)

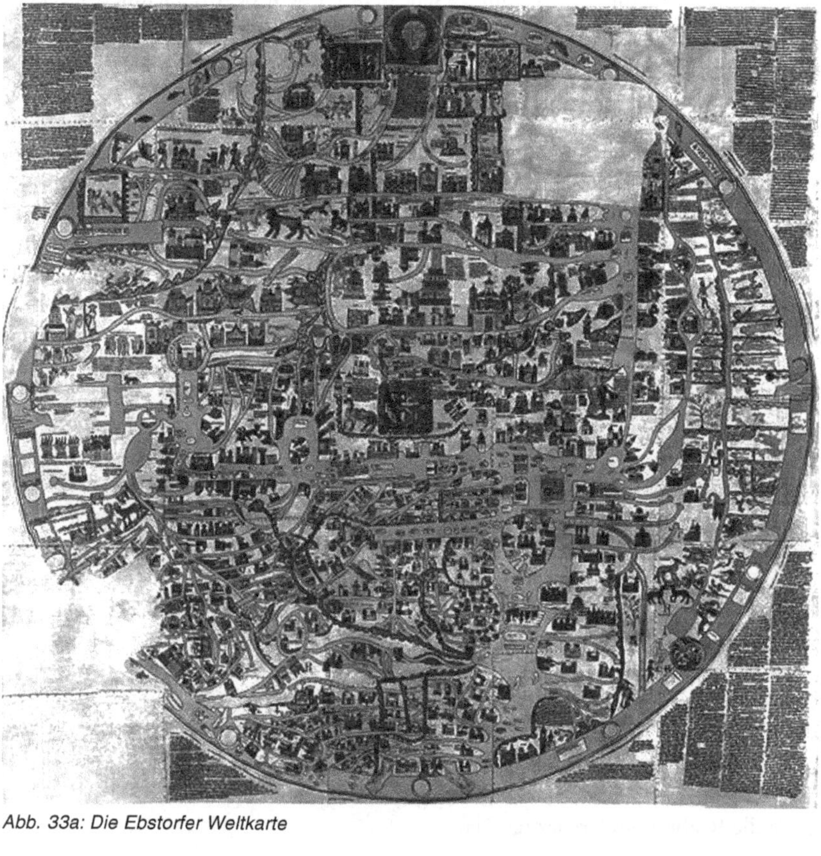

Abb. 33a: Die Ebstorfer Weltkarte

Die vielleicht um 1300 entstandene Ebstorfer Weltkarte ist eine der berühmtesten mittelalterlichen Weltkarten. Sie hat einen Durchmesser von über 3,5m und ist aus 30 Pergamentblättern zusammengenäht. Das Original ist im Zweiten Weltkrieg stark beschädigt worden, die Abbildung zeigt daher nur eine Nachbildung. Die Karte stellt das mittelalterliche Weltbild idealtypisch dar: Im Zentrum liegt die „heilige Stadt" Jerusalem, oben der Osten mit einer Darstellung des Paradieses; Europa ist in der linken unteren Ecke dargestellt. Einzelne deutsche Städte sind sogar eingezeichnet, z.B. Aachen und Köln, aber auch Lüneburg, Braunschweig und Kulmbach (Oberfranken).

Webtipp!
Unter *http://weblab.uni-lueneburg.de/kulturinformatik/projekte/ebskart/* wird die Karte in Einzelausschnitten vorgestellt und genau besprochen.

6.1.2 Marco Polo: Das Buch von den Wundern der Welt (1298–1299)

Eine der wohl abenteuerlichsten Reisebeschreibungen des Mittelalters stellt der Reisebericht des Marco Polo (1254–1324) dar. Nachdem Marco bereits als Sechsjähriger mit seinem Vater Nicolo und seinem Onkel Matteo eine insgesamt neun Jahre dauernde Handelsreise über Konstantinopel und die Krim bis an die untere Wolga unternommen hatte, brachen die drei im Jahre 1269 erneut zu einer Reise nach Persien, Afghanistan und durch die Wüste Gobi zur Residenz des Großkhans auf. Diese Reise führte sie erst nach langen 24 Jahren zurück in ihre Heimat Venedig. Während des Seekriegs mit Genua wurde Marco Polo 1296 oder 1298 gefangen genommen. Während seiner Haft bis 1299 zeichnete der pisanische Kriegsgefangene Rustichello die Reiseerinnerungen Marco Polos auf. Diese Reiseerinnerungen wurden später unter dem Titel „Libro delle meraviglie del mondo" berühmt und bereits 1477 in Nürnberg gedruckt.

7. Kapitel: Die Stadt Bagdad
Baldach [Bagdad] ist eine mächtige Stadt, wo früher der Kalif oder der Papst aller Sarazenen wohnte. Ein großer Strom fließt mitten hindurch, auf welchem die Kaufleute ihre Güter in das Indische Meer führen. Die Entfernung wird wegen der Windungen seines Laufes auf siebzehn Tagesreisen angegeben. Die, welche die Reise unternehmen, kommen, wenn sie den Fluss verlassen haben, an einen Platz namens Kisi,[2] von wo sie in das Meer fahren; aber bevor sie in See gehen, gelangen sie zu einer Stadt namens Balsara [Basrah], in deren Nachbarschaft Haine von Palmbäumen vor-handen sind, welche die besten Datteln der Welt tragen. In Baldach wird golddurchwirktes Seidenzeug hergestellt, ferner Damast und Samt, der mit Tierfiguren verziert ist. Fast alle Perlen, welche von Indien nach Europa kommen, werden an diesem Platze gefasst und durchstochen. Man kann hier das muhammedanische Gesetz studieren, ferner Magie, Physik, Astronomie und Physiognomie. Baldach ist die vornehmste und ausgedehnteste Stadt, die in diesem Teile der Welt gefunden wird. [...]

38. Kapitel: Von dem Lande Tanguth
Wenn man die Reise von dreißig Tagen durch die Wüste vollendet hat, kommt man an eine Stadt, namens Sachion, welche dem Großkhan gehört. Das Land heißt Tanguth. Die Bewohner sind Götzendiener. [...] Die, welche Götzen anbeten, reden eine Sprache, die von der der übrigen Bewohner verschieden ist. Die Stadt liegt gegen Ostnordost. Sie sind kein handel-, sondern ein ackerbautreibendes Volk. Es gibt im Lande eine Menge von Klöstern und Priestersitzen, die mit Götzenbildern von allen möglichen Gestalten und Formen angefüllt sind. Letztere betrachten die Bewohner mit der größten Ehrfurcht und bringen ihnen Opfer dar, und bei der Geburt eines Sohnes empfehlen sie ihn dem Schutze eines dieser Götzen. Ihm zu Ehren zieht der Vater einen Widder bis nach Ablauf eines Jahres in seinem Hause auf; dann wird an dem besonderen Festtage des Götzen der Sohn mit dem Widder vor ihn geführt und das Tier daselbst geopfert. Das Fleisch lassen sie kochen, bis sie ein langes Gebet gesprochen haben, in dem sie den Götzen um die Erhaltung der Gesundheit ihres Kindes anflehen. [...]

48. Kapitel: Von dem wandernden Leben der Tataren
Die Tataren[3] haben nirgends feste Wohnsitze, sondern sobald der Winter naht, ziehen sie in die Ebenen wärmerer Gegenden, um Weide für ihr Vieh zu finden, und im Sommer suchen sie kalte Gegenden in den Bergen auf, wo Wasser und Gras vorhanden ist und ihr Vieh von Pferdefliegen und anderen stechenden Insekten nicht geplagt wird. Während zweier oder dreier Monate steigen sie immer zu höher liegenden Orten empor und suchen frische Weide, da das Gras an keinem Platze hinreichen würde, die ungeheuere Menge ihrer Herden zu ernähren. Ihre Hütten oder Zelte bestehen aus Pfählen, die sie mit Filz bedecken; sie sind ganz rund und so kunstvoll gebaut, dass sie sie in ein Bündel zusammenlegen und ganz leicht mit sich führen können, und zwar auf einer Art Wagen mit vier Rädern. Wenn sie die Zelte wieder aufstellen, bringen sie stets die Tür auf der Südseite an. [...]

Zit. nach: Lemke, Hans: Die Reisen des Venezianers Marco Polo im 13. Jahrhundert. Hamburg 1907, S. 77f., 148ff. und S. 174f.

6.1.3 Die Rückkehr Marco Polos nach Venedig (14. Jh.)

Das Bild (s. Abb. 33) zeigt in der oberen Hälfte die prunkvollen Häuser der Stadt Venedig sowie auf der linken Seite einige Menschen, die ihren täglichen Geschäften (Ein- und Verkauf von Fleischwaren und Eiern) nachgehen. In der Mitte der Wasserfläche liegen mehrere Schiffe vor Anker, von denen eines das Schiff ist, mit dem Marco Polo nach Hause gekommen ist. Er selbst ist zusammen mit seinem Bruder in der Mitte der rechten Bildhälfte zu sehen (zwei Männer, die ihre Hände rechtwinklig vom Körper in die Höhe halten, als wollten sie jemanden begrüßen). Sie steigen gerade über eine Planke aus einem kleinen Ruderboot aus, das sie von dem vor Reede liegenden Schiff an Land gerudert hat. Am Kai hat sich bereits eine Menge neugieriger Menschen versammelt, die die beiden Weltreisenden begrüßen. Auch am gegenüberliegenden Kanalufer sind staunende Menschen zusammengekommen, um die Neuankömmlinge zu sehen (Grohmann, Martin/Jäger, Wolfgang: Das Mittelalter. Berlin 2007, S. 98).

Abb. 33: Rückkehr Marco Polos nach Venedig. Buchmalerei, 14. Jahrhundert

6.1.4 Pilger in Südengland (um 1387)

Geoffrey Chaucer (1343–1400) berichtet in seinem berühmten Werk „Canterbury Tales" von einer Gesellschaft von 29 Leuten aus den verschiedensten sozialen Schichten, die sich in einem Gasthof in Southwark treffen und gemeinsam auf Wallfahrt zum Schrein des Heiligen Thomas Becket in Canterbury machen. Obwohl das Werk unvollendet ist und abbricht, bevor die Pilger Canterbury erreichen, ist es heute das bekannteste Werk des englischen Dichters. Chaucer gibt in ihm eine Beschreibung der Gesellschaft seiner Zeit, die er intensiv beobachtet hat.

Wenn der April mit seinen milden Schauern die Trockenheit des März bis zur Wurzel durchdrungen und jede Ader mit Saft getränkt hat, so dass aus dessen Kraft die Blume hervorgebracht wird, [...] dann sehnen sich die Leute danach, auf Wallfahrt zu gehen, und Pilger [treibt es], fremde Küsten aufzusuchen und ferne Heiligtümer, die in verschiedenen Ländern bekannt sind. Besonders aus allen Grafschaften Englands ziehen sie nach Canterbury, um den heiligen, Segen spendenden Märtyrer zu besuchen, der ihnen half, als sie krank waren. Zu dieser Jahreszeit begab es sich eines

Tages, als ich in Southwark im „Heroldsrock" wohnte, in der Absicht, frommen Herzens auf Pilgerreise nach Canterbury zu gehen, dass gegen Abend insgesamt wohl neunundzwanzig [Leute] gemeinsam in den Gasthof kamen, Menschen unterschiedlicher Herkunft, die sich durch Zufall zusammengefunden hatten. Sie alle waren Pilger, die nach Canterbury reiten wollten. [...] Und ich kam [mit ihnen] überein, früh aufzustehen, um uns auf den Weg zu machen, wie ich ihn euch beschreiben werde.

Zit. nach: Chaucer, Geoffrey: The Canterbury Tales, übersetzt von Heinz Bergner u.a. Stuttgart 1996, S. 35ff.

6.1.5 Thorfinns Fahrt von Grönland nach Nordamerika (10. Jh.)

Ungefähr 500 Jahre bevor Christoph Columbus aufbrach, den Seeweg nach Indien zu finden, und dabei Amerika „entdeckte", hatte der Wikinger Leif Erikson seinen Fuß auf den Boden der „neuen Welt" gesetzt. Er nannte das von ihm entdeckte Land „Vinland". Als sich die Kunde von dem neuen Land verbreitete, machte sich der Grönland-Wikinger Thorfinn Karslfni auf, um für immer dort zu siedeln.

Im Ganzen waren hundertvierzig Mann auf ihren Schiffen. Sie fuhren dann zur Westsiedlung und von da zu den Bäreninseln [Bjørne Øern, im Nördlichen Eismeer]. Von dort segelten sie in südlicher Richtung. Zwei Tage und zwei Nächte waren sie unterwegs. Da entdeckten sie ein Land, fuhren auf ihren Booten hin und nahmen es näher in Augenschein. Sie fanden da viele flache Steine, manche so groß, dass zwei Männer reichlich darauf Platz hatten. Auch viele Weißfüchse waren dort. Da gaben sie dem Land einen Namen und nannten es Flachsteinland. Von da segelten sie wieder zwei Tage südwärts und trafen erneut auf Land. Das war reich bewaldet und voller Tiere. Südöstlich davon lag ein Eiland, und dort stießen sie auf Bären. Sie nannten die Insel [ebenfalls] Bäreneiland, das Land aber, wo die Wälder waren, Waldland. Nach weiteren zwei Tagen stießen sie wieder auf Land. Sie fuhren dessen Küste entlang, bis sie an ein Kap kamen. Sie kreuzten vor dem Strande und hatten das Land auf Steuerbordseite. Kein Hafen war da, nur lange Sandstrecken. Sie ruderten nun auf ihren Booten an Land und fanden auf dem Kap den Kiel von einem Schiffe. Daher nannten sie jenes Kielspitz. Auch die Küste benannten sie und hießen sie Wunderstrand, weil man an ihr so weit entlang segelte. Viele Buchten schnitten ein in das Land. Auf eine von diesen steuerten sie zu.

Zit. nach: Kaufhold, Martin: Europas Norden im Mittelalter. Die Integration Skandinaviens in das christliche Europa (9.-13. Jh.). Darmstadt 2001, S. 61f.

6.1.6 Ein Muslim vergleicht Inder und Christen (um 1021)

Der aus Kath (heute Xiva in Usbekistan) stammende persische Universalgelehrte ibn Ahmad al-Biruni (973–1048) machte sich vor allem durch seine genauen kartographischen Leistungen, die er auf astronomische Beobachtungen stütze, einen Namen. So gelang es ihm, u.a. die genaue geographische Länge seiner Heimatstadt Kath und die Differenz zur geographischen Länge von Bagdad festzustellen. Er war der erste, der einen Erdglobus herstellte. Darüber hinaus berechnete er mit einem von ihm erdachten Messverfahren den Radius der Erdkugel auf 6339,6 km (tatsächlich: 6378,1 km). Ab 1022 begleitete er den Herrscher Mahmud von Gazna bei dessen Feldzügen nach Nordindien und setzte sich als erster Muslimwissenschaftler mit der indischen Wissenschaft auseinander. Darüber hinaus übersetzte er zahlreiche arabische und griechische Werke ins Sanskrit. Dies ist eine indische Sprache, die im Hinduismus eine große Rolle spielt. Insgesamt schrieb al-Biruni ungefähr 146 Bücher, darunter auch das „Kitâb-al-Hind“, das „Buch über Indien“.

Bei den Indern herrschen ähnliche Verhältnisse wie im Christentum, denn es gründet sich auf das Tun des Guten und die Unterlassung des Bösen, indem man überhaupt nicht töten soll, und dem, der einem das Schultertuch raubt, auch noch das Hemd nachwirft, und dem, der einem auf die Backe schlägt, auch noch die andere hinhält, und indem man dem Feind Gutes wünscht und für ihn betet. Das wäre fürwahr ein vortrefflicher Lebenswandel. Jedoch sind die Bewohner dieser Welt nicht alle Philosophen, sondern in ihrer Mehrheit so unwissend und verblendet, dass sie nur durch das Schwert und die Peitsche zurechtgewiesen werden können. Seitdem sich Konstantin der Siegreiche zum Christentum bekehrte, sind diese beiden auch nicht zur Ruhe gekommen, denn ohne sie gibt es keine vollkommene Regierung.

Zit. nach: Strohmaier, Gotthart: Al-Biruni, In den Gärten der Wissenschaft. Ausgewählte Texte aus den Werken des muslimischen Universalgelehrten, übers. u. erläut. Leipzig 1988, S. 156f.

6.2 Die Kreuzzüge

6.2.1 Der Aufruf zum ersten Kreuzzug durch Papst Urban II. (1095)

Vom 18. bis 28. November 1095 fand in der französischen Stadt Clermont eine Kirchenversammlung statt, an der neben zahlreichen Kardinälen, Bischöfen und Äbten aus ganz Europa auch eine Gesandtschaft des byzantinischen Kaisers teilnahm. Bereits vor der Versammlung war bekannt gegeben worden, dass Papst Urban II. eine für die gesamte Christenheit wichtige Ankündigung zu machen gedenke, sodass auch sehr viele Schaulustige zu dieser Versammlung anreisten. Da in der Kirche nicht genügend Platz für alle war, sprach Papst Urban II. vor dem Osttor der Stadt zu den versammelten Zuhörern und rief sie zum ersten Kreuzzug gegen die Ungläubigen auf.
Der Mönch Robert von Reims war ein Augenzeuge der Rede Papst Urbans II. am 27. November 1095 auf dem Konzil von Clermont. Er schrieb die Rede jedoch erst im Jahr 1107 nieder.

Ihr Volk der Franken, ihr Volk nördlich der Alpen, ihr seid, wie eure vielen Taten zeigen, Gottes geliebtes und auserwähltes Volk. [...] An euch richtet sich unsere Rede [...]; sie betrifft euch und alle Gläubigen. Aus dem Land von Jerusalem und der Stadt Konstantinopel kam schlimme Nachricht. [...]: Ein fremdes Volk, ein ganz gottloses Volk, eine gefühllose Brut hat die Länder der dortigen Christen besetzt, durch Mord, Raub und Brand entvölkert und die Gefangenen teils in sein Land verschleppt, teils elend umgebracht. Es hat die Kirchen Gottes zerstört, die Altäre mit Schmutz befleckt und umgestürzt. [...] Niemand anders als ihr hat die Aufgabe, diese Schmach zu rächen, dieses Land zu befreien. [...] Wenn euch die Liebe zu euren Kindern und Frauen davon abhält, bedenkt, was Gott im Evangelium sagt: Jeder, der Frau und Kinder um Gottes willen verlässt, bekommt hundertfachen Lohn und ewiges Leben. [...] Euer Land hier ist eng und dicht bevölkert. Es liefert keinen Wohlstand und den Bauern kaum genug Nahrung. Daher kommt es, das ihr euch gegenseitig bekämpft und tötet. Hört auf damit, tretet den Weg zum heiligen Grab an. Nehmt dem gottlosen Volk das Land weg und macht es euch untertan. Jerusalem ist der Mittelpunkt der Erde, das fruchtbarste aller Länder. Jerusalem sehnt sich danach, dass ihr es befreit. [...] Macht euch also auf den Weg. Eure Sünden werden euch vergeben sein, ewiger Ruhm im Himmel ist euch gewiss.

Zit. nach: Tate, Georges: Die Kreuzritter. Ravensburg 1994, S. 173 (Übers.: Patrick Brauns)

6.2.2 Der Kreuzzugsaufruf im Bild

Abb. 34: Papst Urban II. predigt den Kreuzzug, Holzschnitt 1482 (auf dem Spruchband steht: „Deus vult", „Gott will es")

Kunz, Christoph, u.a. (Hrsg.): Forum Geschichte. Berlin 2001, S. 150

6.2.3 Papst Urban II. ruft zum Heidenkrieg in Spanien auf (1096/1099)

1096 war noch immer gut die Hälfte Spaniens muslimisches Herrschaftsgebiet. Das führte dazu, dass Papst Urban II. bald auch diese Gegenden in seine Kreuzzugspredigten einschloss.

Für Stadt und Kirche von Tarragona bitten wir euch dringend und befehlen euch zur Vergebung eurer Sünden, auf jede Weise ihre Wiederherstellung durchzusetzen. Denn ihr wisst, welch eine Verteidigung des Christenvolkes und Abwehr der Sarazenen es bedeutet, wenn diese berühmte Stadt mit Gottes Hilfe wieder emporkommt. Wenn also die Ritter der übrigen Länder einstimmig beschlossen haben, der Kirche Asiens zu Hilfe zu kommen und ihre Brüder von der Tyrannei der Sarazenen zu befreien, so stehet auch ihr – dazu mahnen wir euch – eurer Nachbarkirche in ausdauernden Mühen bei gegen den Ansturm der Sarazenen! Wer auf diesem Feldzug aus Liebe zu Gott und seinen Brüdern fällt, der zweifle nicht, dass er den Erlass seiner Sünden und das ewige Leben nach Gottes gnädigem Erbarmen finden wird. Wenn also einer von euch den Zug nach Asien beschlossen hat, der soll vielmehr hier seinen frommen Drang betätigen. Denn es ist kein Verdienst, die Christen an einem Orte von den Sarazenen zu befreien, sie am anderen der sarazenischen Tyrannei und Bedrückung auszuliefern.

Zit. nach: Lautemann, Wolfgang/Schlenke, Manfred (Hrsg.): Geschichte in Quellen, Bd. 2. München ²1978, S. 365 (Übers.: W. Lautemann)

6.2.4 Ein Kreuzzug wird vorbereitet (13. Jh.)

Abb. 35: Wagen werden mit Kriegsgerüst und Proviant für die Kreuzzüge beladen. Miniatur, 13. Jh. Riley-Smith, Jonathan: Illustrierte Geschichte der Kreuzzüge, übers. von Christian Rochow. Frankfurt u.a. 1999, S. 49

6.2.5 Byzantinischer Hilferuf auf der Kirchenversammlung von Piacenza (März 1095)

Nach der Schlacht von Manzikert im Jahre 1071, in der das byzantinische Reich besiegt worden war, war es den türkischen Seldschuken gelungen, Anatolien und Antiochia zu erobern. In den folgenden Jahren bedrängten sie das byzantinische Reich, das nicht mehr über die militärische Macht zur Gegenwehr verfügte, immer mehr. Aus diesem Grund richtete der byzantinische Kaiser Alexios I. Komnenos wiederholt Hilfegesuche an das christliche Europa.

Zu dieser Synode kam eine Gesandtschaft des Kaisers von Konstantinopel, welcher den Herrn Papst und alle Gläubigen Christi inständig bat, Hilfe zu bringen gegen die Heiden, zur Verteidigung der heiligen Kirche, die in jenen Gegenden schon beinahe vernichtet war von den Heiden, die sie bis vor die Mauern der Stadt Konstantinopel erobert hatten. Zu dieser Hilfeleistung rief der Herr Papst viele auf, dass sie eidlich versprachen, mit Gottes Willen dorthin zu ziehen und dem Kaiser gegen die Heiden nach Kräften getreueste Hilfe zu bringen.

Berthold, Chronicon, MGH SS 5, S. 462; zit. nach: Lautemann, Wolfgang/Schlenke, Manfred (Hrsg.): Geschichte in Quellen, Bd. 2. München [2]1978, S. 365 (Übers.: K. Erdmann)

6.2.6 Der Weg nach Jerusalem im Bericht des Wilhelm von Tyrus (um 1170)

Insgesamt brachen vier Kreuzfahrerheere zum Ersten Kreuzzug auf. Sie alle nahmen unterschiedliche Routen und trafen erst in Konstantinopel aufeinander. Von den aufwändigen Vorbereitungen und der angespannten Stimmung des Abendlandes in Erwartung des Aufbruchs berichtet der Chronist Wilhelm von Tyrus (um 1130-1186), der als einer der bedeutendsten Geschichtsschreiber des Mittelalters gilt. Er studierte zunächst in Paris, Orléans und Bologna, bevor er 1165 nach Palästina zurückkehrte. Er war Erzieher und Berater König Balduins IV. von Jerusalem und wurde 1175 Erzbischof von Tyrus. Neben zahlreichen Schriften über die Geschichte der Araber beschäftigt sich sein Hauptwerk mit der Geschichte der Kreuzzüge, über die er teilweise als Zeitzeuge schreibt.

Der Winter und seine Fröste waren vorbei, und sobald man die ersten Anzeichen der Wiederkehr des Frühlings und einer milderen Temperatur bemerkte, rüsteten alle ihre Pferde, ihre Waffen und ihr Gepäck und sandten einander Botschaften, um sich gegenseitig zur Abreise aufzufordern. Sorgfältig einigte man sich im voraus über den Augenblick, zu dem jeder aufbrechen musste, über die Treffpunkte und über die Straßen, auf denen es am sichersten und bequemsten sein würde, gleichzeitig vorzurücken. Es wäre in der Tat unmöglich gewesen, dass diese Tausende von Reisenden in jedem Land alles, was sie brauchten, vorgefunden hätten; man richtete es also fürsorglich so ein, dass die bedeutendsten Fürsten die Massen, die sie in ihrem Gefolge hatten, getrennt führen und verschiedene Wege nehmen sollten. Auch vereinigten sich ihre Heere erst, als sie in der Umgebung von Nizäa [in der heutigen Türkei] waren. Man wird später sehen, dass der Oberfeldherr mit seinen Truppen durch Ungarn zog, dass der Graf von Toulouse und der Bischof von Puy der Straße nach Dalmatien folgten, die anderen Fürsten die Straße nach Apulien nahmen und dass in Konstantinopel alle auf verschiedenen Wegen und zu verschiedenen Zeiten ankamen. Man bereitete inzwischen alles, vor, was für einen so langen Weg reichen sollte; alle suchten, soweit wie möglich, ihre Vorräte der Länge des Weges anzupassen, da man wohl wusste, dass die Wege Gottes nicht in der Hand der Menschen liegen, denn die menschliche Unvollkommenheit kennt nicht einmal das, was der nächste Tag bringt. In der unendlichen Zahl von abendländischen Provinzen gab es in jedem Haus Unruhe. Überall, und welches auch die einzelnen Aufgaben eines jeden waren, schickten sich je nach seiner Lage hier der Familienvater, dort der Sohn, anderswo gar alle Bewohner des Hauses an, die Fahrt zu unternehmen. Allerseits sandte man sich immer wieder Briefe, womit diejenigen, die zusammen aufbrechen sollten, sich gegenseitig zur Eile antreiben, sich ermahnten, keine Verspätung eintreten zu lassen, oder sich heftig die geringste Verzögerung vorwarfen. Diejenigen, die als Scharführer bestellt waren, riefen alle anderen zusammen; unter Schluchzen und Seufzern rissen sich die Pilger aus den Armen ihrer Freunde, sagten ihnen auf ewig Lebewohl und trennten sich schließlich nach zärtlichen Umarmungen.

Z.it. nach: Pernoud, Régine: Die Kreuzzüge in Augenzeugenberichten. 3. Aufl. München 1975, S. 42f. (Übers.: Hagen Thürnau)

6.2.7 Die Heere erreichen Konstantinopel (um 1148)

Von der Ankunft der Kreuzfahrer in Konstantinopel berichtet Anna Comnena (1083–1148), die Tochter des byzantinischen Kaisers Alexius Comnenus, in der „Alexiade“, der Lebensgeschichte ihres Vaters:

Die Kelten kamen einer nach dem andern an, mit Waffen, Pferden und aller militärischen Ausrüstung. Diese Männer besaßen so viel Lebhaftigkeit und Unternehmungslust, dass sie auf allen Wegen umherschwärmten. Die keltischen Soldaten waren begleitet von einer Menge von Waffenlosen, die Palmzweige trugen und auf der Schulter Kreuze: Frauen und Kinder, die ihr Land verließen. Wenn man sie sah, hätte man sagen können, es seien Flüsse, die von überall her zusammenströmten. [...] Sie waren so zahlreich wie die Blätter und Blumen im Frühling. [...] Trotz meines guten Willens ziehe ich es vor, die Namen dieser Anführer nicht wiederzugeben; mir fallen nicht mehr die Worte ein, teils weil ich unfähig bin, diese barbarischen Laute auszusprechen, teils weil ich vor ihrer Zahl zurückschrecke.

Zit. nach: Pernoud, Régine: Die Kreuzzüge in Augenzeugenberichten. München [3]1975, S. 50 (Übers.: Hagen Thürnau)

6.2.8 Der Weg geht weiter (um 1099)

Auf ihrem weiten Weg bis zu den heiligen Stätten in Jerusalem mussten die Kreuzfahrer nicht nur zahlreiche Kämpfe gegen Seldschuken und Araber bestehen, sondern mussten auch immer wieder unter Beweis stellen, dass sie die unterschiedlichsten Hindernisse überwinden konnten. Schließlich bestand das Heer nicht nur aus berittenen Kämpfern, sondern auch aus einem großen Tross mitgereister Angehöriger der Kämpfer und weiterer Pilger. Ein anonymer Ritter aus dem Gefolge Bohemunds schreibt in seinem Reisetagebuch:

Der Herzog Gottfried[4] kam zuerst nach Nicomedia, mit Tankred und allen anderen; sie blieben dort drei Tage. Als der Herzog bemerkte, dass es keine Straße gab, auf der er seine Truppen bis Nizäa führen konnte [...] schickte er als Vorhut dreitausend mit Äxten und Schwertern bewaffnete Männer aus, die er beauftragte, diesen Weg zu säubern und zu verbreitern, damit er gangbar würde für die Pilger bis nach Nizäa. Sie bahnten einen Weg durch die Engpässe eines gewaltigen Gebirges und fertigten auf ihrem Durchzug eiserne und hölzerne Kreuze an, die sie auf Sockel stellten, damit sie unsern Pilgern als Wegweiser dienten. So gelangten wir bis vor Nizäa, das die Hauptstadt von ganz Romanien ist, und schlugen dort ein Lager auf.

Derselbe anonyme Berichterstatter schreibt über den Marsch durch die Wüsten:

Und wir verfolgten sie (die Türken) durch Wüsten und ein wasserloses und unwirtliches Land, aus dem wir nur mit Mühe wieder herauskamen. Hunger und Durst bedrängten uns überall, und wir hatten fast nichts mehr zu essen außer den Dornsträuchern, die wir ausrissen und zwischen den Händen zerrieben; das waren die Speisen, von denen wir jämmerlich lebten. Dort starb der größte Teil unserer Pferde, so dass viele unserer Ritter zu Fuß gingen. Aus Mangel an Reitpferden bedienten wir uns der Ochsen als Schlachtrosse, und Ziegen, Hammel und Hunde mussten in dieser äußersten Not unser Gepäck tragen.

Zit. nach: Pernoud, Régine: Die Kreuzzüge in Augenzeugenberichten. München [3]1975, S. 59 und 68 (Übers.: Hagen Thürnau)

6.2.9 Erfahrungen der Kreuzfahrer

Dass die Kreuzzüge nicht nur ruhmreiche Schlachten, sondern auch Angst und Entbehrungen für die abendländischen Ritter mit sich brachten, zeigen die folgenden beiden Quellen Fulcher von Chartres' (1059–1127) und Raimund von Aguilers', die beide Teilnehmer des Ersten Kreuzzuges waren.

Fulcher von Chartres: Angst vor den Sarazenen (zwischen 1101 und 1127):

Aneinandergedrängt wie Hammel, die in einem Pferch eingeschlossen sind, zitternd und von Schrecken ergriffen, waren wir von allen Seiten von Türken umzingelt und wagten um nichts in der Welt, auf irgendeinen Punkt vorzugehen. [...] Die Luft hallte wider von den durchdringenden Schreien, die auf der einen Seite unsere Männer, unsere Frauen und Kinder ausstießen, auf der anderen Seite die Heiden, die sich auf uns stürzten. Schon verloren wir alle Hoffnung, unser Leben zu retten, wurde uns bewusst, alle Sünder und Verbrecher zu sein, und erflehten demütig das göttliche Mitleid. [...] Und glücklicherweise versöhnt durch unsere flehentlichen Bitten hob der Herr [...] nach und nach unseren Mut und schwächte immer mehr die Türken. [...] Die Gnade von oben offenbarte sich wunderbar zu unseren Gunsten, und wir sahen alle Ungläubigen uns den Rücken zuwenden und die Flucht ergreifen, wie von einer plötzlichen Bewegung fortgerissen.

Raimund von Aguilers über die Entbehrungen der Kreuzfahrer (um 1099):

Nun herrschte so großer Hunger im Heer, dass das Volk gierig die stinkenden Leichen der Sarazenen verspeiste, die sie zwei Wochen vorher [...] in die Sümpfe geworfen hatten. Dieses

Geschehen erschreckte viele von unserem Volk und auch Fremde. [...] Die Türken und Sarazenen sagten: „Wer aber könnte dieses Volk aufhalten, das so fest entschlossen und grausam ist, dass es sich ein Jahr lang nicht durch Hunger, Schwert und andere Gefahren von der Belagerung Antiochias abhalten ließ, und nun sogar Menschenfleisch isst?" [...] Tatsächlich hatte uns Gott zum Schrecken aller Völker gemacht, wir aber merkten es nicht.

Zit. nach: Bischöfliches Dom- und Diözesanmuseum Mainz: Kein Krieg ist heilig – die Kreuzzüge, Tafeltexte zur Ausstellung. Mainz 2004

6.2.10 Die Belagerung Jerusalems im Bericht des Wilhelm von Tyrus (um 1170)

Drei Jahre nach Beginn des Ersten Kreuzzuges gelangte das Kreuzfahrerheer, das inzwischen nur noch ca. ein Drittel der Ritter umfasste, die ursprünglich zum Kreuzzug aufgebrochen waren, nach Jerusalem. Bereits die Belagerung der Stadt wurde für die Kreuzfahrer zu einem Kampf auf Leben und Tod – jedoch nicht zu einem Kampf gegen Araber, sondern gegen den Durst. Darüber berichtet Wilhelm von Tyrus (um 1170):

Das Heer litt jedoch schrecklich unter dem Durst. Ich sagte schon, dass die Umgebung von Jerusalem dürr und wasserarm ist und man nur in ziemlich großer Entfernung ein paar Bäche, Quellen oder Brunnen findet, die Wasser enthalten. Selbst diese Quellen waren kurz vor der Ankunft unserer Truppen von den Feinden zugeschüttet worden, damit sie weniger lange ausreichten bei der Belagerung der Festung. Sie hatten Erde hineingeworfen oder sie durch verschiedene andere Mittel verstopft; sie hatten auch die Zisternen geöffnet und die anderen Behälter von Regenwasser, die es durch dieses Verfahren nicht mehr zurückhalten konnten, oder hatten sie auch boshaft verborgen, damit die von Durst gequälten armen Unglücklichen nicht kommen konnten, dort Linderung zu suchen. Die Einwohner von Bethlehem und die Gläubigen, die in Thecua,[5] der Stadt der Propheten, wohnten, kamen oft zum Heer und führten dann die Kreuzfahrer zu den Brunnen, die sich vier oder fünf Meilen von ihrem Lager befanden. Dort ergaben sich neue Schwierigkeiten; die Ankommenden stießen einander und verdrängten sich gegenseitig, um Wasser zu schöpfen; oft kam es sogar zu lebhaftem Streit, und erst nach langen Verzögerungen füllten sie endlich die Schläuche mit einem ganz schlammigen Wasser, das sie darauf sehr teuer verkauften, es jedoch in so kleinen Mengen verteilten, dass ein durstiger Mensch davon kaum genug bekam, um dem ersten Bedarf zu genügen. [...]

Zit. nach: Pernoud, Régine: Die Kreuzzüge in Augenzeugenberichten. 3. Aufl. München 1975, S. 97 (Übers.: Hagen Thürnau)

6.2.11 Die Eroberung Jerusalems

Nachdem die Stadt fast fünf Wochen lang belagert worden war, gelang es am 15. Juli 1099, sie zu erobern. Damit war Jerusalem nach 450 Jahren wieder unter christlicher Herrschaft. Doch die Eroberung der Stadt verlief außerordentlich grausam, wie zahlreiche Quellen berichten.

Abb. 36: Eroberung Jerusalems durch die Kreuzfahrer. Buchmalerei, um 1460
Jäger, Wolfgang u.a.: Die islamische Welt und Europa. Berlin 2002, S. 93

6.2.12 Die Eroberung Jerusalems nach der Chronik des Wilhelm von Tyrus (um 1170)

Wilhelm von Tyrus in seiner „Geschichte der Kreuzfahrerstaaten", für die er sich auf ältere Quellen stützte (um 1170):

Sofort durchzogen der Herzog [Gottfried von Bouillon] und die Seinen in geschlossenen Gliedern, die Schwerter zückend und mit Schilden und Helmen gedeckt, die Straßen und Plätze der Stadt; alle Feinde, die sie finden konnten, streckten sie mit der Schärfe des Schwertes nieder, ohne auf Alter oder Rang Rücksicht zu nehmen. Und es lagen überall so viele Erschlagene und solche Haufen abgehauener Köpfe umher, dass man keinen anderen Weg oder Durchgang mehr finden konnte als über Leichen. [...] Endlich machten das furchtbare Getöse und das große Geschrei, welches sich von dem Eindringen der Unsern und dem Niedermetzeln der Feinde erhob, die Stadtbewohner, welche hier Widerstand leisteten, aufmerksam. Sie fragten sich verwundert, was das ungewöhnliche Geschrei und der Tumult des lärmenden Volkes zu bedeuten habe, und erfuhren nun, dass unser Heer bereits in der Stadt sei, worauf sie die Türme und die Mauer verließen und sich nach verschiedenen Orten flüchteten, um ihr Leben zu retten. Da die Stadtburg in der Nähe stand, begaben sie sich größtenteils dorthin; nun drang das Heer über die Brücke, die es ohne Schwierigkeiten nach der Mauer hinüberlegen konnte, und auf Leitern um die Wette in die Stadt, wo niemand mehr Widerstand leistete. Sobald diese Leute in der Stadt waren, öffneten sie das Südtor, das ihnen zunächst lag, damit das übrige Volk ohne Schwierigkeiten hereinkommen könne. [...] Diese alle zogen einmütig, bis an die Zähne bewaffnet, in geschlossenen Gliedern durch die Stadt und richteten ein furchtbares Blutbad an. [...] Es wurden aber in der Stadt so viele Feinde erschlagen und so viel Blut vergossen, dass die Sieger selber mit Ekel und Schrecken erfüllt werden mussten.

Wilhelm von Tyrus, III, S. 19, 20; zit. nach Lautemann, Wolfgang/Schlenke, Manfred (Hrsg.): Geschichte in Quellen, Bd. 2. München ²1978, S. 369 (Übers.: E. und R. Kausler)

6.2.13 Der Kleriker Albert von Aachen schrieb die Berichte der zurückgekehrten Kreuzfahrer über die Eroberung Jerusalems nieder (um 1101)

Albert von Aachen (gest. nach 1120) ist der Verfasser der „Historia Hierosolymitana", einer Geschichte des Ersten Kreuzzuges und der Kreuzfahrerstaaten bis zum Jahr 1119. Obwohl er ein Zeitgenosse ist, nahm er selbst nicht am Kreuzzug teil, sondern stützt sich in seiner Historia auf Berichte der zurückgekehrten Kreuzfahrer.

Durch die Häuser, über Plätze und Gassen Jerusalems verfolgten die Kreuzfahrer die dort herumirrenden Türken und töteten sie. Kein Alter und Geschlecht wird geschont, bis die Erde mit Leichen bedeckt ist. Darunter mischen sich auch Leichen erschlagener Christen, Franken, Griechen, Syrer, Armenier. Kein Wunder, denn es war doch ziemlich dunkel, und keiner wusste, wen er schonen und wen er umbringen sollte. Auch versuchten viele Türken und Araber die Kreuzfahrer durch christliche Worte zu täuschen, und so verloren viele beim allgemeinen Morden ihr Leben.

Zit. nach: Milger, Peter: Die Kreuzzüge. München ⁵1991, S. 90

6.2.14 Ein Augenzeuge: Raimund von Aguilers über die Eroberung Jerusalems (um 1099)

Raimund von Aguilers war zunächst Schreiber im Kloster Vézelay (ca. 100 km westlich von Dijon) und folgte provenzalischen Kreuzrittern unter Raimund IV. von Toulouse auf den ersten Kreuzzug. Da er als Augenzeuge der Ereignisse schreibt, ist er einer der wichtigsten Chronisten dieses Kreuzzuges, obwohl er viele Wunder und Visionen beschreibt. Raimunds Schilderung der Belagerung Antiochias (1097–1098) ist der einzige existierende authentische Bericht von diesen Geschehnissen. Über die Eroberung Jerusalems schreibt er (um 1099):

In allen Straßen und auf allen Plätzen der Stadt waren Berge abgeschlagener Köpfe, Hände und Beine zu sehen. Die Menschen liefen über Leichen und Pferdekadaver. Aber ich habe bis jetzt nur die kleineren Schrecken beschrieben. [...] Beschriebe ich, was ich tatsächlich gesehen habe, würdest du mir nicht glauben. Was für eine passende Bestrafung! Gerade der Platz, der so lange Zeit die Gotteslästerung ertragen musste, war nun bedeckt vom Blut der Lästerer. [...] Gleich nach der Einnahme der Stadt war es höchst erbaulich, die Frömmigkeit der Pilger vor dem Heiligen Grab zu sehen. Sie klatschten und frohlockten und sangen dem Herrn ein neues Lied.

Zit. nach: Bischöfliches Dom- und Diözesanmuseum Mainz: Kein Krieg ist heilig – die Kreuzzüge, Tafeltexte zur Ausstellung. Mainz 2004

6.2.15 Der arabische Historiker Ibn al-Athir berichtet über die Einnahme Jerusalems (um 1230)

Ibn al-Athir (1160–1233) war der bedeutendste muslimische Historiker des Hochmittelalters. In seinem Werk „Der Vollkommene in der Geschichte" beschreibt er die Geschichte der islamischen Welt von der Schöpfung bis zum Jahr 1231. Dieses Werk enthält auch einen Bericht über die Belagerung Jerusalems im Jahr 1099 durch die Kreuzfahrer und den anschließenden Sturm auf die Al-Aqsa-Moschee auf dem Tempelberg.

Die Einwohner wurden ans Schwert geliefert, und die Franken [die Kreuzfahrer] blieben eine Woche in der Stadt, während derer sie die Einwohner mordeten. [...] In der al-Aqsa-Moschee töteten die Franken mehr als siebzigtausend Muslime, unter ihnen viele Imame, Religionsgelehrte, Fromme und Asketen, die ihr Land verlassen hatten, um in frommer Zurückgezogenheit an diesem Ort zu leben. Aus dem Felsendom raubten die Franken mehr als vierzig Silberleuchter, von denen jeder über 3600 Drachmen wog, einen großen Silberleuchter im Gewicht von 40 syrischen Pfund, außerdem von den kleineren Leuchtern 150 silberne und mehr als 20 goldene, und andere unermessliche Beute. [...] Die Flüchtlinge erreichten Bagdad im Ramadan. [...] In der Kanzlei des Kalifen gaben sie einen Bericht, der die Augen mit Tränen füllte und die Herzen betrübte über das, was die Muslime in der erhabenen heiligen Stadt Jerusalem erlitten hatten: die Männer getötet, Frauen und Kinder gefangen, alle Habe geplündert.

Zit. nach: Gabrieli, Francesco (Hrsg): Die Kreuzzüge aus arabischer Sicht. München 1976, S. 49f.

6.2.16 Usama-ibn Munqidh über das Verhalten der Kreuzfahrer im heiligen Land (um 1175)

Die Autobiographie des arabischen Schriftstellers und Diplomaten Usama-ibn Munqidh (1095–1188) gehört zu den wichtigsten arabischen Quellen zur Geschichte der christlich-muslimischen Beziehungen zur Zeit der Kreuzzüge. Als Diplomat war Usama-ibn Munqidh mit den wichtigsten Persönlichkeiten auf beiden Seiten vertraut und hatte tiefen Einblick in die politischen Vorkommnisse seiner Zeit. Besonders auf einer Mission für den Statthalter von Damaskus, Mu'inuddin Unur, für den er ein Bündnis mit dem christlichen König Fulko von Jerusalem gegen ein feindliches Emirat (Zengi) aushandeln sollte, hatte er Gelegenheit, die „Franken", also die Kreuzfahrer, und ihre Gebräuche näher kennen zu lernen.

Hier ist ein Beispiel für die Rohheit der Franken – Gott strafe sie! –: Als ich mich in Jerusalem aufhielt, ging ich gewöhnlich in die Moschee al-Aqsa. An ihrer Seite liegt ein kleiner Betraum, den die Franken in eine Kirche umgewandelt haben. Wenn ich in die Moschee al-Aqsa kam, wo sich die Templer, meine Freunde, eingerichtet haben, stellten sie mir immer den Betraum zur Verfügung, damit ich dort meine Gebete verrichten konnte. Eines Tages traf ich dort ein, sagte Allahu akbar [Gott ist allmächtig] und stand, um mit dem Gebet zu beginnen. Da stürzte ein Franke herbei, ergriff mich, drehte mich mit dem Gesicht nach Osten und sagte: „So betet man!" Sofort schritten einige Templer ein, griffen und entfernten ihn, während ich mein Gebet wieder aufnahm. Er wartete aber einen Augenblick ab, in dem sie nicht Acht gaben, stürzte sich wieder auf mich, drehte mich nach Osten und sagte: „So betet man!" Wieder griffen die Templer ein, entfernten ihn und entschuldigten sich mit den Worten bei mir: „Er ist ein Fremder, der erst in diesen Tagen aus dem Frankenland gekommen ist und noch nie jemanden gesehen hat, der sich beim Gebet nicht nach Osten gewandt hätte."

Zit. nach: Schulze, Hagen/Paul, Ina Ulrike (Hrsg.): Europäische Geschichte. Quellen und Materialien. München 1994, S. 984f.

6.2.17 „Schweinefleisch kommt mir nicht ins Haus" (um 1175)

Usama-ibn Munqidh kann aber auch Gutes über das Zusammenleben mit den fremden Europäern berichten (um 1175):

Es gibt unter den Franken einige, die sich im Lande angesiedelt und begonnen haben, auf vertrautem Fuße mit den Muslimen zu leben. Sie sind besser als die anderen, die gerade neu aus ihren Heimatländern gekommen sind.
Einmal schickte ich einen Gefährten zu einem Geschäft nach Antiochia [heute Antakya in der Südtürkei], dessen Oberhaupt Todors ibn as-Safi [Theodor Sophianos] war. Er sagte eines Tages zu meinem Gefährten: „Ein fränkischer Freund hat mich eingeladen. Komm doch mit, dann siehst du ihre Gebräuche." – „Ich ging mit", erzählte mein Freund, „und wir kamen zum Hause eines der alten Ritter, die mit dem ersten Zug der Franken gekommen waren. Er hatte sich von seinem Amt und Dienst zurückgezogen und lebte von den Einkünften seines Besitzes in Antiochia. Er ließ einen schönen Tisch bringen mit ganz reichlichen und vorzüglichen Speisen. Als er sah, dass ich nicht zulangte, sagte er: ‚Iß getrost, denn ich habe ägyptische Köchinnen und esse nur, was sie zubereiten; Schweinefleisch kommt mir nicht ins Haus.' Später überquerte ich den Markt, als eine fränkische Frau mich belästigte und in ihrer barbarischen Sprache mir unverständliche Worte hervorstieß. Eine Menge Franken sammelten sich um mich, und ich war schon meines Todes sicher; da erschien der Ritter und sagte zu der Frau: ‚Was hast du mit diesem Muslim?' – ‚Er hat meinen Bruder Urso getötet!' erwiderte sie. Er fuhr sie an: ‚Das hier ist ein Bürger, ein Kaufmann, der nicht in den Krieg zieht und sich nicht aufhält, wo man kämpft.'"

Zit. nach: Gabrieli, Francesco (Hrsg.): Die Kreuzzüge aus arabischer Sicht. München 1973, S. 121f.

6.2.18 Der Minnesänger Walther von der Vogelweide über Sultan Saladin (1203)

Walther von der Vogelweide (1170–1230) ist der bedeutendste deutschsprachige Lyriker des Mittelalters. Schon im 13. Jahrhundert galt er als Meistersinger. Sein Ruhm gründete unter anderem auch auf seinen politischen Liedern. Aus seiner Dichtung geht hervor, dass er in Wien gelernt hat und später von Kaiser Friedrich II. ein Lehen, wahrscheinlich in der Nähe von Würzburg, bekam, wo er sich wohl ab 1214 niedergelassen hat. Er traf bei der Rückkehr vom Kreuzzug Herzog Leopold VI. in Wien und hat so wahrscheinlich Berichte über das Heilige Land erhalten. In den darauffolgenden Jahren verschönte er in seinen Liedern den deutschen Adeligen die Teilnahme am Kreuzzug von 1228. Sultan Saladin beschreibt er wie folgt:

König Philippus, aus genauer Beobachtung werfen dir mache vor,
du seist nicht von Natur aus freigebig. Darüber will mir scheinen,
wie du solchermaßen nur weit mehr verlierst.
Du sollst lieber aus freiem Willen tausend Pfund geben
als dreißigtausend widerwillig. Dir ist nicht bekannt,
wie man durch Geben Ruhm und Ansehen erlangt.
Denk doch an den freigebigen Saladin,
der da sagte, Königshände sollten durchlässig sein,
dann würden sie gefürchtet wie geliebt.

Zit. nach: Wapnewski, Peter (Hrsg.): Walther von der Vogelweide. Frankfurt a.M. 1962, S. 39

6.2.19 Jonathan Riley-Smith über die Bedeutung der Kreuzzüge (1999)

Jonathan Riley-Smith (geb. 1938) ist Professor für Kirchengeschichte. Er gilt als einer der renommiertesten Historiker auf dem Gebiet der Kreuzzüge.

Auf der weltgeschichtlichen Bühne spielten die Kreuzzüge eine wichtige Rolle, gaben sie doch der politischen und kulturellen Landkarte ein neues Gesicht – denn sie bildeten eine wichtige Voraussetzung für die fortschreitende Expansion der lateinischen Christenheit, für das Entstehen neuer, römisch geprägter Staaten in Nordosteuropa, auf der Iberischen Halbinsel und natürlich im Orient, wenn auch einigen dieser Staaten nur eine kurze Existenz beschieden war. [...] Durch die Ausrufung von Kreuzzügen suchte das Papsttum seinem Anspruch, die Christenheit zu lenken, Realität zu verleihen, wobei es der Verwirklichung dieses Traums unter Innozenz III. am nächsten kam. Die Kreuzzüge trugen ebenso dazu bei, das Selbstverständnis der Europäer zu verändern; sie förderten die Erkenntnis, dass alle Europäer diese gemeinsame Identität haben, die in einer gewissen kulturellen Tradition – die freilich lokale Unterschiede aufweist – verwurzelt ist. Da die abendländische christliche Kultur das kennzeichnende gemeinsame Merkmal war, tat sich ein tiefer Spalt zwischen den christlichen Westeuropäern und der übrigen Menschheit auf, der seiner Konzeption nach im Wesentlichen religiös fundiert war. Betrachtet man die Kreuzzüge in diesem Sinne als einen umfassenden ideologischen Krieg, so lässt sich sagen, dass sie den fremdenfeindlichen Zug innerhalb der abendländischen Kultur, der bisher relativ latent geblieben war, dramatisch verstärkten und die exklusive Sicht der Welt zusätzlich nährten, wonach die Überlegenheit der christlich-abendländischen Kultur eine ausgemachte Sache war. Im Zusammenhang damit stand ein drastischer Wandel der christlich-jüdischen Beziehungen im Abendland: Die Pogrome von 1096 bezeugen eine neue feindselige Haltung, die sich bald fest im Herzen der abendländischen Kultur verankerte. Darüber hinaus bewirkte das Kreuzzugswesen, als Idee und als Praxis, die Durchsetzung ritterlicher Werte und trug damit stark zu einem neuen Selbstverständnis des Ritterstandes bei – ein Selbstverständnis, das die kulturelle Distanz dieses Standes von anderen sozialen Schichten scharf akzentuierte.

Riley-Smith, Jonathan: Illustrierte Geschichte der Kreuzzüge. Frankfurt a.M. 1999, S. 80f.

6.3 „Clash of Cultures"? Muslime und Christen auf der iberischen Halbinsel

Spricht man über das Zusammentreffen von Muslimen und Christen im Mittelalter, so stehen meist die Kreuzzüge im Vordergrund. Jedoch hatte es schon viel früher ein Aufeinandertreffen beider Kulturen gegeben, da die iberische Halbinsel bereits seit dem Jahr 711 unter muslimischer Herrschaft stand. Spanien war sogar für viele Jahre ein selbstständiges Kalifenreich, in dem es nicht nur Spannungen zwischen den Angehörigen der beiden Kulturen, sondern auch zahlreiche Beispiele für ein friedliches Miteinander und Voneinander-Lernen gab.

6.3.1 Gemeinsames Schachspiel (1283)

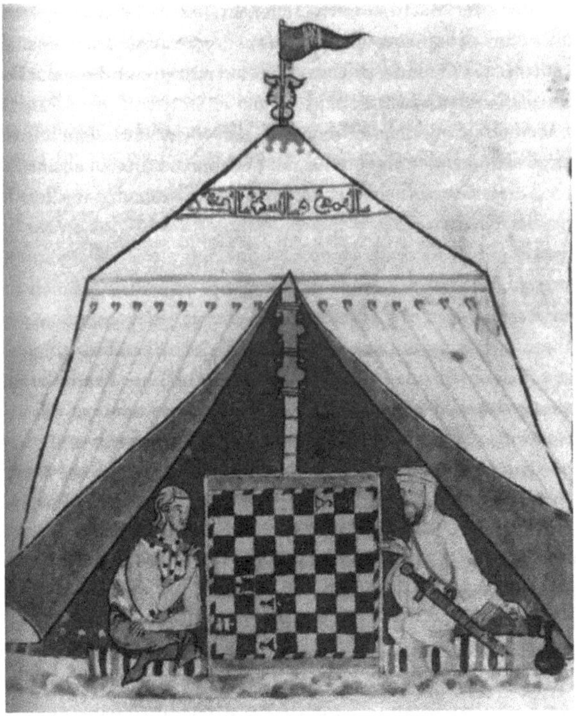

Abb. 37: Das Bild zeigt einen abendländischen Christen (links) beim Schachspiel mit einem Muslim (rechts) in dessen Zelt (erkennbar an den arabischen Schriftzeichen am Himmel des Zeltes). Illustration aus dem Schachbuch Alfons' X. von Kastilien aus dem Jahr 1283

Riley-Smith, Jonathan: Illustrierte Geschichte der Kreuzzüge, übers. von Rochow, Christian. Frankfurt u.a. 1999, S. 283

6.3.2 Der Journalist Rainer Traub über Muslime im mittelalterlichen Spanien (1998)

Europa liegt Afrika nirgends näher als in Tarifa. Mit den weißen Häusern der kleinen Hafenstadt am Südzipfel Spaniens endet das christliche Abendland. Deutlich zeichnen sich jenseits der Meerenge, die an dieser Stelle mit gerade zwölf Kilometern noch schmaler als bei Gibraltar ist, das

Atlasgebirge und die marokkanische Küste ab. Von dort setzte im Jahr 710 ein muslimischer Vortrupp über, um die in Nordafrika umlaufenden Gerüchte vom Reichtum des benachbarten Landes zu überprüfen. Der Anführer Tarif [...] war so beeindruckt, dass die Muslime im Mai 711 mit 7000 Kriegern wiederkehrten. Die jüngste der monotheistischen Religionen – sie war noch keine hundert Jahre alt – eroberte die Iberische Halbinsel blitzartig. Bis zum Jahr 716 [...] war deren weitaus größter Teil in muslimischer Hand.
Die Historiker der Epoche weisen darauf hin, dass den Mannen aus Afrika nicht nur die innere Zerrissenheit und Unbeliebtheit des westgotischen Königreichs zugute kam, das sie hinwegfegten. Sie fanden auch spontane Verbündete im jüdischen, dem alten Regime verhassten Teil der Bevölkerung. Die große Mehrheit der Einheimischen akzeptierte die Eroberer rasch. Zum einen hatten die Neuen sozial und kulturell mehr zu bieten als die gestürzten Feudalherren. Zum anderen verlangten sie keine bedingungslose Unterwerfung. Nicht umsonst lehre der Koran, der Glaube an einen einzigen Gott verbinde die Muslime mit den Anhängern der beiden älteren [Religionen]. Der strahlende Mittelpunkt dieser Kultur war einst die Stadt Cordoba [...]. Der Aufstieg der andalusischen Metropole zur reichsten und größten Stadt Europas gründete auf mehreren Faktoren. Die Araber brachten ein ingeniöses [ausgeklügeltes] Bewässerungssystem mit. Sie führten das Dromedar als Lasttier ein. Sie machten orientalische Bodenprodukte wie Zuckerrohr und Baumwolle, Pfirsichbaum und Dattelpalme in Andalusien heimisch. Und sie trieben intensiven Handel mit dem afrikanischen Kontinent.

Traub, Rainer: Andalusische Spurenlese, in: Spiegel Special, Nr. 1, 1998, S. 86f.

6.3.3 Jüdische Kaufleute in al-Andalus (847)

Ibn Chordadbeh (um 820-um 912) war Generalpostmeister in Medien im westlichen Persien. Wahrscheinlich zur Unterweisung Untergebener schrieb er 847 das „Buch der Wege der Länder", in dem die Handelsrouten und Kurierstrecken der islamischen Welt ausgehend von Bagdad sowie die Poststationen vom Kaspischen Meer und dem europäischen Russland bis nach Nordwestafrika und Spanien verzeichnet sind. In diesem Buch widmet er ein spezielles Kapitel den jüdischen Kaufleuten.

Diese Kaufleute sprechen persisch, romanisch, arabisch, fränkisch, spanisch und slawisch. Sie reisen vom Abendland nach dem Morgenland und vom Morgenland nach dem Abendland, bald zu Wasser, bald zu Land. Sie bringen aus dem Abendland Eunuchen, Sklavinnen, Knaben, Seide, Pelzwerk und Schwerter. Sie begeben sich im Lande der Franken aufs Meer und fahren nach Farama [bei Port Said], dann zu Lande nach Kolzum [Suez] und Dschedda [Hafen von Mekka]; von da gehen sie nach Sind [Provinz in Pakistan], Indien und China. Bei der Rückreise nehmen sie Moschus, Aloe, Kampfer, Zimt und andere Erzeugnisse des Ostens mit und kommen wieder [zum Mittelmeer]. Einige begeben sich nach Konstantinopel, um dort Ware zu verkaufen, andere segeln nach dem Lande der Franken.

Zit. nach: Aronius, J. (Hrsg.): Regesten zur Geschichte der Juden im fränkischen und deutschen Reiche bis 1273. Berlin 1902, Nr. 113, 50

6.3.4 Die Eroberung Santiago de Compostelas (1372/74)

Der Historiker und Dichter Abdallah ibn al-Khatib (1313–1375) schrieb über die Eroberung Santiagos durch Muhammad al-Mansur im Oktober 997 (1372/74)

Seit alters her war Santiago Mittelpunkt christlicher Machtentfaltung gewesen: ein Ort der Zusammenkunft und Wallfahrt und ein Ziel der Pilgerreise; tausend Jahre hindurch zogen die Christen ungestört von den entferntesten Gauen zur Kirche in Santiago, wo sie das Grab Jakobs [...], eines der zwölf Apostel, verehrten; [...] Bisher hatte kein muslimischer Herrscher Santiago erreichen können, so schwer war der Zugang, so weit die Reise, so rau der Weg.
Indessen ordnete al-Mansur den Sommerfeldzug des Jahres 387 H [997 n.Chr.], seinem achtundvierzigsten, in Richtung auf Santiago an. [...] Der Einmarsch in Santiago erfolgte Dienstag, den 2. Schaban [8. Monat im islamischen Kalender].
Die bereits von der Bevölkerung geräumte Stadt lag völlig menschenleer. Al-Mansur ließ ihre Vorräte plündern, ihre Häuser zerstören, kurz, ihre Spuren tilgen; so erlitt die Stadt trotz ihrer festen und soliden Bauweise so gründliche Schäden, dass sie hernach aussah, als habe sie überhaupt kein Gestern gekannt. Das Grab befahl al-Manusur zu schützen und zu schonen; in der Kirche begegnete ihm als einziger Mensch ein alter Einsiedler, der gebeugt am Grabe saß und auf die Frage, warum er noch hier sei, antwortete: „Um Jakob Gesellschaft zu leisten." Al-Mansur wies seine Leute an, ihn in Ruhe und Frieden zu lassen. [...]
Häufig nehmen maurische Fürsten und Angehörige ihrer Miliz die Tracht benachbarter Christenvölker an; dann erscheinen die maurischen Waffen den christlichen Waffen, die maurischen Scharlachmäntel den christlichen gleich. Dasselbe trifft für Feldzeichen und Sattelzeug zu und gilt auch von der Kampfesweise mit Rundschilden und langen Stoßlanzen; oder wenn die Infanteristen keine Streitkolben oder arabische Bögen, sondern fränkische Bögen bei der Beschießung von Städten verwenden; [...]

Zit. nach: Abdallah ibn al-Khatib, Kitab amal al-aam, 1372-1374; hrsg. und übers. von Hoenerbach, Wilhelm: Islamische Geschichte Spaniens. Zürich u.a. 1970, S. 165f. und S. 90

6.3.5 Ein anonymer Christ aus Córdoba über das Zusammenleben von Arabern und Christen (9. Jh.)

Der Bericht des anonymen Schreibers ist ein deutliches Zeugnis der Durchdringung der abendländischen Christenheit von arabischer Kultur, die durchaus nicht von allen Zeitgenossen als positiv angesehen wurde.

Viele meiner Glaubensgenossen lesen die Gedichte und Märchen der Araber. Sie studieren die Schriften der muslimischen Theologen und Philosophen, nicht um sie zu widerlegen, sondern um zu lernen, wie man sich auf korrekte und elegante Weise im Arabischen ausdrückt. Wo findet man heute einen Christen, der die lateinischen Kommentare über die heilige Schrift liest – außer es ist ein Geistlicher? [...] Ach, alle jungen Christen, die das nötige Talent haben, kennen nur die Sprache und Literatur der Araber! [...] Sie lesen und studieren aufs Eifrigste die arabischen Bücher, legen sich mit enormen Kosten große Bibliotheken davon an und sagen überall, nur diese Literatur sei bewunderungswürdig. Redet man ihnen dagegen von christlichen Büchern, so antworten sie herablassend, diese Bücher verdienten es nicht, gelesen zu werden. Ach, die Christen haben sogar ihre Sprache vergessen. Unter Tausenden findet man kaum einen, der einen erträglichen lateinischen Brief schreiben kann.

Zit. nach: Hunke, Sigrid: Allahs Sonne über dem Abendland. Frankfurt a.M. 2001, S. 338

6.3.6 Christliche Kultur in al-Andalus (um 1380)

Der islamische Historiker und Politiker Ibn Chaldun (1332–1406) schreibt in seinem „Buch der Beispiele" über die christliche Kultur in al-Andalus:

Ein Besiegter ist stets darauf aus, den Sieger in seiner Erscheinung, seiner Kleidung, seinen Anschauungen sowie in allen übrigen Lebensformen und Gewohnheiten nachzuahmen. Der Grund liegt darin, dass der Mensch denjenigen, vom dem er besiegt wurde und dem er sich unterwirft, stets für vollkommen hält. Denn entweder sieht er ihn als vollkommen an, weil er übergroße Furcht vor ihm hat, oder weil er irrtümlicherweise glaubt, der Sieg seines Gegners sei nicht durch dessen stärkeres Heer zustande gekommen, sondern durch die Vollkommenheit von dessen Lebensformen und Gewohnheiten. [...] Deshalb kann man beobachten, dass der Besiegte im Gebrauch und im Stil seiner Kleidung, seiner Reittiere und Waffen sowie in allen übrigen Lebensformen den Sieger nachahmt. [...]

Das geht sogar so weit, dass bei einem Volk, das von seinem Nachbarvolk beherrscht wird, ohne im Krieg besiegt worden zu sein, die Zeichen der Nachahmung und Angleichung zu einem großen Teil sichtbar werden. Das ist in heutiger Zeit in Al-Andalus der Fall. Dort passen sich die Muslime in ihrer Kleidung, ihren Äußerlichkeiten und vielen Ihrer Gewohnheiten und Verhaltensregeln den christlichen Völkern aus dem Norden des Landes derartig an, dass sie sogar die Wände ihrer Bauten und Häuser mit Bildern schmücken. Der kluge und aufmerksame Beobachter wird darin die Zeichen der immer stärker werdenden christlichen Vorherrschaft ablesen.

Zit. nach: Ibn Chaldun: Buch der Beispiele, übers. von Pätzold, Mathias: Leipzig 1992, S. 96f.

6.3.7 Reconquista

Zu Abb. 38: Die Rückeroberung der Iberischen Halbinsel durch christliche Herrscher, die so genannte Reconquista, zog sich über mehrere Jahrhunderte hin. Seit 1238 war die Rückeroberung Spaniens soweit fortgeschritten, dass sich der islamische Machtbereich nurmehr auf die Gebiete um die Stadt Granada in Andalusien [al-Andalus] *beschränkte. Dennoch entwickelte sich hier eine glanzvolle Kultur unter islamischer Herrschaft. Diese wurde jedoch endgültig ausgelöscht, als Granada 1492 von den katholischen Königen Isabella und Ferdinand erobert wurde. In den folgenden Jahrzehnten wurden systematisch alle Nicht-Katholiken aus Spanien vertrieben oder einer Zwangstaufe unterzogen.*

Abb. 38: Darstellung einer Schlacht der Kreuzfahrer gegen Muslime während der Reconquista (13. Jh.). Die Ritter erhalten den Auftrag zur Schlacht (links oben). Es folgen die Segnung der Truppen vor der Schlacht (rechts oben) und die Kampfszenen (Mitte). Nach Rückkehr des Heeres (unten links) folgt die Danksagung an die Gottesmutter (unten rechts).

Riley-Smith, Jonathan: Illustrierte Geschichte der Kreuzzüge, Frankfurt u.a. 1999, S. 57

6.4 Ostkolonisation und Deutscher Orden

Aufgrund der stetig wachsenden Bevölkerungszahlen und der sich daraus ergebenden Probleme wie Landknappheit und Verarmung zogen seit dem 11. Jahrhundert viele Menschen aus dem Heiligen Römischen Reich in die Gebiete östlich von Saale und Elbe. Das seit dem Jahr 960 bestehende Herzogtum Polen hatte mit der Erhebung der Stadt Gnesen zum Erzbistum im Jahr 1000 unter Kaiser Otto III. ein eigenes kirchliches Zentrum erhalten. Die Ostgebiete waren noch sehr dünn besiedelt, und polnische, schlesische, böhmische und ungarische Fürsten hießen die Einwanderer willkommen, da sie Arbeiter brauchten, die die Wälder roden, Dörfer gründen und Land kultivieren konnten. Eine wichtige Rolle spielte auch die Kirche bei der Ostkolonisation, da vor allem Zisterzienser zahlreiche Klöster und Wirtschaftshöfe gründeten, neben denen im Laufe der Zeit Dörfer entstanden.

6.4.1 Das Diedenhofener Kapitular (805)

Im Jahre 805 verkündete Karl der Große in der Pfalz Diedenhofen an der Mosel eine seiner wichtigsten Verordnungen (Kapitularien), in dem unter anderem auch der Handel mit den Slawen geregelt und unter die Aufsicht fränkischer Grafen gestellt wird.

Kaptitel 7: Über die Kaufleute, die in die Länder der Slawen und Awaren reisen, und wohin sie mit ihren Waren gehen müssen. Im Land Sachsen nach Bardowick, wo Hredi zuständig sei, und nach Schezla, wo Madalgaudus zuständig sei, und nach Magdeburg, wo Aito zuständig sei, und nach Erfurt, wo Madalgaudus zuständig sei, und nach Halazstat, wo ebenfalls Madalgaudus zuständig sei, und nach Forchheim und nach Pfreimd und nach Regensburg, wo Audulfus zuständig sei, und nach Lorch, [wo] Warnarius [zuständig sei]. Und sie dürfen keine Waffen und Brustpanzer zum Verkauf mit sich führen. Wenn sie aber dabei ergriffen werden, soll ihnen all ihre Habe abgenommen werden und die Hälfte an den Palast, die andere Hälfte aber unter die genannten Königsboten und den Ergreifer aufgeteilt werden.

Zit. nach: Schmieder, Felicitas: Die mittelalterliche Stadt. Darmstadt 2005, S. 29 (Übers. nach MGH Cap., Bd. 1, S. 123, Nr. 44)

6.4.2 Graf Adolf II. von Holstein siedelt Deutsche und Slawen in Holstein an (1143)

Im Hochmittelalter stiegen die Bevölkerungszahlen derart stark an, dass nicht genügend Lebensraum für alle vorhanden war. Aus diesem Grund wurden einerseits zahlreiche neue Städte gegründet, andererseits aber auch neue Gebiete zur Besiedlung erschlossen. Es gab regelrechte Aufrufe zur Umsiedlung in die östlichen Reichsgebiete, denen vor allem Menschen aus den Niederlanden und dem Rheinland folgten. In der ersten Hälfte der zwanziger Jahre des 13. Jahrhunderts breiteten sich die Siedlungen im Norden Deutschlands bis zur Eider und zur Insel Rügen aus. Auch Graf Adolf II. von Holstein (1130–1164) bemühte sich, die noch recht verlassenen Gebiete in Holstein zu besiedeln.

Als diese Dinge so geordnet waren, begann Adolf die Burg Segeberg wieder zu errichten und umgab sie mit einer Mauer. Da das Land verlassen war, schickte er Boten in alle Lande, nämlich nach Flandern und Holland, Utrecht, Westfalen und Friesland, dass jeder, der zu wenig Land hätte, mit seiner Familie kommen sollte, um den schönsten, geräumigsten, fruchtbarsten, an Fisch und Fleisch überreichen Acker nebst günstigen Weidegründen zu erhalten. Den Holsten und Stormarn ließ er sagen: „Habt ihr euch nicht das Land der Slawen unterworfen und es mit dem Blute eurer Brüder und Väter bezahlt? Warum wollt ihr als Letzte komme ? Seid die Ersten, wandert in das liebliche Land ein, bewohnt es und genießt seine Gaben, denn euch gebührt das Beste davon, die ihr es der Feindeshand entrissen habt." Daraufhin brach eine zahllose Menge aus verschiedenen Stämmen auf, nahm Familie und Habe mit und kam zu Graf Adolf nach Wagrien, um das versprochene Land in Besitz zu nehmen. Und zwar erhielten zuerst die Holsten Wohnsitze in dem am besten geschützten Gebiet westlich Segeberg, an der Trave, in der Ebene Schwentinefeld und alles, was sich von der Schwale bis zum Grimmelsberg und zum Plöner See erstreckt. Das Darguner Land besiedelten die Westfalen, das Eutiner die Holländer und Süsel die Friesen. Das Plöner Land aber blieb noch unbewohnt. Oldenburg und Lütjenburg sowie die anderen Küstengegenden ließ er von den Slawen besiedeln, und sie wurden ihm zinspflichtig.

Helmold von Bosau, Slawenchronik cap. 57; zit. nach: Lautemann, Wolfgang/Schlenke, Manfred (Hrsg.): Geschichte in Quellen, Bd. 2. München [2]1978, S. 623 (Übers.: H. Stoob)

6.4.3 Gründung der Stadt Brieg durch Herzog Heinrich I. von Schlesien (1250)

Etwa in der Mitte der Strecke von Breslau nach Oppeln, am Knotenpunkt wichtiger Handelswege durch Schlesien und seine Nachbarländer, lag das kleine Fischer- und Handelsdorf Wissoke Brzegh. Aufgrund dieser strategisch wichtigen Lage im Herzen der deutschen Ostsiedlung vergab Herzog Heinrich I. von Schlesien (um 1256–1290) die Stadtrechte an das Dorf.

[...] Wir haben dem Schultheißen [Gerichtsbeamten] Heinrich von Reichenbach unsere Stadt [...] nach deutschem Recht zum Ansetzen von Siedlern übergeben [...].

1. Wer in der Stadt wohnen will, genießt 6 Freijahre. Er wird weder zur Steuer noch zur Heerfahrt gezwungen, außer bei unmittelbarer Gefahr für die Landschaft. [...]

3. Wir gewähren allen Bewohnern freien Fischfang innerhalb einer Meile, freies Bauholz, freie Niederjagd, beiderseits der Oder 6 große Hufen als Weide.

4. Die Siedler können ihre Geschäfte in unserem Lande ohne Zoll und Abgaben treiben.

5. Polen und freie Leute anderer Sprachen, die in der Stadt ein Haus besitzen, genießen deutsches Recht. [...] Die Bürgerschaft gibt dem Herzog jährlich 20 Mark von den Schenken.

6. In der Stadt hält der Herzog 10 Fleischbänke, der Richter und die Bürger die übrigen. Sie werden ihnen vom Richter zugewiesen.

7. Wir erlauben die Anlage von Mühlen (innerhalb einer Meile oberhalb und unterhalb der Stadt). Wir erlauben einen Jahrmarkt.

8. Innerhalb einer Meile soll keine Schenke errichtet werden.

9. Alle Dörfer in der Meile nehmen ihr Recht von der Stadt.
10. Wir versprechen, die Stadt innerhalb zweier Jahre zu befestigen. [...]

Zit. nach: Lautemann, Wolfgang/Schlenke Manfred (Hrsg.): Geschichte in Quellen, Bd. 2. München [2]1978, S. 632f. (Übers.: K.H. Quirin)

6.4.4 Eine Landschenkung durch König Kasimir III. (1359)

Als Auszeichnung für geleistete Dienste übergibt König Kasimir III. von Polen (1310–1370) dem Ritter Johann Gladisch Land zur Besiedlung (27. Oktober 1359).

In Erinnerung an die treuen Dienste des edlen Ritters Paul Gladisch, die er Unserem Vater zeit seines Lebens getreulich erwiesen hat, haben Wir seinem Sohn Johann einen Teil Unseres Waldes gegeben, damit er sich Dörfer nach deutschem und Magdeburger Recht errichte, die er und seine ehelichen Nachkommen für immer erblich besitzen sollen. Und weil lange Zeit trotz vieler aufgewandter Mühen wegen des Hinsterbens der Menschen wie auch wegen der Verwüstungen durch Heuschrecken dort kein Ertrag erzielt werden konnte, haben Wir ihm ein Dorf mit allen Rechten und mit allen Einkünften für immer gegeben. Außerdem haben wir ihm Unseren ganzen Hain und Urwald übertragen, und zwar so, dass er dort ringsherum Dörfer ansiedeln, Städte gründen und Gehöfte anlegen kann.
Damit aber Johann Gladisch den Wald leichter und bequemer fällen und dortselbst Leute ansiedeln kann, geben Wir allen Ankömmlingen eine Frist von 20 Jahren und gewähren ihnen solange volle und umfassende Freiheit, wobei wir sie ausnehmen von all unsren Abgaben, Steuern, Umlagen, Forderungen, Dienstleistungen, Arbeiten, Hand- und Spanndiensten. Lediglich der Schulze soll über seine Bauern richten, der Vogt über seine Bürger, deren Erbherr [Johann Gladisch] aber über Vogt und Schulzen.

Zit. nach: Borst, Arno: Lebensformen im Mittelalter. Berlin 1997, S. 167f.

6.4.5 Beschwerden über die deutschen Siedler (1285)

Obwohl im Allgemeinen die Ansiedlungen ohne Probleme verliefen, gab es doch verzeinzelte Beschwerden über die deutschen Siedler, wie z.B. in einem Schreiben Erzbischof Jakob Schwinkas von Gnesen an die Kardinäle in Rom aus dem Jahr 1285 zu lesen ist.

Uns werden durch das Eindringen des deutschen Volkes die kirchliche Freiheit und unsere Rechte genommen, die bisher von den Polen von Anfang an beachtet worden sind. Sie, die Deutschen, lehnen dies vollständig ab, ebenso wie in der Bezahlung der Zehnten[6] Willkür herrscht, die einige von ihnen überhaupt nicht zahlen, andere nicht nach dem Recht des Landes, sondern nach der Gewohnheit ihres Volkes. Noch andere Übel sind durch das Eindringen dieses Volkes im Land vervielfacht worden, das polnische Volk durch sie unterdrückt, von ihnen verachtet, der löblichen Rechte und Gewohnheiten des Vaterlandes beraubt wird.

Zit. nach: Kötschke, Rudolf (Hrsg.): Quellen zur Geschichte der ostdeutschen Kolonisation im 12. bis 14. Jahrhundert. Leipzig 1951, Nr. 60

6.5 Die Gründung des Ordensstaates

Der deutsche Orden war im Jahre 1190 in Akkon im Heiligen Land als geistlicher Ritterorden gegründet worden. Als sich jedoch die Herrschaftsverhältnisse in Palästina wandelten und die Kreuzfahrerstaaten langsam aufgelöst wurden, suchte der Orden neue Betätigungsfelder. Im östlichen Mitteleuropa wurde er fündig, hier konnte noch – auch mit dem Schwert – missioniert werden. Im März 1226 sagte Kaiser Friedrich II. in der so genannten Goldenen Bulle von Rimini dem deutschen Orden Gebiete zu, die an diejenigen der heidnischen Pruzzen[7] grenzten. Darüber hinaus wurden ihm mit dieser Urkunde sämtliche Gebiete zugesagt, die der Orden in Zukunft von den Heiden erobern würde. Dabei bekam der Hochmeister (Oberhaupt des Deutschen Ordens) Herrschaftsrechte entsprechend denen eines Reichsfürsten zugesprochen. Die sofort darauf beginnende Eroberung Preußens konnte der Orden um 1280 abschließen. Auf dem Höhepunkt seiner Macht dehnte sich der Ordensstaat etwa 900 Kilometer an der Ostseeküste von der Neumark an der Oder bis nahe bei Nowgorod aus. Verwaltet wurde dieser riesige Ordensstaat von der Marienburg bei Danzig aus, auf die der Hochmeister im Jahre 1309 das Ordenszentrum verlegt hatte. Der Deutsche Orden gründete 93 Städte und weit über 1000 Dörfer in den von ihm eroberten Gebieten.

6.5.1 Die Goldene Bulle von Rimini (1226)

Die sogenannte „Goldene Bulle von Rimini“ ist eine Urkunde Kaiser Friedrichs II., in der er auf Bitten Herzog Konrads von Masowien dem Deutschen Orden die Herrschaft über das Kulmer Land östlich der Weichsel zusichert. Als Gegenleistung für die Verleihung der absoluten Landeshoheit wird jedoch vom Deutschen Orden der Kampf gegen die Pruzzen erwartet.

Im Namen der heiligen und ungeteilten Dreifaltigkeit, Amen. Friedrich II. von Gottes Gnaden Kaiser der Römer, zu allen Zeiten Augustus, König von Jerusalem und Sizilien. [...] Aus diesem Grunde tun wir mit diesem Schreiben allen jetzt lebenden und allen künftigen Angehörigen Unseres Reiches kund und zu wissen: Bruder Hermann [s. 6.5.2], der ehrwürdige Meister des Heiligen Deutschen Hospitales der Heiligen Maria zu Jerusalem und Unser Getreuer, hat Uns in aller Ergebenheit vorgetragen, dass Unser getreuer Konrad, Herzog von Masowien und Kujawien, für das Kulmerland und das Land zwischen seiner Mark und dem Gebiete der Preußen für ihn und die Brüder Vorsorge treffen will. Demnach sollen die Brüder die Mühe auf sich nehmen und bei günstiger Gelegenheit zur Ehre und zum Ruhme des wahren Gottes in das Preußenland einziehen und es besetzen.[...] Unsere Erhabenheit solle dann ihm [Hermann von Salza] und seinem Hause das Land, das ihm genannter Herzog überlassen, wie auch das Land, das sie in Preußen durch ihre Bemühungen gewinnen, bestätigen und außerdem seinem Hause hierfür Kraft eines Privilegs alle Rechte und Freiheiten gewähren. [...]

Zit. nach: Hartmann, Wilfried (Hrsg.): Deutsche Geschichte in Quellen und Darstellung, Bd. 1. Stuttgart 1995, S. 396f.

6.5.2 Hermann von Salza

Abb. 39: Hermann von Salza, aus: 800 Jahre Deutscher Orden. Katalog der Ausstellung im Germanischen Nationalmuseum Nürnberg. Gütersloh/München 1990, S. 457

Die Statue Hermanns von Salza ist eine Eckfigur am Sockel eines überlebensgroßen Standbilds Friedrichs II. Es wurde 1872 zur Feier der 100jährigen Wiederkehr der Vereinigung der (späteren) Provinz Westpreußen mit dem Königreich Preußen in der Marienburg aufgestellt. Die Statue soll die Verbindung des Ordensstaates mit dem Königreich Preußen symbolisieren.

Hermann von Salza (vor 1170/1180–1239) war von 1210 bis 1239 der neunte Hochmeister des Deutschen Ordens und ein bedeutender Politiker seiner Zeit. Er ist vermutlich 1204 in den Deutschen Orden eingetreten, und im Jahr 1210 wird er erstmals als Hochmeister erwähnt. Er galt als besonderer Vertrauter Kaiser Friedrichs II., für den er ab 1222 immer wieder eine besondere Rolle als Vermittler zur päpstlichen Kurie darstellte. Doch auch der Papst schätzte Hermann, sodass er eine Gleichstellung des Deutschen Ordens mit den älteren Ritterverbindungen der Johanniter sowie Templer erreichte.

Es ist vor allem auf Hermann von Salza zurückzuführen, dass die Expansion des Deutschen Ordens ins Gebiet nördlich der Weichsel zielte. Man kann deshalb den Hochmeister als einen Ahnherren des historischen Staates Preußen bezeichnen.

6.5.3 Landschenkungen (Juni 1260)

Der Deutsche Orden errichtete den Ordensstaat nicht nur durch Eroberungen, sondern erhielt auch zahlreiche Landschenkungen. Die Urkunde König Mindowes von Litauen berichtet, dass er dem Deutschen Orden sein ganzes Reich schenkt, falls er ohne Erben sterben sollte.

Obgleich wir durch die Gnade der göttlichen Eingebung auf den Rat unserer Geliebten in Christo, des Meisters und der Brüder vom Deutschen Hause in Livland aus der Finsternis der Heiden in das Licht der Kirche Jesu Christi gerufen sind und wiedergeboren sind durch die Gnade des Taufwassers, und unser heiligster Vater und Herr, Papst Innozenz IV., auf Drängen und wirksames Bemühen des Meisters und der vorgenannten Brüder unsere Person, unser Reich und alle unsere Güter der Gerichtsbarkeit des apostolischen Stuhle unterworfen hat und uns mit seiner Vollmacht hat krönen lassen zum König von ganz Litauen [...]; dennoch wurden sowohl wir als auch unser Reich Litauen, [...] durch einige Feinde des christlichen Glaubens und den Abfall einiger so in

Wirren gestürzt und erschüttert, dass, wenn uns nicht be-deutender Rat und Hilfe des Meisters und der genannten Brüder beigestanden hätten, unser ge-samtes Reich zugleich mit dem Untergang des Glaubens vernichtet worden wäre. Daher haben wir, in Anbetracht der Mühen und des Aufwandes sowie des Wohlwollens des Meisters und der vor-genannten Brüder, die sie bei der Förderung unserer Person und unseres Reiches [...] gehabt haben [...], unser ganzes Reich Litauen und alle angrenzenden Ländereien [...] dem Meister und den oft genannten Brüdern vom Deutschen Hause in Livland gegeben, übertragen und geschenkt, und durch den Inhalt dieser gegenwärtigen Urkunde schenken wir es zu wahrem Recht und Eigentum ihres Ordens, jedoch so, dass, für den Fall, dass wir ohne rechtmäßige Erben sterben sollten, wir ihnen die Herrschaft und den Besitz des ganzen oben genannten Reiches Litauen von jetzt ab wie von dann ab übertragen.

Preußisches Urkundenbuch I (1961) 2, Nr. 106, S. 91ff.; zit. nach: Lautemann, Wolfgang/Schlenke, Manfred (Hrsg.): Geschichte in Quellen, Bd. 2. München 1978, S. 665f.

6.5.4 Päpstliche Unterstützung (1262)

Papst Urban IV. beauftragt den Bischof zu Kulm, zugunsten des Deutschen Ordens in Livland, Kurland und Preußen das Kreuz predigen zu lassen.

Bischof Urban, Knecht der Knechte Gottes, sendet seinem ehrwürdigen Bruder, dem Bischof von Kulm, seinen Gruß und den apostolischen Segen. Vor einiger Zeit haben sich unsere geliebten Söhne, der Meister und alle Brüder des Hospitals der heiligen Maria der Deutschen zu Jerusalem, mit Klagen an uns gewandt, weil in Livland, Kurland und Preußen bei ihrem Streben, den Glauben zum Ruhme Gottes herrlich auszubreiten, ungefähr 50 Brüder dieses Hauses, die dort eingesetzt waren, wie wir gehört haben, von den Händen der Ungläubigen grausam umgebracht worden sind. Der Hilfeschrei hat sich verdoppelt, und reichlich fließen die Tränen aus dem Grunde, weil wieder in den genannten Ländern [...] einige der erwähnten Brüder von denselben Ungläubigen aufs schrecklichste erschlagen worden sind, während die Masse der neu Getauften, die in jenen Gegenden vorhanden war, schmählich in ihren früheren Irrglauben zurückfiel. [...] Es ist unser frommer Wille, dass [...] ein solches mit so großen Blutopfern geschaffenes Werk nicht ganz und gar untergehen dürfe, und wir beauftragen deine brüderliche Liebe mit der Autorität aller Anwesenden, dass durch dich und andere umsichtige und ehrbare dazu geeignete Männer in den Königreichen, Regionen, Provinzen und Städten und Diözesen, die der apostolische Stuhl zur Unterstützung der genannten Länder Livland, Kurland und Preußen bestimmt hat, nach Rat und Willen der genannten Brüder dieses Hauses die Gläubigen das heilige Predigtamt auf sich nehmen. [...] In frommen Ermahnungen nach der ihnen von Gott gegebenen Einsicht sollen sie eifern und bewegten Herzens flehen, [...] mannhaft und mächtig sollen sie sich gürten, wenn sie, die den Himmel Gottes besitzen, ausziehen, um den Ruhm des Gekreuzigten zu vermehren und ihre Nächsten aus den Händen der Heiden zu befreien. [...] Die Heiden aber sollen sich nicht rühmen können, straflos Christi Namen bekämpft zu haben.

Preußisches Urkundenbuch I (1961) 2, Nr. 172, S. 139f.; zit. nach: Lautemann, Wolfgang/Schlenke, Manfred (Hrsg.): Geschichte in Quellen, Bd. 2. München ^{2}1978, S. 668f.

6.5.5 Das Vorgehen des Deutschen Ordens in der historischen Rückschau

Die Errichtung des Ordensstaates ist keinesfalls friedlich vollzogen worden. Vielmehr ging der Deutsche Orden, dem durch die Goldbulle von Rimini alle Gebiete, die er erobern würde, zugesprochen worden waren, zeitweise außerordentlich grausam vor. Zwar trugen die Ordensritter durch die zahlreichen Städte- und Ortsgründungen auch zur Erschließung und Kultivierung des Landes bei, doch hat ihre Eroberungspolitik das Verhältnis zu Polen und Litauen sehr verschlechtert.

Hartmut Boockmann, Historiker (1981):

Freilich hier [...] in Preußen kommt zur Schädigung der Lebensgrundlagen des Gegners die erklärte Absicht hinzu, die Männer zu töten – während man beim Krieg zwischen christlichen Gegnern dieses Ziel in der Regel nicht hatte: Der tote Gegner hätte ja kein Lösegeld gebracht. Zu dem normalen Typus des Krieges im Mittelalter kommen hier die Elemente des Heidenkrieges hinzu. Denn dass hier die Männer getötet werden sollen, erklärt sich daraus, dass sie Heiden sind und als Feinde des christlichen Glaubens angesehen werden. Nach dem Verständnis derer, die diese Kriege rechtfertigten und die Tötung der Gegner forderten, wurde dabei ein Lebenskampf zwischen Christentum und Heidentum ausgetragen. Es ging um Überleben oder Untergang der christlichen Religion.

Boockmann, Hartmut: Der Deutsche Orden. München 1981, S. 107

Dieter Zimmerling, Historiker (1988):

Der Einmarsch nach Danzig und Pommerellen markiert einen bedeutsamen Umschwung im Dasein des Deutschen Ritterordens. Es ist eine Wende zum Schlimmen [...], die ihn wegführt von seinen eigentlichen Aufgaben und Zielen, nämlich die Heiden zu unterwerfen und dafür zu sorgen, dass sie sich – wenn auch zwangsweise – zum Christentum bekennen. Diese Ziele [...] hat der Deutsche Orden in dem Augenblick verraten, als er das polnische Herzogtum Pommerellen annektiert. Es ist der Verrat an Gesetzen, nach denen der Ordnen in Preußen angetreten ist und nach denen er ein Staatswesen begründet hat. Jetzt spätestens, in den Jahren 1308 und 1309, [...] entlarvt er sich als ein Raubstaat – ein Raubstaat, der nicht davor zurückschreckt, christliche Völker zu unterjochen.

Zimmerling, Dieter: Der Deutsche Ritterorden. Düsseldorf 1988, S. 189f.

6.5.6 Beschwerden über den Deutschen Orden (1399)

Die Samogiten, ein bisher nicht christianisierter Volksstamm zwischen Memel und Dünaburg, bringen Vorwürfe gegen die Vorgehensweise des Deutschen Ordens vor.

Unterdrückt und durch Qualen erschöpft, bitten wir euch, ihr geistlichen und weltlichen Fürsten, uns anzuhören. Der Orden will nicht unsere Seelen für Gott, sondern unsere Felder für sich selbst

gewinnen. Er hat uns dazu gebracht, dass wir entweder Bettler oder Räuber werden müssen, um unser Leben zu erhalten. Und wie wagen sie es nach alledem, sich unsere Brüder zu nennen und uns zu taufen? Wer andere waschen will, sollte selber sauber sein. Es ist wahr, dass die Preußen schon getauft sind; aber hinsichtlich des Glaubens sind sie ebenso unwissend wie zuvor. Wenn sie zusammen mit den Ordensrittern in ein fremdes Land eindringen, benehmen sie sich ärger als die Türken, und je schlimmer sie wüten, desto größeres Lob wird ihnen seitens des Ordens zuteil. Alle Früchte unseres Landes und alle Bienenvölker haben uns die Ritter genommen. Sie gestatten uns weder zu jagen noch zu fischen noch mit den Nachbarn Handel zu treiben. Jedes Jahr führen sie uns Kinder als Geiseln weg. Unsere Ältesten haben sie nach Preußen verschleppt, andere samt ihren Familien durch Feuer ausgerottet; unsere Schwestern und Töchter haben sie mit Gewalt weggeführt – und da tragen sie noch das heilige Kreuz auf ihrem Mantel!
Habt Erbarmen mit uns. Wir bitten darum, getauft zu werden; aber denkt daran, dass wir Menschen sind, nach dem Bilde Gottes geschaffen, und nicht irgendwelche Tiere. [...] Von ganzem Herzen wollen wir Christen werden, aber wir wollen mit Wasser, nicht mit Blut getauft sein.

Zit. nach: Gitermann, Valentin: Geschichte Russlands, Bd. 1. 3. Aufl. Frankfurt a. M. 1965, S. 369f.

6.5.7 Bericht über die Schlacht bei Tannenberg (zwischen 1433 und 1440)

Das Ende der Herrschaft des Deutschen Ordens stellt die Schlacht bei Tannenberg am 15. Juli 1410 dar (nach polnischer Geschichtsschreibung: Schlacht bei Grunewald). An diesem Tage wurde der Deutsche Orden von einem Heer, das von Polen und Litauern gebildet wurde, vernichtend geschlagen. Ein Mitglied des Deutschen Ordens berichtet in der „Älteren Hochmeisterchronik" über die Schlacht.

Auf Pfingsten des Jahres 1410 wurden abermals zwischen dem Reich Polen und dem Orden die Verhandlungen aufgenommen, die sollten zu Breslau stattfinden. Zu dem Tage sandte der Herr König von Böhmen seinen Rat, ob nicht die Angelegenheiten zwischen den beiden friedlich geschlichtet zu werden vermöchten. Doch wollte der König von Polen die Briefe nicht annehmen, noch Boten zu dem Breslauer Tage senden, sondern er sammelte ein Heer mit den Tataren, Litauern und Schamaiten zusammen wider die Christenheit. Als sich das Heer versammelt hatte, zog der König von Polen mit all den Heiden, mit einem so großen Heere, dass es nicht zu sagen ist, gegen das Land Preußen. Der König folgte seinem bösen und schlechten Willen, die Christenheit zu verderben, und es genügte ihm nicht das schlechte Volk der Heiden und Polen, er hatte noch auf Sold viele Leute aus Böhmen und Mähren gewonnen, allerlei Leute, Ritter und Knechte, die alle wider Gott, Ehre und Redlichkeit mit den Heiden wider die Christen zogen, um das Land Preußen zu verderben. Da zog auch der Hochmeister mit seiner Macht dem König an die Grenze bei der Drewenz entgegen. So lagen sich die beiden Heere gegenüber, also dass der König nicht wagte, den Fluss zu überschreiten. Er zog nach Gilgenburg, gewann die Stadt und verbrannte sie. Die polnischen Truppen schlugen alles tot, Jung und Alt, sie machten zusammen mit den Heiden ein so fürchterliches Blutbad, dass es nicht zu sagen ist. Dies ging dem Meister, dem ganzen Orden, allen Rittern und Knechten gar sehr zu Herzen, so zogen sie dem König entgegen nach Tannenberg.

Als die der Feinde ansichtig wurden, sammelten sie sich und hielten im Angesicht der Feinde wohl drei Stunden. Dann schickte der König die Heiden zum Angriff, denn die Polen waren unvorbereitet, hätte sie das Ordensheer sofort angegriffen, es hätte Ehre und Gut erwerben können. Das geschah aber leider nicht, denn die Ordensritter wollten wohl auf die Vorbereitung der anderen warten und ritterlich mit ihnen kämpfen. Nun begannen die Heiden den Streit und wurden mit der Gnade des Herrn sofort zurückgeschlagen, da kamen die Polen zu Hilfe, und es begann ein großer Kampf. Das Ordensheer wurde umzingelt und der Meister, die Großgebietigen und viele Brüder des Ordens erschlagen. Großer Jammer kam nun über das Land Preußen, denn Ritter und Knechte und die großen Städte fielen alle zum König von Polen ab. Der König und die Seinen vertrieben die Widerstrebenden und brachten alles, was sie fanden, in ihre Gewalt.

Zit. nach: Hug, Wolfgang: Geschichtliche Weltkunde, Quellenbuch Bd. 1, Frankfurt a.M. 1981, S. 317ff.

6.5.8 Die Schlacht bei Tannenberg aus polnischer Sicht

In der „Historica polonica“ (zwischen 1445 und 1480 geschrieben) zeichnet der polnische Historiker Jan Dlugosz (1415–1480) ein ganz anderes Bild von den Ordensrittern bei der Schlacht bei Tannenberg:

Die feindlichen Lager mit großen Vorräten und Reichtümern, die Wagen und der gesamte Tross des Großmeisters und der preußischen Ritterschaft fielen in die Hände der polnischen Soldaten. Man fand im Lager der Kreuzritter einige Wagen, die nur mit Ketten und Banden beladen waren. Ihres Sieges gewiss und nicht Gott um diesen bittend, mehr mit dem künftigen Triumph als mit der Schlacht beschäftigt, hatten sie diese für die Fesselung der Polen vorbereitet. Es gab auch andere Wagen voll mit Kienholz, auch mit Talg und Pech getränktem Werg, mit dem sie die geschlagenen und fliehenden Polen vor sich her jagen wollten. Zu früh freuten sie sich ihres Sieges, stolz auf sich selbst vertrauend und nicht bedenkend, dass der Sieg in Gottes Hand lag. So hat Gott ihren Hochmut gerecht bestraft, denn die Polen banden sie mit eben diesen Eisen und Fesseln. Diese Ketten und Bande waren ein erschütterndes Beispiel für die Unbeständigkeit der menschlichen Dinge, ebenso die Wagen und das feindliche Lager mit ihren großen Reichtümern, die von den polnischen Rittern innerhalb einer Viertelstunde verwüstet wurden, so dass nicht die geringste Spur von ihnen blieb.

Beides zit. nach: Drepppenstedt, Hinnerk, u.a. (Hrsg.): Forum Geschichte, Arbeitsheft 2. Berlin 2001, S. 46f.

6.5.9 Das Nachleben: Der Deutsche Orden heute

Nach der Säkularisation, der Verstaatlichung von Kirchengut zu Beginn des 19. Jahrhunderts, hatte der Deutsche Orden faktisch aufgehört zu existieren; er hat sich aber nach 1945 als „Brüder vom Deutschen Haus St. Mariens in Jerusalem“ wieder formiert und wurde 1965 von Papst Paul VI. bestätigt. Der Sitz des Hochmeisters befindet sich heute in Wien.

Abb. 40: Kapitelsitzung der Ballei Utrecht des Deutschen Ordens Ende des 20. Jahrhunderts Riley-Smith, Jonathan: Illustrierte Geschichte der Kreuzzüge, Frankfurt u.a. 1999, S. 447

Anmerkungen

1 Das Gebot für Mönche und Nonnen, ihr Kloster und dessen direktes Umfeld nicht zu verlassen.

2 Kisi = Insel Kais an der Ostküste des Persischen Golfs

3 Tataren: Seit dem Mittelalter eine Bezeichnung für verschiedene asiatische Völker und Bevölkerungsgruppen, etwa für die brandschatzenden und plündernden Sturmtruppen Dschinghis Khans Ende des 12./Anfang des 13. Jahrhunderts.

4 Gottfried von Bouillon (um 1060–1100) war ein Anführer beim Ersten Kreuzzug. Nach der Eroberung Jerusalems wurde er der erste Herrscher des neu gegründeten Königreichs Jerusalem.

5 Thecua ist eine kleine Stadt ca. 6 km von Bethlehem entfernt. Sie wird im Tanach, der Heiligen Schrift der jüdischen Religion, als Herkunftsort des Propheten Amos genannt.

6 Zehnt = Kirchensteuer, die in Form von Lebensmittelabgaben gezahlt wird.

7 Baltischer Volksstamm, der in dem Gebiet zwischen der Weichsel und nördlich der Memel bis zum Fluss Minge bei Heydekrug siedelte.

Anhang 1: Weiterführende Literatur

Die Bibliographie soll Hinweise auf weiterführende, spezifisch unterrichtstaugliche Literatur zum Themenfeld Mittelalter im Geschichtsunterricht vermitteln. Deshalb wurde auf die umfänglichere Angabe von Einführungs- und Standardliteratur verzichtet und stattdessen besonderer Wert auf die Verzeichnung der oftmals nur mit größerem Aufwand zu erschließenden Zeitschriften- und Aufsatzliteratur gelegt. Im Mittelpunkt stand dabei die Auswertung der einschlägigen Fachzeitschriften für den Geschichtsunterricht. Eine auch nur in Ansätzen vollständige, durch sinnvolle Register erschlossene Bibliographie kann diese Zusammenstellung natürlich nicht ersetzen. Eine solche stünde noch dringend aus. Neuere Einführungen und Studienliteratur zur Geschichte des Mittelalters finden sich beispielsweise bei Martina Hartmann: Mittelalterliche Geschichte studieren, Konstanz 2004 (= UTB 2757) oder bei Hans-Werner Goetz: Proseminar Mittelalter, 2. überarb. Aufl., Stuttgart 2000 (= UTB 1719).

Grundlegendes, Praktisches und Reflexives zur Mittelalterdidaktik

Andrae, Uwe (Hrsg.): Projektmappe Mittelalter. Materialien für einen handlungsorientierten Unterricht, Berlin 2002

Antl, Gerhard: Mittelalterarchäologie. Bemerkungen zur Didaktik des Geschichtsunterrichts zum Thema Mittelalter, in: Jahresbericht des Bundesgymnasiums und Bundesrealgymnasiums Schwechat 6 (1981/82), S. 16-20

Baloff, Manfred: Mittelalter im Unterricht – Verlust der Geschichte, in: Geschichte in Wissenschaft und Unterricht 47 (1996), S. 574f.

Ders.: Mittelalter im Unterricht – Verlust der Geschichte? Mittelalterliche Geschichte in den Lehrplänen, in: Geschichte in Wissenschaft und Unterricht 47 (1996), S. 574-578

Ders.: (Hrsg.): Geschichte des Mittelalters für unsere Zeit, Wiesbaden 2003

Bernhardt, Markus: Verführung durch Anschaulichkeit. Chancen und Risiken bei der Arbeit mit Bildern zur mittelalterlichen Geschichte, in: Ders.; Sauer, Michael; Henke-Bockschatz, Gerhard (Hrsg.): Bilder – Wahrnehmungen – Konstruktionen. Reflexionen über Geschichte und historisches Lernen. Festschrift für Ulrich Mayer, Schwalbach/Ts. 2006, S. 47-61

Borries, Bodo von (Hrsg.): Geschichtslernen und Geschichtsbewusstsein am Beispiel „Mittelalter" (Arbeitsmaterialien zur Einführung in die Geschichtsdidaktik), 2. rev. Aufl., o. O. 2001

de Buhr, Hermann; Heinrichs, Wolfgang: Verlaufsformen säkularer Krisen. Erschütterungen ökonomischer, gesellschaftlicher, kultureller und politischer Strukturen in Spätantike, Spätmittelalter und in der Neuzeit, Bielefeld 1992 (= Themen und Probleme der Geschichte)

Buck, Thomas Martin: Mittelalter und Moderne. Plädoyer für eine Erneuerung des Mittelalter-Unterrichts an der Schule, Schwalbach/Ts. 2008

Clauss, Martin; Seidenfuß, Manfred (Hrsg.): Das Bild des Mittelalters in europäischen Schulbüchern, Berlin u.a. 2007 (= Geschichtsdidaktik in Vergangenheit und Gegenwart, Bd. 5), S. 167-192

Dehne, Brigitte: „Wie komme ich zum Rollenspiel?“ Ein Bericht aus der zweiten Ausbildungsphase, in: Geschichte lernen 4 (1991), H. 23, S. 62-65

Erkens, Franz-Reiner: Die Relevanz des praktisch Untauglichen: Mittelalter und Moderne, in: Geschichte, Politik und ihre Didaktik 28 (2000), S. 31-41

Goetz, Hans-Werner: Vorstellungen und Wahrnehmungen mittelalterlicher Zeitzeugen. Neue Fragen an die mittelalterliche Historiografie, in: Hasberg, Wolfgang; Seidenfuß, Manfred (Hrsg.): Mittelalter zwischen Politik und Kultur. Kulturwissenschaftliche Erweiterung der Mittelalter-Didaktik, Neuried 2003 (= Bayerische Studien zur Geschichtsdidaktik, Bd. 6), S. 45-57

Hasberg, Wolfgang: Historisches Lernen am „nächsten Fremden“, S. 218-230

Ders.; Uwe Uffelmann (Hrsg.): Mittelalter und Geschichtsdidaktik. Zum Stand einer Didaktik des Mittelalters. Carl August Lückerath zum 65. Geburtstag, Neuried 2002

Ders.; Seidenfuß, Manfred (Hrsg.): Mittelalter zwischen Politik und Kultur. Kulturwissenschaftliche Erweiterung der Mittelalter-Didaktik, Neuried 2003 (= Bayerische Studien zur Geschichtsdidaktik, Bd. 6)

Ders.: Das Mittelalter – Quellgrund der Moderne für den (post-?) modernen Schüler?, in: ders.; Uffelmann, Uwe (Hrsg.): Mittelalter und Geschichtsdidaktik. Zum Stand einer Didaktik des Mittelalters. Carl August Lückerath zum 65. Geburtstag, Neuried 2002, S. 227-258

Ders.: Eckpunkte einer kulturwissenschaftlichen Erweiterung der Mittelalter-Didaktik, in: ders.; Seidenfuß, Manfred (Hrsg.): Mittelalter zwischen Politik und Kultur. Kulturwissenschaftliche Erweiterung der Mittelalter-Didaktik, Neuried 2003 (= Bayerische Studien zur Geschichtsdidaktik, Bd. 6), S. 109-142

Ders.: Ad fontes narrantes! Quellen – Quelleneinsatz – Quellenarbeit im Unterricht über das Mittelalter, in: Geschichte, Politik und ihre Didaktik 30 (2002), S. 15-32

Hess, Volker: „Hier gibt's ja gar nichts zu sehen“. Das „Frühmittelalter in Hessen“ – erforscht von SchülerInnen, in: Geschichte lernen 9 (1989), S. 43-50

Körner, Hans-Michael: Kirchengeschichte und Geschichtsunterricht. Vorüberlegungen zu Inhalten und Strategien, in: Schreiber, Waltraud (Hrsg.): Die religiöse Dimension im Geschichtsunterricht. Ein interdisziplinäres Forschungsprojekt. Tagungsband, Neuried 2000 (= Bayerische Studien zur Geschichtsdidaktik, Bd. 2), S. 85-97

Lückerath, Carl A.: Didaktische Probleme einer Sozialgeschichte des Mittelalters, in: Hasberg, Wolfgang; Uffelmann, Uwe (Hrsg.): Mittelalter und Geschichtsdidaktik. Zum Stand einer Didaktik des Mittelalters. Carl August Lückerath zum 65. Geburtstag, Neuried 2002, S. 11-28

Ders.: Zur Didaktik des Mittelalters. Eine Fallstudie: Verfassungs- und Rechtsgeschichte, in: Hasberg, Wolfgang; Uffelmann, Uwe (Hrsg.): Mittelalter und Geschichtsdidaktik. Zum Stand einer Didaktik des Mittelalters. Carl August Lückerath zum 65. Geburtstag, Neuried 2002, S. 201-212

Nipperdey, Thomas: Die Aktualität des Mittelalters. Über die historischen Grundlagen der Modernität, in: Geschichte in Wissenschaft und Unterricht 32 (1981), S. 424-431

Nitzschke, August: Relevanz der Geschichte des Mittelalters, in: Ballof, Rolf (Hrsg.): Geschichte des Mittelalters für unsere Zeit. Erträge des Kongresses „Geschichte des Mittelalters im Geschichtsunterricht“ (Quedlinburg 20.-23. Oktober 1999), Stuttgart 2003, S. 97-108

Reeken, Dietmar von: Mittelaltermarkt und Wehrmachtsausstellung. Über die Bedeutung der Geschichtskultur für die Schule, in: Göttinger Fachdidaktische Beiträge 5 (2002), S. 19-33

Rohr, Christian: Was schriftliche Quellen verschweigen – Bilder als Mittel zur Re-Konstruktion mittelalterlichen Alltagslebens, in: Krammer, Reinhard; Ammerer, Heinrich (Hrsg.): Mit Bildern arbeiten. Historische Kompetenzen erwerben, Neuried 2006 (= Themenhefte Geschichte, Bd. 2), S. 143-151

Schmelzer, Albert: Aktuelles Mittelalter: zum Geschichtsunterricht der 11. Klasse an Waldorfschulen, Stuttgart 2003 (= Menschenkunde und Erziehung, Bd. 89)

Schreiber, Waltraud: Geschichte des Mittelalters im Unterricht, in: Ballof, Rolf (Hrsg.): Geschichte des Mittelalters für unsere Zeit. Erträge des Kongresses „Geschichte des Mittelalters im Geschichtsunterricht" (Quedlinburg 20.-23. Oktober 1999), Stuttgart 2003, S. 86-96

Dies.: Die religiöse Dimension im Geschichtsunterricht, in: dies. (Hrsg.): Die religiöse Dimension im Geschichtsunterricht. Ein interdisziplinäres Forschungsprojekt. Tagungsband, Neuried 2000 (= Bayerische Studien zur Geschichtsdidaktik, Bd. 2), S. 15-53

Schulz-Koppe, Heinz-Jürgen: Der Einsatz von Bildern im Geschichtsunterricht am Beispiel einer Unterrichtsreihe zu Kirchenbauten des Mittelalters, in: GWU 58 (2007), 433-443

Seidenfuß, Manfred; Uffelmann, Uwe: Stand und Perspektiven einer Didaktik des Mittelalters, in: Hasberg, Wolfgang; Seidenfuß, Manfred (Hrsg.): Mittelalter zwischen Politik und Kultur. Kulturwissenschaftliche Erweiterung der Mittelalter-Didaktik, Neuried 2003 (= Bayerische Studien zur Geschichtsdidaktik, Bd. 6), S. 23-44

Sollbach, Gerhard E.: Spätes Mittelalter, Köln 2002 (= Unterricht Geschichte, Reihe A, Bd. 6) [mit 3 Farbfolien für OHP]

Uffelmann, Uwe: Das Mittelalter im Historischen Unterricht, Düsseldorf 1978 (= Geschichtsdidaktik, Bd. 5)

Ders.; Lückerath, Carl August: Geschichte des Mittelalters. Gesellschaftsprozeß als Leitthema des Unterrichts, Düsseldorf 1982

Ders.: Das Mittelalter im historischen Unterricht, in: ders.; Hasberg, Wolfgang (Hrsg.): Mittelalter und Geschichtsdidaktik. Zum Stand einer Didaktik des Mittelalters. Carl August Lückerath zum 65. Geburtstag, Neuried 2002, S. 43-88

Ders.: Lückerath, Carl A.: Möglichkeiten der Kommunikation im Mittelalter. Grundlegung eines Unterrichtsmodells für die Sekundarstufe I, in: Wolfgang Hasberg; Uwe Uffelmann (Hrsg.): Mittelalter und Geschichtsdidaktik. Zum Stand einer Didaktik des Mittelalters. Carl August Lückerath zum 65. Geburtstag, Neuried 2002, S. 113-200

Voltmer, Ernst: Das Mittelalter ist noch nicht vorbei ... Über die merkwürdige Wiederentdeckung einer längst vergangenen Zeit und die verschiedenen Wege, sich ein Bild davon zu machen, in: Haverkamp, Alfred; Heit, Alfred (Hrsg.): Ecos Rosenroman. Ein Kolloquium, München 1987, S. 185-228

Weinfurter, Stefan: Mittelalterliche Geschichte, in: Schreiber, Waltraud (Hrsg.): Erste Begegnungen mit Geschichte. Grundlagen historischen Lernens. Neuried ²2004 (= Bayerische Studien zur Geschichtsdidaktik, Bd. 1, 2), S. 795-804

Werner, Elisabeth: Das Mittelalter – ein „ideales" Ausstellungsobjekt?, in: Wapnewski, Peter (Hrsg.): Mittelalter-Rezeption. Ein Symposium, Stuttgart 1986 (= Germanistische Symposien, Bd. 6), S. 346-353

Wilhelm, Detleft: Probleme einer neuen Mittelalter-Didaktik. Ansätze zwischen Tradition und Emanzipation, in: Krohn, Rüdiger (Hrsg.): FORUM. Materialien und Beiträge zur Mittelalter-Rezeption, Bd. 1, Göppingen 1986 (= Göppinger Arbeiten zur Germanistik, Bd. 360), S. 95-128

Allgemeines zu Mentalitäten und Lebensformen des Mittelalters

Borkel, Anette: Mit der U-Bahn ins Mittelalter. Ein historisches Spiel für Kinder, in: Geschichte lernen 16 (1990), S. 7-9

Brötel, Bettina: „Da unser Herr die Ehe satzte“. Zur Beziehung der Geschlechter im Mittelalter, in: Praxis Geschichte 1/1995, S. 12-16

Erdmann, Elisabeth: Töchter der Eva. Frauenbilder im Mittelalter, in: Praxis Geschichte 2/2002, S. 20-23

Hammer, Wolfgang: Ars moriendi – Ars vivendi. Sterben und Tod als Lebenshilfe im späten Mittelalter, in: Praxis Geschichte 2/1996, S. 20-23

Ders.: „Manicher get auff krucken...“. Bettler im Mittelalter, in: Praxis Geschichte 2/1996, S. 24-26

Ders.: Vom Sinn des Widersinns. Narren im späten Mittelalter – und heute, in: Praxis Geschichte 5/ 1996, S. 14f.

Hasberg, Wolfgang u.a.: Geschichte(n) erforschen. So lebten die Menschen im Mittelalter, Wien 2005

Frieß, Peer: Ein Orden bekämpft das „Heilige Feuer“: Krankenfürsorge im Mittelalter am Beispiel der Antoniter – ein Unterrichtsprojekt, in: Antoniter-Forum 1 (1993), S. 28-41

Grüner, Christiane: Tafelfreuden, in: Geschichte lernen 16 (2003), H. 95, S. 6

Hergemöller, Bernd (Hrsg.) Randgruppen der spätmittelalterlichen Gesellschaft, 2. neu bearb. Aufl., Warendorf 2001

Lundt, Bea: Mediävistische Genderforschung. Fragestellungen – Ergebnisse – Geschichtsdidaktische Überlegungen, in: Hasberg, Wolfgang; Seidenfuß, Manfred (Hrsg.): Mittelalter zwischen Politik und Kultur. Kulturwissenschaftliche Erweiterung der Mittelalter-Didaktik, Neuried 2003 (= Bayerische Studien zur Geschichtsdidaktik, Bd. 6), S. 71-108

Dies.: Mittelalterliche Geschlechterbeziehungen im Spiegel von deutschen und französischen Schulbüchern, in: Clauss, Martin; Seidenfuß, Manfred (Hrsg.): Das Bild des Mittelalters in europäischen Schulbüchern, Berlin u.a. 2007 (= Geschichtsdidaktik in Vergangenheit und Gegenwart, Bd. 5), S. 125-166

Meier, Frank: Mit Kind und Kegel. Kindheit im Wandel der Geschichte, Sigmaringen 2006

Menke, Bernd: Das Mittelalter-Spiel, in: Geschichte lernen 23 (1991), S. 28-34

Neuhaus, Friedemann: „UNREIN! UNREIN!“ Ausgrenzung von Aussätzigen im antiken Judentum und Mittelalter, in: Praxis Geschichte 2/2000, S. 32-37

Nonn, Ulrich: Mittelalterliche Alltagsgeschichte und Geschichtswissenschaft, in: Geschichte, Politik und ihre Didaktik 18 (1990), S. 295-300

Ders.: Alltag auf dem Vormarsch. Mittelalterliche Alltagsgeschichte in europäischen Schulbüchern, in: Clauss, Martin; Seidenfuß, Manfred (Hrsg.): Das Bild des Mittelalters in europäischen Schulbüchern, Berlin u.a. 2007 (= Geschichtsdidaktik in Vergangenheit und Gegenwart, Bd. 5), S. 167-192

Pöschko, Hans H.: Kein Platz für die Liebe zwischen Ehemann und Ehefrau. Liebe und Ehe im hohen Mittelalter, in: Praxis Geschichte 1/1998, S. 14-18

Prasse, Wilhelm: Die Forscherreise ins Mittelalter, in: Geschichte lernen 3 (1990), H. 14, S. 30-35

Reich, Anne-Kathrin: Kleidung und Sozialstruktur. Kleiderordnungen in Mittelalter und Früher Neuzeit, in: Geschichte lernen 80 (2001), S. 34-36

Sauer, Michael: Kleidung im Mittelalter. Ausmalen – Ausschneiden – Anziehen, in: Geschichte lernen 80 (2001), S. 22-24

Schlöpke, Wulf-Ingo: Mittelalterliche Schreib-Werke. Eisengallustinte, Federkiel und Unziale, in: Praxis Geschichte 2/1997, S. 48-52

Schubert, Ernst: Alltag im Mittelalter. Natürliches Lebensumfeld und menschliches Miteinander, Darmstadt 2002

Seltmann, Ingeborg: „Mitten im Leben sind wir vom Tod umfangen". Krankheit und Tod im Mittelalter, in: Praxis Geschichte 2/2000, S. 26-31

Sonnleitner, Käthe: Frauengeschichte des Mittelalters im Unterricht, Teil 1, Graz 1997 (= Grazer Gender Studies, Bd. 1)

Spenner, Stefan: „Tu suplex ora, tu protege tuque labora". Die Stände der Christenheit in zwei Darstellungen aus Spätmittelalter und Renaissance, in: Geschichte lernen 79 (2001), S. 43-47

Strauss, Anja: Mit lautem Klappern ... Über den Umgang mit Leprösen im Mittelalter, in: Praxis Geschichte 5/1996, S. 10f.

Weissmann, Lisa; Weissmann, Andreas: Globalisierung durch Mikroben. Der Schwarze Tod war Europas größte Umweltkatastrophe, in: Praxis Geschichte 4/1999, S. 24-27

Wunderer, Hartmann: Recht und Kriminalität im Mittelalter, in: Geschichte lernen 4 (1991), H. 22, S. 26-30

Zum Kapitel 2: Kaiser, König, Reich

Askani, Bernhard: Ein Kaiser an der Stelle Gottes. Anregungen zur Verwendung eines ottonischen Kaiserbildes im Unterricht, in Praxis Geschichte 1987, S. 6-11

Bickel, Wolfgang: Tatort Pfalz. Zugänge zum mittelalterlichen Herrschaftssystem, in: Praxis Geschichte 2/1988, S. 42-46

Braisch, Ingeborg: Auf vergnügliche Weise ... (Comic-)Szenen Frankenreich, in: Praxis Geschichte 3/ 2004, S. 43-47

Grupp, Dieter: „Und er wollte sich nicht eher von der Erde erheben ..." . Das erste Papst-Kaiser-Treffen im Mittelalter, in: Praxis Geschichte 3/2004, S. 20-24

Jung, Norbert: Chlodwig I. – König der Franken. Beispiel für Begründung und Ausbau einer frühmittelalterlichen Herrschaft, in: Praxis Geschichte 1/1990, S. 14-18

Kaufhold, Martin: Interregnum, Darmstadt 2002 (= Geschichte kompakt)

Klöckner, Jürgen: Bruno von Köln. Erzbischof und Erzherzog. Symbolgestalt des ottonisch-salischen Reichskirchensystems, in: Praxis Geschichte 1/1990, S. 20-25

Ders.: „Wir befehlen im Auftrag Gottes". Der Staat der Franken, Elemente und Strukturen, in: Praxis Geschichte 3/2004, S. 10-14

Knoch, Peter; Lorenz, Sönke: Der König besucht eine Pfalz (Basisbeitrag), in: Praxis Geschichte 2/1988, S. 6-13

Korbmacher, Christel: Der Investiturstreit. Machtkämpfe und Machtverlangen, in: Praxis Geschichte 1/1990, S. 26-31

Kortüm, Hans-Henning: Vater Europas oder grand chef de guerre: Karl der Große in deutschen und französischen Schulbüchern am Ende des 20. und zu Beginn des 21. Jahrhunderts, in: Clauss, Martin; Seidenfuß, Manfred (Hrsg.): Das Bild des Mittelalters in europäischen Schulbüchern, Berlin u.a. 2007 (= Geschichtsdidaktik in Vergangenheit und Gegenwart, Bd. 5), S. 245-270

Kronenberg, Martin: „Hatte Barbarossa denn nicht einen roten Bart?“. Könige und Kaiser in Bildern ihrer Zeit (919-1250), in: Praxis Geschichte 1/1990, S. 44-48

Nikolay, Willi: Vom Personenverbandsstaat zum Flächenstaat. Territorialisierung und Widerstandsrecht im Nordwesten des Alten Deutschen Reiches, in: Praxis Geschichte 1/1990, S. 36-40

Pannecke, Jürgen: Gottesurteil und Folter – war das Mittelalter grausam? Zur Mentalität des mittelalterlichen Menschen, in: Geschichte lernen 11 (1989), S. 65-

Planitz, Hans: Quellenbuch der deutschen, österreichischen und Schweizer Rechtsgeschichte einschließlich des deutschen Privatrechts, Graz 1948

Pöschko, Hans H.: Die Freien und die Kühnen. Die Franken und Europa (Basisbeitrag), in: Praxis Geschichte 3/2004, S. 4-9

Prietzel, Malte: Das Heilige Römische Reich im Spätmittelalter, Darmstadt 2004 (= Geschichte kompakt)

Schieffer, Rudolf: Christianisierung im frühen Mittelalter, in: Waltraud Schreiber (Hrsg.): Die religiöse Dimension im Geschichtsunterricht. Ein interdisziplinäres Forschungsprojekt. Tagungsband, Neuried 2000 (= Bayerische Studien zur Geschichtsdidaktik, Bd. 2), S. 111-119

Schlundt, Rainer: Der Sachsenspiegel, in: Praxis Geschichte 2/1988, S. 40

Schnabel, Berthold: Das Königskreuz in Göllheim (Rubrik), in: Praxis Geschichte 6/1990, S. 56f.

Scholz, Günter: „Frühe Hochkulturen“ – „Mittelalterliche Herrscher“. Methodenschulung, in: Praxis Geschichte 3/2003, S. 12-16

Seltmann, Ingeborg: Ein König regiert. Formen königlicher Herrschaftsausübung im Mittelalter am Beispiel Heinrichs VI., in: Praxis Geschichte 1/1990, S. 32-35

Möllers, Sabine: Kein Kaiser in Ravenna. Das Justiniansmosaik von San Vitale zu Ravenna (Rubrik), in: Praxis Geschichte 3/1999, S. 56f.

Uffelmann, Uwe: Der Stellinga-Aufstand oder die Perspektivenübernahme beim historischen Lernen. Ein Unterrichtsbeispiel zum Problemorientierten Geschichtsunterricht, in: Gerhard Henke-Bockschatz (Hrsg.): Geschichte und historisches Lernen. Festschrift für Jochen Huhn, Kassel 1995, S. 149-164

Uhde, Erich: Wahl und Umritt Konrads II. (1024- 25), in: Praxis Geschichte 2/1988, S. 26-28

Wagener, Elmar: Ein Reisender in Sachen Politik. Karl der Große, in: Praxis Geschichte 2/1988, S. 30-34

Ders.: Adel und Königtum. Ein Leitmotiv mittelalterlicher Geschichte als „roter“ Faden des Geschichtsunterrichts? (Basisbeitrag), in: Praxis Geschichte 1/1990, S. 6-13

Wagner, Heike: Mittelalterliche Herrschaft im Kartenbild. Itinerarkarten deutscher Kaiser, in: Geschichte lernen 59 (1997), S. 42-47

Würfel, Maria: Von Severin zu Tassilo. Spätantike bis Frühmittelalter, in: Praxis Geschichte 3/2003, S. 35-39

Zum Kapitel 3: Land und Herrschaft

Bühler, Katja; Willmann, Sabrina: „Ritter-Rallye“. Leben auf der Burg, in: Praxis Geschichte 1/1996, S. 16-19

Claussen, Stephanie; Kölzow, Susanne; Otto, Albert: The Feudal System. Materialien zum Lehnswesen im mittelalterlichen England, in: Praxis Geschichte 1/2002, S. 12-16

Dericum, Christa: Burgund und seine Herzöge in Augenzeugenberichten, mit einem Vorwort von Golo Mann, München 1977

Dette, Christoph: „Fett, frech und obstinat wie Pharao". Die Entwicklung der Arbeitszeit im Mittelalter, in: Praxis Geschichte 6/99, S. 16-20

Epperlein, Siegfried: Der Bauer im Bild des Mittelalters, Leipzig 1975

Erdmann, Elisabeth: Eine mittelalterliche Bildergeschichte – Der Teppich von Bayeux (Rubrik), in: Praxis Geschichte 2/202, S. 50-52

Fischer, Hubertus: „... mit unverzageter arebeit". Von der Mühsal des ritterlichen Lebens, in: Journal für Geschichte 1 (1982), S.2-5

Glockemann, Rüdiger: Auf den Burgen des Mittelalters, in: Praxis Geschichte 5/1988, S. 14-18

Hense, Werner: Wasserburg Werdringen – zwischen Verfall und Rettung, in: Praxis Geschichte 3/1989, S. 14-18

Hoppe, Wolf-Dieter: „Vörne n' Broaten un achtern n' Isklumpen". Leben in einem mittelalterlichen Bauernhaus, in: Praxis Geschichte 5/1988, S. 25-29

Horst, Uwe: „Rüben und Sauerkraut aß er gerne ... wie die Herren das Fleisch vom Wild". Ernährung als Statussymbol im Mittelalter, in: Geschichte lernen 11 (1989), S. 46-51

Jung, Norbert: Jeder Bauer und jede Bäuerin musste Fronarbeit leisten. Landwirtschaft und Grundherrschaft in fränkischer Zeit, in: Praxis Geschichte 3/2004, S. 16-19

Ders.: Dienste und Abgaben – ein Würfelspiel, in: Praxis Geschichte 3/2004, S. 39-42

Ders.: Das Turnier – Kampfspiele in Burg und Pfalz, in: Praxis Geschichte 2/1988, S. 47-51

Ketsch, Peter: Das Arbeitsverständnis im Mittelalter, in: Geschichte lernen 13 (1990), S. 36-39

Knoch, Peter: Handwerker und Bauern der Pfalz, in: Praxis Geschichte 2/1988, S. 35-39

Mögenburg, Harm; Sötkamp, Axel: „Gesten sind gefrorene Worte". Die „Sprache" adliger Handbewegungen im Mittelalter, in: Geschichte lernen 16 (2003), H. 96, S. 32-37

Dies.: „der tumbe gebur". Die bäuerliche Landbevölkerung im Mittelalter, in: Geschichte lernen 11 (1989), S. 52-58

Dies.; Vogt, Thomas; Vogt, Andrea: „Wie herrlich ist das Ritterleben ...". Der ritterliche Adel im Mittelalter, in: Geschichte lernen 11 (1989), S. 19-25

Dies.; Skibbe, Horst: „Zahltag im Mittelalter". Herrschaft in der Vormoderne, in: Geschichte lernen 87 (2002), S. 24f.

Dies.; Skibbe, Horst: Lüge oder Wahrheit? Ritterleben um 1200, in: Geschichte lernen 87 (2002), S. 26f.

Mondwurf, Georg: Strafrecht im Übergang zur Neuzeit. Sühne, Spezial- und Generalprävention, in: Praxis Geschichte 5/2002, S. 30f.

Pflügner, Klaus: Die Münzenberger. Der Aufstieg einer Reichsdienstmannenfamilie, in: Geschichte lernen 66 (1998), S. 32-37

Richter, Erika: „Leute fast ohne Ahnen". Aufstieg und Niedergang der Ministerialen, in: Praxis Geschichte 3/2001, S. 27-31

Sauer, Michael: Vom Zweckbau zum Märchenschloß. Die Burg als Sinnbild von Mittelalteromantik, in: Geschichte lernen 66 (1998), S. 43-48

Seltmann, Ingeborg: Zwischen Schneeballschlacht und Schweineschlachten. Mittelalterliche Monatsbilder als Quelle, in: Praxis Geschichte 2/2002, S. 16-19

Süss, Gustav A.: Versorgung und Wirtschaften auf der Pfalz. Das System der Grundherrschaft, in: Praxis Geschichte 2/1988, S. 19-24

Trautz, Burkhard: Die Sprache adliger Wappen. Ein Lernspiel zur Heraldik (mit beigefügtem Spielplan), Geschichte lernen 16 (2003), H. 96, S. 43-49

Zurwehme, Martin: „Aller werdekeit ein füegerinne ...“ Höfische Dichtung als Lebensmodell?, in: Geschichte lernen 66 (1998), S. 49-53

Zum Kapitel 4: Die Stadt des Mittelalters

Althoff, Gerd; Goetz, Hans-Werner; Schubert, Ernst: Menschen im Schatten der Kathedrale. Neuigkeiten aus dem Mittelalter, Darmstadt 1986

Andratschke, Thomas: Holbein der Jüngere: Berufsethos und Selbstdarstellung der Stalhofkaufleute, in: Praxis Geschichte 1/2001, S. 20-24

Baier, Eberhard; Frei, Georg A.: Geschichte spielen. Ein Handbuch für historische Stadtspiele, Pfaffenweiler 1990

Blume, Herbert: Hermann Botes „Ulenspiegel“ und die städtische Welt des Mittelalters (Rubrik), in: Praxis Geschichte 1/1990, S. 50f.

Böttger-Gable, Barbara: Eine Stadtrallye durch das mittelalterliche Lübeck (Rubrik), in: Praxis Geschichte 2/1994, S. 50-52

Boockmann, Hartmut: Die Stadt im späten Mittelalter, München 1986

Borger, Hugo: Das Himmlische Jerusalem der Juden in der Stadt Köln des Mittelalters (Rubrik), in: Praxis Geschichte 6/1988, S. 58f.

Bräuning, Andrea: Sport und Spiel in der mittelalterlichen Stadt, in: Praxis Geschichte 2/1994, S. 46-49

Castner, Thilo; Koch, Klaus: Der Clan der Paumgartner: Kaufleute, Bankiers, Investoren, in: Praxis Geschichte 5/1992, S. 20-24

Dies.: „Ohne Nürnberg keine Messe“. Leben und Überleben im mittelalterlichen Nürnberg, in: Praxis Geschichte 2/1994, S. 18-21

Doepner, Thomas: Mittelalterliche Caritas. Elisabeth von Thüringen in der Heiligenvita, in: Geschichte lernen 78 (2000), S. 54-60

Engel, Evamaria; Jacob, Frank-Dietrich: Städtisches Leben im Mittelalter. Schriftquellen und Bildzeugnisse, Köln u.a. 2006

Filser, Karl: Fugger für Kinder. Augsburger Kaufleute in der historischen Schulbuchliteratur, in: Helmut Altenberger (Hrsg.): Fachdidaktik in Forschung und Lehre, Augsburg 1997, S. 59-82

Gernentz, Hans Joachim: Ritter, Bürger und Scholaren. Aus Stadtchroniken und Autobiographien des 13. bis 16. Jahrhunderts, Berlin 1980

Geschichte lernen 88 (2002), Themenheft: Stadt im Mittelalter

Grün, Ulrich: Krefeld im Mittelalter: Lokalgeschichte im Unterricht der Sekundarstufe I, in: Die Heimat. Mitteilungen des Vereins für Heimatkunde in Crefeld 64 (1993), S. 159-165

Hahne, Robert: Knotenpunkte des Fernhandels. Die Kontore der Hanse, in: Geschichte lernen 58 (1997), S. 39-45

Hammel-Kiesow, Rolf: Die Stede van der dudeschen Hense. Strukturelemente der Hanse (Basisbeitrag), in: Praxis Geschichte 1/2001, S. 6-12

Hauschke, Sven: Spätmittelalterliche Hausbücher als Bildquellen, in: Schreiber, Waltraud (Hrsg.): Bilder aus der Vergangenheit – Bilder der Vergangenheit?, Neuried 2004 (= Eichstätter Kontaktstudium zum Geschichtsunterricht, Bd. 4), S. 163-181 (

Heinzmann, Guido: „Gab es Castrop-Rauxel schon im Mittelalter?“ Konzeption einer Unterrichtssequenz für eine 7. Klasse im Hinblick auf die Entdeckung der mittelalterlichen Geschichte der Heimatstadt, in: Vestische Zeitschrift 100 (2004/05), S. 77-118

Hemberger, Armin: Handel und Hanse: Facetten, nichts als Facetten (Didaktisches Vorwort), in: Praxis Geschichte 1/2001, S. 4f.

Ders.: Schiffe, Seefahrt und Seekriege der Hanse, in: Praxis Geschichte 1/2001, S. 38-43

Heydenreuter, Reinhard: Stadtrechte zwischen Mittelalter und Neuzeit, in: Waltraud Schreiber (Hrsg.): Der Vergleich – Eine Methode zur Förderung historischer Kompetenzen. Ausgewählte Beispiele, Neuried 2005 (= Eichstätter Kontaktstudium zum Geschichtsunterricht, Bd. 5), S. 127-156

Hoffmann, Albrecht: Das Wasserrad – die Antriebsmaschine des Mittelalters (Rubrik), in: Praxis Geschichte 2/1988, S. 56f.

Jörn, Nils: Handelskontore der Hanse: Der Stalhof in London, in: Praxis Geschichte 1/2001, S. 26-29

Karup, Svend Aage: Räuber oder Vorbild? Die Hanse aus dänischer Sicht, in: Praxis Geschichte 1/2001, S. 35-37

Klöckner, Jürgen: 8 Heller, 4 Pfennige, 1 Batzen, 60 Kreuzer, 2 Gulden, 16 Lot. Der Kaufmann der Hansezeit, in: Praxis Geschichte 1/2001, S. 14-19

Koesterke, Lars: „Kampf um Hanseburg“. Ein Simulationsspiel, in: Geschichte lernen 58 (1997), S. 51-54

Korbmache, Christel: Vom Bauen und Wohnen in einer mittelalterlichen Stadt, in: Praxis Geschichte 2/194, S. 14-17

Kronenberg, Martin: Handwerk hatte keinen goldenen Boden. Im Hause eines mittelalterlichen Handwerkers, in: Praxis Geschichte 5/88, S. 20-24

Lau, Karlheinz: Frankfurt (Oder): Zwischen hanseatischer Tradition und gegenwärtiger Rolle (Rubrik), in: Praxis Geschichte 1/2001, S. 55-57

Lienert, Eva-Maria; Lienert, Wilhelm: Wohin mit Meister Laubenhard? Die sozialen Aufgaben der Kirche in der mittelalterlichen Stadt, in: Praxis Geschichte 2/1994, S. 26-30

Magar, Christof: Erfahrungsbericht: CD-ROM „Die Stadt im Mittelalter“, in: Geschichte lernen Heft 58 (1997), S. 6-8

Mögenburg, Harm: „De dudesche hanse“. Annäherungen an ein irritierendes Gebilde [Basisartikel], in: Geschichte lernen 58 (1997), S. 10-18 [mit Bastelbogen „Hansekogge“]

Müller, Rainer A.: Die Universität – eine „europäische Erfindung“ im Mittelalter, in: Michler, Andrea; Schreiber, Waltraud (Hrsg.): Blicke auf Europa. Kontinuität und Wandel, Neuried 2003 (= Eichstätter Kontaktstudium zum Geschichtsunterricht, Bd.3), S. 123-149

Naschold, Elke: „Der gedeckte Tisch“. Essen und Trinken in der mittelalterlichen Stadt, in: Praxis Geschichte 2/1994, S. 42- 45

Puhle, Matthias: Klaus Störtebeker und die Seeräuber der Hansezeit. Die Vitalienbrüder – Wesen und Wirklichkeit, in: Praxis Geschichte 1/2001, S. 48-51

Salzmann, Christian: Lernstandort Altstadt. Stadtluft macht frei – Schüler erkunden das mittelalterliche Osnabrück, in: Praxis Geschichte 1987, S. 12-16

Schmieder, Felicitas: Die mittelalterliche Stadt, Darmstadt 2005 (= Geschichte kompakt)

Schuster, Peter: „Umb grobe sünden zu verhüten". Frauenhäuser im späten Mittelalter (Rubrik), in: Praxis Geschichte 1/1998, S. 55-57

Seltmann, Ingeborg: Frauenleben – Frauenarbeit. Chancen und Grenzen in der mittelalterlichen Stadt, in: Praxis Geschichte 2/1994, S. 36-40

Titz-Matuszak, Ingeborg: Ein Stadtrundgang in Goslar zur Geschichte der Frauen (Rubrik), in: Praxis Geschichte 1/1995, S. 44-46

Vavra, Elisabeth: „Macht Stadtluft frei?" Von der Ansiedlung zur mittelalterlichen Stadt (Basisbeitrag), in: Praxis Geschichte 2/1994, S. 6-12

Wallis, Peter: Die Entwicklung der Stadt im Mittelalter (Schemazeichnungen), in: Geschichte lernen 11 (1989), S. 32-45

Weitz, Birgit: Spitäler gestern – Hospitäler heute, in: Praxis Geschichte 5/1996, S. 12f.

Weitz.: Städtische Sozialpolitik im Spätmittelalter. Von der „caritas" zur Kommunalisierung und Kategorisierung, in: Geschichte lernen 78 (2000), S. 19-24

Wernicke, Horst: Der Hansetag – Kommunikationsforum und Beschlussorgan, in: Praxis Geschichte 1/ 2001, S. 44-47

Zum Kapitel 5: Mittelalterliche Religiosität

Bickel, Wolfgang: Der Mönch – Auf der Suche nach der vollkommenen Lebensform (Rubrik), in: Praxis Geschichte 3/2001, S. 48-50

Britz, Andreas: Zwischen Anfeindung und Duldung. Jüdisches Leben im Frankenreich, in: Praxis Geschichte 3/2004, S. 26-29

Brückner, Dieter: „...die Hütte Gottes unter den Menschen". Weltansicht und Geschichtsbild des Mittelalters im Spiegel der gotischen Kathedrale, in: Praxis Geschichte 6/1990, S. 18-21

Buck, Thomas Martin: Das Zeitalter der Kirchenreform in der Sekundarstufe I. Ein kritischer Blick auf aktuelle Schulbuchdarstellungen, in: Geschichte in Wissenschaft und Unterricht 53 (2002), S. 665-677

Hasberg, Wolfgang: Das Mittelalter als christlich-kirchliche Zeit? Religion und Kirche in der Darstellung des Mittelalters, in: Martin Clauss, Manfred Seidenfuß (Hrsg.): Das Bild des Mittelalters in europäischen Schulbüchern, Berlin u.a. 2007 (= Geschichtsdidaktik in Vergangenheit und Gegenwart, Bd. 5), S. 193-224

Ders.: (Heiliger) Krieg und (Gottes) Friede. Religiosität als Handlungsmotiv und Deutungskategorie im Mittelalter, in: Elisabeth Erdmann (Hrsg.): Längsschnitte für den Geschichtsunterricht in der gymnasialen Oberstufe, Neuried 2002 (= Bayerische Studien zur Geschichtsdidaktik, Bd. 4), S. 173-212

Haverkamp, Alfred: Juden im Mittelalter. Neue Fragen und Einsichten, in: Informationen für den Geschichts- und Gemeinschaftskundelehrer 59 (1999), S. 5-23

Hilz, Anneliese: Bettelorden in der mittelalterlichen Stadt. Aufgezeigt am Beispiel Regensburg, in: Helmut Beilner (Hrsg.): Geschichtsdidaktische und fachliche Perspektiven in der Diskussion, Neuried 2001 (= Regensburger Beiträge zur Geschichtslehrerfortbildung, Bd.1), S. 34-48

Imhof, Michael: Das Kloster Fulda im frühen Mittelalter (Rubrik), in: Praxis Geschichte 1/1990, S. 52-55

Klöckner, Jürgen: Kölner Karrieren: Vom Martyrium zum Stadtpatronat. St. Gereon und St. Ursula – Legende und Leistung für Köln (Rubrik), in: Praxis Geschichte 3/1999, S. 52-54

Kronenberg, Martin: Im Geiste des heiligen Benedikt. Besuch in den Klosterschulen St. Gallens, in: Praxis Geschichte 6/1989, S. 20-25

Lambert, Malcolm: Ketzerei im Mittelalter. Eine Geschichte von Gewalt und Scheitern, München 1981

Lienert, Wilhelm; Lienert, Eva Maria: „Um ihrer Seele willen ..." Lebensformen im Mittelalter, in: Praxis Geschichte 3/2003, S. 40-48

Dies.: Denk-mal ans Kloster. Ein Klosterspiel, in: Praxis Geschichte 6/2003, S. 38-41

Dies.: Wohin mit Meister Laubenhard? Die sozialen Aufgaben der Kirche in der mittelalterlichen Stadt, in: Praxis Geschichte 2/1994, S. 26-30

Mögenburg, Harm: Antichrist und „Tier aus dem Abgrund". Endzeitprophezeiungen des Hochmittelalters, in: Geschichte lernen 72 (1999), S. 21-27

Dies.: „Diese Ketzer sind viel gefährlicher als die Sarazenen". Der Umgang mit Abweichlern im Mittelalter, in: Geschichte lernen 3 (1988), S. 23-28

Osiander, Wolfgang: „Zu was die wütigen Löwen?" Tiersymbolik in und an mittelalterlichen Kirchen, in: Geschichte lernen 59 (1997), S. 26-30

Schreiner, Klaus: Gottesfriede und Heiliger Krieg. Religion in politisch-militärischen Kontexten des Mittelalters und der Frühen Neuzeit, in: Schreiber, Waltraud (Hrsg.): Die religiöse Dimension im Geschichtsunterricht. Ein interdisziplinäres Forschungsprojekt. Tagungsband, Neuried 2000 (= Bayerische Studien zur Geschichtsdidaktik, Bd. 2), S. 157-191

Weitz, Birgit: Spitäler gestern – Hospitäler heute, in: Praxis Geschichte 5/1996, S. 12f.

Weitz.: Die Beginen. Neue Möglichkeiten für Frauen?, in: Geschichte lernen 66 (1998), S. 27-31

Wierichs, Irmgard: Der Klosterbrand von St. Gallen. Mittelalterliche Geschichten schreiben, in: Praxis Geschichte 2/1997, S. 42-47

Würfel, Maria: Der „Große Aufbruch". Bärtlinge und Konversen – Ordensfrauen und Beginen, in: Praxis Geschichte 3/2001, S. 32-37

Zitzlsperger, Hermann: Zwischen Duldung und Bedrohung. Jüdische Wanderbewegungen am Bodensee im Mittelalter, in: Praxis Geschichte 3/2001, S. 18-31

Zum Kapitel 6: Europa und die Fremden

Beilner, Helmut: Europakonzepte vom 14. Jahrhundert bis zum Beginn des europäischen Einigungsprozesses nach 1945, in: Elisabeth Erdmann (Hrsg.): Längsschnitte für den Geschichtsunterricht in der gymnasialen Oberstufe, Neuried 2002 (= Bayerische Studien zur Geschichtsdidaktik, Bd. 4), S. 213-264

Biedert, Hans: Diplomatischer Dienst und Seelenheil. Reisen und Pilgerfahrten im Mittelalter, in: Praxis Geschichte 3/2001, S. 13-17

Bongertmann, Ulrich: Raue Männerwelt im Fischhandel. Die „Deutsche Brücke" in Bergen, in: Praxis Geschichte 1/2001, S. 30-34

Boockmann, Hartmut: Der Deutsche Orden. Zwölf Kapitel aus seiner Geschichte, München 1999

Buttig, Margit: „Das wahre Unheil war die Unfähigkeit zu begreifen...". Entstehung, Hintergründe und Folgen von Feindbildern (Beispiel erster Kreuzzug), in: Praxis Geschichte 5/1998, S. 14-18

Czaja, Roman: Von polnischen Herrschern, Kaufleuten und Städten (Rubrik), in: Praxis Geschichte 1/2001, S. 52-54

Eberl, Immo: Überall Aufbruch und Wandel. Unterwegs im Mittelalter (Basisbeitrag), in: Praxis Geschichte 3/2001, S. 8-12

Geschichte lernen, Themenheft „Kreuzzüge", Nr. 120, November 2007

Hemberger, Armin: „Eine schöne Waffenthat ...". Sinnbild und Sinngebung des Kriegs im Mittelalter, in: Praxis Geschichte 4/2001, S. 20-23

Hoffmann, Albrecht: Die Kultur kam aus dem Osten. Kreuzzugsbewegung und Handel im Hochmittelalter (Rubrik), in: Praxis Geschichte 1/90, S. 56f.

Jentzsch, Peter: „Gewalt vert ûf der strâze". Mobilität im Spiegel mittelalterlicher Dichtung, in: Praxis Geschichte 3/2001, S. 38-42

Knoch, Peter: Europäische Kreuzfahrer erobern Jerusalem (1099), in: Praxis Geschichte 2/1993, S. 22-26

Körber, Andreas: Anna, Peter und der Erste Kreuzzug, in: Hasberg, Wolfgang; Seidenfuß, Manfred (Hrsg.): Mittelalter zwischen Politik und Kultur. Kulturwissenschaftliche Erweiterung der Mittelalter-Didaktik, Neuried 2003 (= Bayerische Studien zur Geschichtsdidaktik, Bd. 6), S. 157-197

Koppmann, Jan: Kaufleute auf der Reise zwischen den Zeiten. Ravensburger Handelsgesellschaft, in: Praxis Geschichte 3/2001, S. 22-26

Meier, Frank: Hans von Waltheym auf Pilgerfahrt und Bildungsreise. Mobilität als didaktischer Zugang zur mittelalterlichen Geschichte, Hamburg 2003 (= Studien zur Geschichtsforschung des Mittelalters, Bd. 18)

Micheler, Andreas: Arbeitsaufträge in den Schulbüchern. Anleitungen zum historischen Lernen über das Mittelalter? Eine vergleichende didaktische Fallanalyse aufgezeigt am Thema „Die Kreuzzüge", in: Martin Clauss, Manfred Seidenfuß (Hrsg.): Das Bild des Mittelalters in europäischen Schulbüchern, Berlin u.a. 2007 (= Geschichtsdidaktik in Vergangenheit und Gegenwart, Bd. 5), S. 271-302

Militzer, Klaus: Die Geschichte des Deutschen Ordens, Stuttgart 2005

Mögenburg, Harm: „Wie schön wäre es, einen muselmanischen Staat zu regieren ..." Schüler erarbeiten den „Orientalismus" Friedrichs II., in: Geschichte lernen 66 (1998), S. 54-59

Reese, Armin; Hettinger, Anette: Die Erweiterung des geographischen Horizonts. Kreuzzüge und ferne Handelsreisen, in: Geschichte lernen 66 (1998), S. 38-42

Reichert, Folkert: Vorwissen und Wahrnehmung. Reisen und Vielfalt der Kulturen im späten Mittelalter, in: Hasberg, Wolfgang; Seidenfuß, Manfred (Hrsg.): Mittelalter zwischen Politik und Kultur. Kulturwissenschaftliche Erweiterung der Mittelalter-Didaktik, Neuried 2003 (= Bayerische Studien zur Geschichtsdidaktik, Bd. 6), S. 59-69

Schreiner, Klaus: Gottesfriede und Heiliger Krieg. Religion in politisch-militärischen Kontexten des Mittelalters und der Frühen Neuzeit, in: Waltraud Schreiber (Hrsg.): Die religiöse Dimension im Geschichtsunterricht. Ein interdisziplinäres Forschungsprojekt. Tagungsband, Neuried 2000 (= Bayerische Studien zur Geschichtsdidaktik, Bd. 2), S. 157-191

Seidenfuß, Manfred: Von der „realen" in die mentale Heimat. Die Wallfahrt Eberhards im Bart zu den Heiligen Stätten (1468), in: ders.; Hasberg, Wolfgang (Hrsg.): Mittelalter zwischen Politik und Kultur. Kulturwissenschaftliche Erweiterung der Mittelalter-Didaktik, Neuried 2003 (= Bayerische Studien zur Geschichtsdidaktik, Bd. 6), S. 295-346

Würfel, Maria: Mobilität im Mittelalter. (K)ein Thema für den Unterricht. Didaktisches Vorwort, in: Praxis Geschichte 3/2001, S. 4f.

Anhang 2: Mittelalter und Multimedia im Geschichtsunterricht

Der Einsatz neuer Medien ist inzwischen zu einem Qualitätskriterium für „guten Unterricht" geworden – trotz zahlreicher Gegenargumente wie etwa höherem Organisations- und Zeitaufwand. Und obwohl es inzwischen eine Vielzahl von CD-ROMs sowie DVDs und Internetseiten gibt, die sich hervorragend für den Einsatz im Unterricht eignen, fehlt bisher eine strukturierte Übersicht über das Angebot. Auch die folgende Zusammenstellung kann bei weitem keinen vollständigen Überblick bieten, soll aber Anregungen für den Unterricht geben.

CD-ROM

Das Mittelalter – eine interaktive Reise in die Geschichte, Würzburg: Film & Multimedia 2000 (von Markus Rupprecht)

Der Autor selbst bezeichnet diese CD-ROM als einen „Ein Bildband für den Monitor", in dem er den Nutzer zum Stöbern und Entdecken einlädt.

Die Stadt im Mittelalter, Bergisch Gladbach: Freies Historiker Büro 1995

Audiovisuelles Lernmedium mit zahlreichen Informationen zu verschiedenen Stationen des Lebens im Mittelalter. Die Schülerinnen und Schüler können spielerisch auf Entdeckungsreise durch eine mittelalterliche Stadt gehen.

Die Zisterzienser – Spuren in Brandenburg, Mittelalterliche Geschichte interaktiv erlebt
Teltow: Multi Media Point, (Dr. H. Jürgen Feuerstake) 1998

Auf dieser CD-ROM wird die Geschichte des Zisterzienserordens in Wort, Bild und Ton erläutert. Zusätzlich werden 16 ehemalige Klöster der Zisterzienser in Brandenburg sowie das Leben im Orden in umfangreichen Text- und Bildinformationen vorgestellt.

Eine Reise durch Räume, Zeit und Geschichte

Aachen: Domkapitel, mecca neue medien und Deutscher Kunstverlag 2000

Eine Zeitreise durch den Aachener Dom in die Zeit Karls des Grossen, bei der die Geschichte des Doms auf einem virtuellen Rundgang entdeckt werden kann. Nähere Informationen auf: http://www.aachener-dom.de/index.html

Das Benediktinerkloster St. Michael in Hildesheim, 1000 Jahre Kulturgeschichte

Hornemann Institut – Zentrum für die Erhaltung des Weltkulturerbes Hildesheim

München: Deutscher Kunstverlag 2000

Die CD-ROM bietet einen Rundgang in Videosequenzen, bei denen es das Leben im spätmittelalterlichen Kloster zu entdecken gilt; 3D-Modelle, Bilder und Texte mit umfangreichen Informationen sowie Einblicke in die Arbeit von Restauratoren bei Erhaltungsmaßnahmen. Ein Glossar hilft bei der Erläuterung von Fachbegriffen.

Ora et labora, Klösterliches Leben im Mittelalter [Maulbronn]

Braunschweig: Westermann 2001

Die CD-ROM bietet umfangreiche Materialien zur Unterrichtsvorbereitung (Einführungstexte, Text- und Bildquellen, Musikstücke) sowie ein Lexikon. Schüler können selbstständig auf Entdeckungsreisen gehen und erhalten Hilfen bei der Quellenanalyse. Darüber hinaus enthält die CD-ROM einen virtuellen Rundgang durch das Kloster Maulbronn und ein interaktives Lernspiel.

Die Stadt im späten Mittelalter, SWR 2002

Die multimediale Produktion des SWR, die Teil eines Medienpakes ist, das neben Beiträgen des Schulfernsehens auch Materialien zur Unterrichtsvorbereitung enthält, lädt zum „Eintauchen in die Welt des Mittelalters" ein. Diese CD ist wesentlich umfangreicher als die ältere CD „Stadt im Mittelalter" und enthält neben Vorträgen auch interaktive Teile. Da die CD für bis zu 54 namentlich angemeldete Nutzer ausgelegt ist, kann sie problemlos im Unterricht eingesetzt werden.

http://www.wissen.swr.de/sf/wissenspool/bg0049/die_stadt_im_spaeten_mittelalter.html

Burg – Ritter – Spielmann. Stefan Grathoff/Wolfgang Herdegen, 2000

Die CD-ROM ist ein umfassendes Nachschlagewerk mit zahlreichen Texten zu Adel, Ritter und Burgen.

Ein Tag auf einer Burg im Mittelalter, FWU Institut für Film und Bild

In diesem Lernspiel nimmt eine junge Bürgerstochter einen Tag lang am Leben auf der mittelalterlichen Burg teil. Die Schülerinnen und Schüler entdecken beim Spiel aus der Sicht dieses Mädchens viel Wissenswertes über die zentrale Bedeutung von Burgen im Mittelalter.

Zeitreise Multimedial, Mittelalter/Frühe Neuzeit, Klett

Diese CD ist als Ergänzung zum gleichnamigen Unterrichtswerk konzipiert, kann jedoch auch unabhängig von ihm eingesetzt werden. Neben druckbaren Arbeitsblättern enthält die CD Animationen und Simulationen, dynamische Karten, Videos, Spaziergänge durch 3-D-Räume, ein Lerntraining und ein Quiz zu den Inhalten des Schülerbuches.

Burgen – Spurensuche in Ruinen und alten Gemäuern, FWU Institut für Film und Bild 2004.

Dokumentation, die auf einer Burgentour durch das mittelalterliche Deutschland führt und über das Leben auf Burgen berichtet.

Auf der Ritterburg, „Willi will's wissen – Ritter", FWU Institut für Film und Bild 2005

Diese CD-ROM unterstützt und erweitert die gleichnamige DVD, sie bietet weiterführende Aufgaben zu den Filmsequenzen, Spiele und Aktivitäten.

Online-Resourcen

Erlanger Historikerseite *(http://www.erlangerhistorikerseite.de)*

Wohl die umfangreichste deutschsprachige Seite im Netz mit Links zu zahlreichen historischen Websites, Quellensammlungen, Zeitschriftenarchiven etc.

History Channel *(http://www.thehistorychannel.de/interactive_features/index.php)*

Deutscher Internetauftritt des History Channels, enthält interaktive Materialien wie Zeitleisten, erläuternde Texte und Videosequenzen zu Themen wie „Die Pest" und „Die Kreuzzüge".

Historiker-Web *(http://www.historikerweb.de)*

Umfassende Links zum Thema Geschichte

The Internet Medieval Sourcebook *(http://www.fordham.edu/halsall/sbook.html)*

Vom Center for Medieval Studies der Fordham University, New York, unterhaltene englischsprachige Web-Site. Enthält übersichtlich geordnete, äußerst umfangreiche Volltexte mittelalterlicher Quellen (Englisch!).

DVD

Willi will's wissen: Wie kam der Ritter in die Rüstung?, FWU Institut für Film und Bild 2004

Laufzeit: 25 Minuten

Was ist Was: Ritter und Burgen, Tessloff 2007

Laufzeit: ca. 30 Minuten, zweisprachig Deutsch / Englisch

ZDF Expedition: Europa im Mittelalter – Wege aus der Finsternis, 2004

2 DVDs, Laufzeit je DVD ca. 90 Minuten

BBC: Das Mittelalter, Teil 1 und 2

Dokumentation, Laufzeiten: Teil 1 ca. 150 Minuten, Teil 2 ca. 100 Minuten

BBC: Die Kreuzzüge, Teil 1 und 2

Dokumentation, Laufzeit ca. 96 Minuten

Video

Der schwarze Tod, FWU Institut für Film und Bild 2000
Laufzeit: 10 Minuten

Die Hanse, FWU Institut für Film und Bild 2000
Laufzeit: 24 Minuten

Der Erste Kreuzzug, FWU Institut für Film und Bild 2000
Laufzeit: 13 Minuten

Digitale Arbeitsblätter

Geschichte Interaktiv, Cornelsen

Digitale Bilder und Arbeitsblätter zur Unterrichtsvorbereitung und für den Einsatz im Unterricht.

Werkstatt Geschichte, Westermann 2005